한국여지승람

TIMES-SPACES OF KOREAN HERITAGE

왕도의 시공간 · Capitals

01

문사철 지음 배우성 감수

직지
플러스

─────────
만든 사람들

기획 총괄 문사철

집필 강응천, 원재훈

책임 편집 김덕련

디자인 이소영

아트워크 EPS 채희만

아트디렉터 김용한

지도 일러스트 김경진, 조혜림

사진 문화유산기술연구소, 박동진, 손승현

감수 배우성

기획 자문 조정희

제작 제이오

교정 문사철

기획 총괄 문사철

출판, 강연, 전시, 여행 등을 통한 인문사회 지식의 소통과 공유를 위해 활동하는 기획 집단. 통합 교양을 지향하는 『지식의 사슬』 시리즈, 신문 형식으로 보는 역사 시리즈의 결정판 『근현대사신문』 시리즈, 한국사와 세계사를 같은 시간의 흐름 속에서 살펴볼 수 있도록 정리한 『세계사와 함께 보는 타임라인 한국사』 시리즈, 한국사의 흐름을 세기 단위로 나눠 정리한 '세기의 서(書)' 『민음한국사』 시리즈 등을 기획하고 만들었다.

감수 배우성

서울대학교 국사학과를 졸업하고 동 대학원에서 석사 학위와 박사 학위를 취득했다. 현재 서울시립대학교 국사학과 교수로 재직 중이다. 한국 사 공부가 인간에 대한 성찰로 이어질 수 있는지, 현대적인 공간 정보와 만날 수 있는지 관심을 가지고 탐색 중이다. 주요 저서로 『조선후기 국 토관과 천하관의 변화』, 『지리 시간에 역사 공부하기』, 『조선과 중화: 조선이 꿈꾸고 상상한 세계와 문명』, 『독서와 지식의 풍경』 등이 있다.

머리말

21세기 한국 문화는 세계사적 현상이다. 한국의 문화유산은 앞다퉈 유네스코 세계문화유산으로 등재되고 있고, 한국의 현대 문화는 앞다퉈 세계인의 관심과 호응을 이끌어 내고 있다. 지난 세기만 해도 상상할 수 없었던 일이다.

현대화는 곧 서구화라는 관념 아래 한동안 한국의 전통문화는 극복의 대상, 현대 문화는 모방의 산물로 여겨졌다. 그런 생각에 변화가 일어난 것은 한국이 경제적으로 급성장하면서 자신감이 상승하던 20세기 8, 9십년대의 일이다. 1997년이 문화유산의 해로 선포되고 박동진 명창이 "우리 것은 좋은 것이야!"라고 일갈한 사례가 보여 주는 것처럼 전통문화의 가치를 재발견하는 흐름이 일어났다. 물론 그때는 아직 우리 것을 우리가 챙기지 않으면 누가 알아주겠느냐 하는, 다소 내성적이고 국수주의적인 정서가 앞서 있었다.

이제는 세계가 앞다퉈 한국과 한국 문화를 알려고 한다. '우리 것'이 더는 우리만의 것이 아니다. 이 같은 반전을 이루어 낸 한국 문화의 저력은 어디에서 왔을까? 우리 자신에게뿐 아니라 세계를 대상으로 한국 문화의 보편적 성격을 어떻게 설명해야 할까? 『한국여지승람』은 그런 문제의식 아래 한국 문화의 기원과 특징을 찾아 방방곡곡을 탐사하는 책이다. 한국 문화를 구성해 온 핵심 주제를 선정하고, 해당 주제의 역사적 발전 과정을 따라가면서 주요 지역이나 장소를 집중 탐구해 나갈 것이다. 그럼으로써 시공간을 무대로 깊고 넓게 펼쳐져 온 한국 문화의 흐름과 특징을 최대한 입체적으로 포착할 수 있기를 기대한다.

제1권의 주제는 '왕도'이다. 왕도는 왕국의 수도라는 뜻이다. 고조선부터 대한제국에 이르기까지 한국사의 국가는 대부분 왕국이었다. 수도는 현대 국민 국가에서도 대체로 그 나라 정치, 경제, 문화의 중심지이자 축도이다. 하물며 절대 권력자가 웅거하면서 통치의 중심으로 삼던 왕도는 더 말할 것도 없다. 한국사의 역대 왕도를 탐사하는 것은 곧 한국사와 한국 문화의 정수를 탐사하는 것을 의미한다.

우리는 지금의 평양으로 추정되는 고조선의 왕검성부터 지금의 서울인 대한제국의 한성에 이르기까지 한국사를 이끌어 온 왕도들을 샅샅이 탐사하고자 한다. 지도에서 한국사의 역대 왕도를 살피면 흥미로운 사실을 발견할 수 있다. 평양, 개성, 서울, 부여 등 주요 왕도는 대부분 서해안에 인접한 1번 국도에 늘어서 있다. 신라의 천년 왕도인 경주만이 외롭게 동해안의 7번 국도에 올라앉아 있을 뿐이다. 이번 탐사는 그러한 지리적 양상의 역사적 문맥을 추적하고 그것이 빚어낸 한국 문화의 시공간적 특징을 찾아내는 여행이 될 것이다.

물론 우리의 왕도 탐사는 굵직한 주요 왕도의 자취를 따라가는 데 그치지 않는다. 한국사에는 가야처럼 연맹체를 이룬 작은 왕국이나 삼한처럼 왕국으로 발전하지 못한 소국이 별처럼 많았고, 그들의 왕도나 '국읍'이 전국 곳곳에 별처럼 흩뿌려져 있었다. 그 모든 곳에 관한 정보가 담길 이번 책이 한국 역사 문화의 큰 줄기를 종주할 수 있는 훌륭한 여행 안내서가 되기를 바란다.

한국의 방방곡곡을 여행하다 떠오른 말이 있다. 일보일사(一步一史). 어느 고장이든 역사의 자취와 마주치지 않고는 단 한 걸음도 뗄 수 없었기 때문이다. 기쁘고 분하고 슬프고 즐거운 온갖 사연이 수천 년 동안 삼천리 방방곡곡에 깃들어 왔다. 현대 한국의 문화는 그처럼 다양한 분포와 층위를 갖는 역사와 전통을 자양분 삼아 성장해 왔고 성장해 갈 것이다. 우리의 탐사가 그러한 성장에 작은 디딤돌이 되기를 바라며 수천 년 왕도의 발자취를 찾아 발걸음을 옮긴다.

2023년 늦가을 『한국여지승람』을 만든 사람들

II 모든 길은 서울로 통한다

* 연대와 날짜 표기는 1895년까지는 음력, 1896년 이후는 양력을 원칙으로 했다.

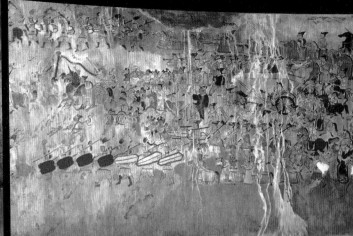

왕도는 왕이 사는 궁궐을 중심으로 조성되고 이를 방어하는 성곽이
사방을 에워싸고 있다. 왕은 죽어서도 왕도 안이나 왕도 부근에 묻혀 대대손손 기억된다. 왕도와 왕릉
곳곳에는 왕조를 상징하고 수호하는 석물이 자리 잡고 있다. 위 사진들은 서울 이전의 여러 왕도를 대표하는 유적 유물이다. 고려의 왕도
외곽을 방어하던 대흥산성(상단 왼쪽), 고구려 왕의 무덤으로 추정되곤 하는 황해남도 안악 3호분의 주인(상단 가운데)과 그의 행렬을 그린 벽화(상단 오른쪽),
통일 신라의 별궁이 있던 동궁과 월지(중단), 대가야의 왕릉이 포함되어 있을 것으로 추정되는 경상북도 고령 지산동 고분군(하단 오른쪽), 백제 무령왕릉의 무덤을 지키는 석수(하단 왼쪽).

이모저모

이번에는 조선의 왕도 서울을 상징하는 유적과 유물을 살펴보자.
서울 도성의 일부를 이루는 성곽(상단 오른쪽), 조선 후기의 중흥 군주로 꼽히는 제21대 영조의 초상(상단 가운데),
영조의 손자인 정조가 어머니인 혜경궁 홍씨를 모시고 수원 화성에 다녀오면서 시흥 행궁에 들르던 행렬의 모습을 그린 「시흥환어행렬도」
(상단 왼쪽), 조선의 궁궐을 대표하는 법궁인 경복궁이 북악산의 호위를 받으며 남쪽을 향해 자리 잡은 모습(중단), 조선을 세운 태조 이성계가 묻혀 있는
건원릉(하단 왼쪽), 경복궁의 정문인 광화문 앞을 지키고 있는 상상의 동물 해태(하단 오른쪽).

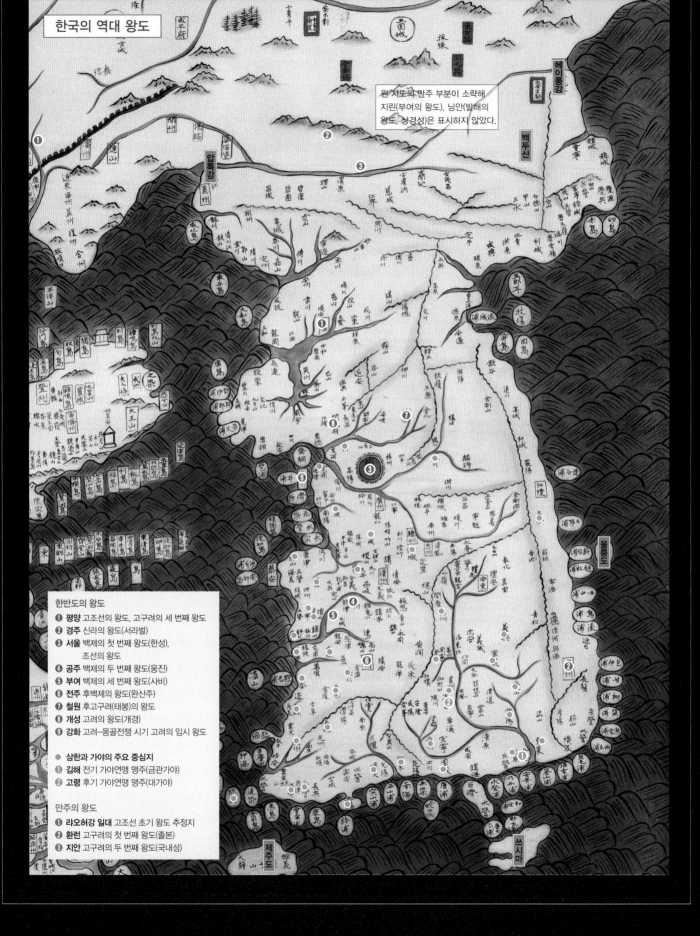

한국의 역대 왕도

원 저도의 만주 부분이 소략해
지린(부여의 왕도), 닝안(발해의
왕도, 상경성)은 표시하지 않았다.

한반도의 왕도
❶ 평양 고조선의 왕도, 고구려의 세 번째 왕도
❷ 경주 신라의 왕도(서라벌)
❸ 서울 백제의 첫 번째 왕도(한성),
    조선의 왕도
❹ 공주 백제의 두 번째 왕도(웅진)
❺ 부여 백제의 세 번째 왕도(사비)
❻ 전주 후백제의 왕도(완산주)
❼ 철원 후고구려(태봉)의 왕도
❽ 개성 고려의 왕도(개경)
❾ 강화 고려-몽골전쟁 시기 고려의 임시 왕도

● **삼한과 가야의 주요 중심지**
❶ 김해 전기 가야연맹 맹주(금관가야)
❷ 고령 후기 가야연맹 맹주(대가야)

만주의 왕도
❶ 랴오허강 일대 고조선 초기 왕도 추정지
❷ 환런 고구려의 첫 번째 왕도(졸본)
❸ 지안 고구려의 두 번째 왕도(국내성)

한반도의 역대 왕도는 대부분 서쪽에 자리 잡고 있다. 동쪽에 솟아오른 백두대간에서 발원한 강들은 서해로 흘러 들어가며 기름진 평야 지대를 빚어 낸다. 그런 평야 지대는 역대 왕도의 입지를 이루어 왔다. 평양은 대동강, 개성은 예성강, 서울은 한강, 공주와 부여는 금강을 통해 서해와 연결된다. 주변에도 물산이 풍부하거니와 서해를 통해 먼 곳의 물자를 운송하기도 쉽다. 서해를 사이에 두고 한반도와 마주 보는 중국은 반대이다. 서고동저의 지형을 이루고 강들이 동쪽으로 흐르기 때문에 중국의 역대 왕도는 동쪽으로 치우쳐 있다. 그래서 양국의 역대 왕도는 서해와 만주를 통해 때로는 교류하고 때로는 충돌하며 애증의 역사를 이어 왔다.

이처럼 서쪽에 남북으로 도열한 왕도들에 비하면 동남쪽으로 치우친 좁은 분지에 자리 잡은 경주는 특이한 존재이다. 그곳에서 일어난 신라가 삼국을 통일한 뒤에도 왕도를 옮기지 않은 것 역시 특이하다. 그런 곳이 세계와 교류하는 개방적 왕도였다는 사실은 경주의 개성과 매력을 더해 준다. 그뿐이 아니다. 한반도 곳곳에는 삼한과 가야의 고도들이 유구한 역사의 자취를 간직한 채 별처럼 흩뿌려져 있다.

「혼일강리역대국도지도」 일부 1402년(태종 2) 조선에서 제작된 현존 세계 최고(最古)의 세계 지도. 한반도와 만주 부분을 가공했다.

I 왕도의 발자취

봄을 기다리는 천년 왕도

천년 고도 경주의 대표적인 유적 가운데 하나인 동궁과 월지를 북쪽 하늘에서 바라본 모습이다. 동궁은 왕이 상주하는 궁궐인 월성 동쪽에 별도로 지은 별궁으로 추정된다. 월지는 후대에 '안압지'라고도 불린 연못으로 신라 왕실의 여유와 풍류를 보여 주는 곳이다. 멀리 남쪽으로 월성과 경주의 요람과도 같은 남산이 자리 잡고 있다.

동궁과 월지 674년(문무왕 14)에 월지를 조성하고 연못 가운데에 3개의 섬을, 연못 북쪽과 동쪽에 12봉우리의 산을 만들었다고 한다. 동궁은 679년(문무왕 19)에 지은 것으로 전한다.

경주는 서울과 더불어 왕도의 모습이 비교적 잘 남아 있는 곳으로, 도시 전체가 유네스코 세계문화유산으로 등재되어 보호받고 있다. 물론 서울과 경주만은 아니다. 고조선과 고구려의 왕도였던 평양, 고려의 왕도였던 개성, 백제의 왕도였던 충청남도 공주·부여와 전라북도 익산, 가야의 왕도들이 자취를 남기고 있는 경상남북도와 전라남북도 일대의 고분군 등도 세계인의 관심과 보호 대상으로 떠오른 지 오래되었다. 봄을 맞을 채비를 하는 천년 왕도의 기를 받으며 한국의 역대 왕도를 차례로 돌아보자.

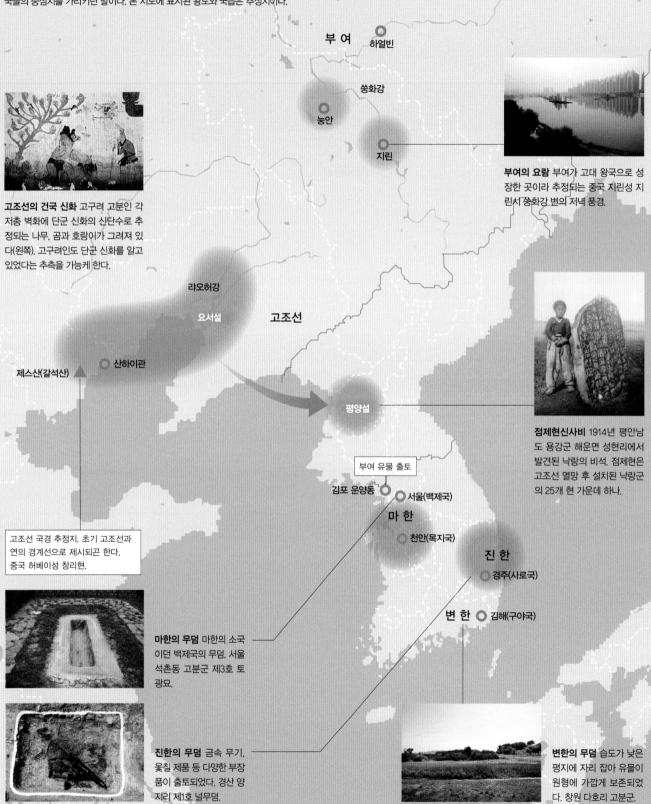

고조선·부여의 왕도와 삼한의 국읍

고조선 왕도에 대한 견해는 크게 요서설, 평양설, 이동설로 나뉜다. 부여의 첫 왕도는 지린이고 서기 4세기에 농안으로 수도를 옮긴 것으로 추정된다. '국읍'은 옛 사서에서 왕국으로 발전하지 못한 삼한 소국들의 중심지를 가리키던 말이다. 본 지도에 표시된 왕도와 국읍은 추정지이다.

부여

하얼빈

쑹화강

농안

지린

부여의 요람 부여가 고대 왕국으로 성장한 곳이라 추정되는 중국 지린성 지린시 쑹화강 변의 저녁 풍경.

고조선의 건국 신화 고구려 고분인 각저총 벽화에 단군 신화의 신단수로 추정되는 나무, 곰과 호랑이가 그려져 있다(왼쪽). 고구려인도 단군 신화를 알고 있었다는 추측을 가능케 한다.

라오허강

요서설

고조선

제스산(갈석산)

산하이관

평양설

점제현신사비 1914년 평안남도 용강군 해운면 성현리에서 발견된 낙랑의 비석. 점제현은 고조선 멸망 후 설치된 낙랑군의 25개 현 가운데 하나.

부여 유물 출토

김포 운양동 ○ 서울(백제국)

마 한

천안(목지국)

진 한

경주(사로국)

변 한 김해(구야국)

고조선 국경 추정지. 초기 고조선과 연의 경계선으로 제시되곤 한다. 중국 허베이성 창리현.

마한의 무덤 마한의 소국이던 백제국의 무덤. 서울 석촌동 고분군 제3호 토광묘.

진한의 무덤 금속 무기, 옻칠 제품 등 다양한 부장품이 출토되었다. 경산 양지리 제1호 널무덤.

변한의 무덤 습도가 낮은 평지에 자리 잡아 유물이 원형에 가깝게 보존되었다. 창원 다호리 고분군.

1

최초의 왕도들

고조선과 삼한은 오랜 옛날부터 한민족과 그들의 나라를 가리켜 온 칭호인 '조선'과 '한'의 기원을 이룬다. 부여는 또 하나의 오랜 칭호 '코리아'의 기원인 고구려의 모태가 되는 나라였다. 오늘날 북한은 고구려의 마지막 왕도이자 북한의 수도인 평양이 시종일관 고조선의 왕도였다고 주장한다. 그러나 고조선의 왕도가 처음부터 끝까지 랴오허강 서쪽에 있었다는 설도 있고, 그곳에서 평양으로 이동했다는 설도 있다. 부여의 왕도는 오늘날 중국 지린성의 쑹화강 유역에 있다가 동쪽으로 이동했다고 알려져 있다. 그 동쪽의 왕도는 두만강 변의 훈춘부터 동해안의 강릉까지 추정되는 폭이 넓다. 마한·진한·변한의 삼한은 대소 70여 개국이 중층적 관계를 맺고 별처럼 한반도 중남부에 흩뿌려져 있는 형태였다. 그 가운데 소국의 중심지를 '별읍'이나 '소도', 대국의 중심지를 '국읍'이라 했다. 그들은 국읍을 중심으로 끊임없는 이합집산을 통해 중앙 집권적 고대 왕국으로 성장하고 있었다.

1 고조선의 왕도

랴오허강을 넘어서

고조선은 단군조선·기자조선·위만조선 등 세 왕조로 나누기도 하고, 청동기 시대의 전기 고조선과 철기 시대의 후기 고조선으로 분류하기도 한다. 고조선은 청동기 시대부터 철기 시대까지 존재한 한국 역사상 첫 번째 나라이다. '조선(朝鮮)'이라는 이름이 어디에서 연유했는지는 확실히 알 수 없다. 서기 5세기 중국 남북조 시대에 나온 『사기집해』라는 책에는 고조선 사람이 살던 땅에 흐르던 강의 이름에서 유래했다고 전한다. 일제 강점기 민족사학자 신채호는 만주 일대에서 살던 종족명인 '숙신(肅慎)'에서 유래한 것으로 원래 이름은 '주신'이었다고 주장했다.

조선이라는 이름이 처음 등장하는 문헌은 기원전 7세기 무렵 중국의 춘추 시대에 제(齊)의 재상이던 관중이 지었다는 『관자』이다. 기원전 4세기 무렵 전국 시대에 간행된 『전국책』, 『위략』 등의 역사책에도 고조선이 등장한다. 오늘날에는 『관자』도 전국 시대에 편찬된 것으로 보고 있다. 이 같은 사료에

근거할 때 늦어도 기원전 4세기 중반에는 고조선의 실체가 인식되고 있었다.

고조선의 건국 신화인 단군 신화를 소개하는 가장 오래된 역사책은 고려 시대에 일연이 쓴 『삼국유사』이다. 단군 신화의 주인공인 단군왕검은 특정인을 가리키는 인명이 아니라는 설이 지배적이다. '단군'은 원시 공동체 사회의 지도자였던 제사장을 뜻하고, '왕검'은 부족장 같은 정치적 권력자를 뜻한다는 것이다. 그렇다면 단군과 왕검을 합친 '단군왕검'은 여러 부족의 연합체로 등장한 고조선의 최고 권력자를 가리키는 칭호였다고 할 수 있다.

고조선의 왕도가 어디 있었나 하는 것은 한국 고대사의 가장 예민한 쟁점 가운데 하나이다. 이 쟁점에 대해서는 대체로 세 가지 설이 있다. 처음부터 지금 북한의 수도인 평양에 있었다는 평양설, 중국 랴오닝성을 흐르는 랴오허강(요하)의 서쪽에 있었다는 요서설, 랴오닝성에서 평양으로 천도했다는 이동설이다.

전국 시대에 고조선과 국경을 접하고 있던 중국 왕조는 연(燕)이었다. 『위략』에 따르면 연은 진개를 보내 고조선 땅 2000여 리를 빼앗고 '만번한(滿潘汗)'을 경계로 삼았다. 바로 이 만번한의 위치를 찾는 문제가 고조선의 초기 왕도를 정하는 문제와 밀접하게 관련되어 있다.

비파형 동검(왼쪽)과 세형 동검 비파형 동검은 고조선의 무기이자 제기(祭器). 칼날 모양이 비파를 닮았고 장식은 없다. 발굴 지역에 따라 '랴오닝식 동검', '부여식 동검'이라고도 한다. 길이 33.4센티미터. 세형 동검은 비파형 동검의 뒤를 이은 고조선의 대표적 동검. 주로 한반도에서 나와 '한국식 동검'이라고도 한다. 검몸, 손잡이, 검자루맞추개돌을 따로 만들어 조립했다. 가느다란 칼날에 손잡이를 달고 그 끝을 장식해 비파형 동검보다 더 세련되고 단단하다. 연해주와 일본 규슈 등지에서도 발견된다. 길이 33.4센티미터. 길이 25.2센티미터.

노예를 거느린 강력한 권력자의 물건들이 함께 묻혀 있다. 이 같은 고고학적 발굴 성과는 요서설을 지탱하는 근거로 제시되곤 했다.

요서설은 민족사학자 신채호가 주장한 이래 1993년 이전까지 북한 학계의 지지를 받아 왔다. 고조선이 만주를 호령한 거대한 제국이었다고 믿는 일부 남한 학자도 동의하고 있다.

고조선의 왕도가 랴오허강 일대에서 평양으로 옮겨 갔다는 이동설도 『위략』의 기록과 관련되어 있다. 진개에게 서방 2000여 리의 땅을 잃고 고조선이 비로소 약해졌다고 했기 때문이다. 랴오허강 일대에 있던 고조선의 왕도가 그때 동남쪽의 평양으로 이동했다는 것이다.

고고학적으로 볼 때에도 랴오닝성과 한반도 서북부에 분포하는 청동기 문화에는 시차가 존재한다. 랴오닝성의 비파형 동검 문화가 먼저 꽃피고, 한반도 서북부의 세형 동검 문화는 그 뒤를 이어 나타난다. 이동설을 주장하는 학자들은 이 같은 고고학적 시차를 근거로 삼는다. 그들은 비파형 동검이 고조선 초기 문화를 대표하고, 세형 동검이 연의 공격에 밀려 평양으로 옮겨 간 고조선의 후기 문화를 대표한다고 본다.

왕검성 요서설
중국 사서에서 험독현은 고조선 왕의 옛 도읍이나 후한의 랴오둥 지역 속국에 속한 6개 성 중 하나로 제시된다. 한편 왕검성 요서설을 지지하는 이들 사이에서는 허베이성 친황다오시 루룽현 지역에 한사군과 고구려 초기 도읍이 있었다는 주장도 나온다.

요서설을 지지하는 학자들은 『위략』에 나오는 만번한의 위치를 랴오허강 일대에서 찾는다. 만번한이 랴오허강 부근에 있었다면 연에게 2000여 리를 빼앗기기 전 고조선의 영역은 랴오허강 서쪽까지 걸쳐 있었을 가능성이 커진다. 그들은 『사기』 등에서 고조선 왕의 옛 도읍이라고 나오는 요동군 험독현(險瀆縣)의 위치도 랴오허강 부근에서 찾는다.

랴오닝성에서는 고조선의 특징적인 유물 가운데 하나인 비파형 동검이 광범위하게 출토되었다. 그 지역에서 발견되는 다수의 순장 무덤에는

무당의 죽음 – 「공무도하가(公無渡河歌)」

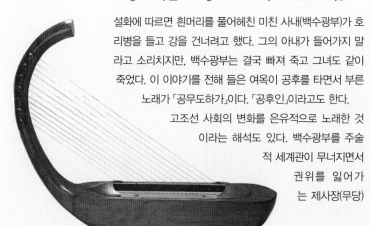

설화에 따르면 흰머리를 풀어헤친 미친 사내(백수광부)가 호리병을 들고 강을 건너려고 했다. 그의 아내가 들어가지 말라고 소리치지만, 백수광부는 결국 빠져 죽고 그녀도 같이 죽었다. 이 이야기를 전해 들은 여옥이 공후를 타면서 부른 노래가 「공무도하가」이다. 「공후인」이라고도 한다.

고조선 사회의 변화를 은유적으로 노래한 것이라는 해석도 있다. 백수광부를 주술적 세계관이 무너지면서 권위를 잃어가는 제사장(무당)으로 해석하면, 제사장에서 군장으로 권력이 넘어가는 시대상의 표현으로 볼 수 있다. 낙담한 무당이 술을 마시며 강물 속으로 들어가 죽고, 그의 시대 역시 과거 속으로 흘러 들어가 버린다. 이 노래를 최초로 수록한 책은 후한의 채옹이 쓴 『금조』이고, 진(晉)의 최표가 쓴 『고금주』에도 설화와 함께 기록되어 있다. 그것을 조선 시대 문인들이 『해동역사』, 『청구시초』 등에 옮겨 전했다. 고조선 사람들이 살던 곳인 중국의 조선현에서 창작된 노래여서 한국 최초의 시가로 여겨진다. 이 노래의 첫 구절 "임이여, 물을 건너지 마오(公無渡河)"는 한국 독립 영화의 제목으로도 잘 알려져 있다.

와공후 고대에 한국, 중국, 일본 등지에서 사용된 공후의 한 종류. 서양의 하프와 비슷한 형태이다.

왕검성 이야기

고조선의 왕도가 시종일관 대동강 유역에 있었다는 주장이 '평양설'이다. 북한은 1993년 단군릉을 발견한 뒤 기존의 요서설에서 평양설로 돌아섰다. 이러한 변화는 소련과 동유럽의 사회주의 국가들이 몰락하고 북한 정권이 살아남기 위해 자력갱생을 부르짖던 당대의 정세와 무관하지 않을 것이다.

북한은 단지 평양설을 주장하는 데서 그치지 않았다. 그들은 대동강 유역을 이집트의 나일강, 이라크의 메소포타미아, 인도의 갠지스강과 인더스강, 중국의 황허강 유역과 맞먹는 '세계 5대 문명'으로 선전하는 데까지 나아갔다.

위만과 그의 후손이 왕검성에서 통치하던 시기의 고조선을 위만조선이라 한다. 그에 앞서 있었다고 알려진 단군조선과 기자조선이 신화에 기반을 두고 있는 것과 달리 위만조선은 역사 기록에 그 존재가 뚜렷이 나타나 있다. 그 시기에 고조선의 세력이 크게 확장되었다.

위만은 본래 한(漢) 고조 유방이 연왕으로 책봉한 노관의 부하 장수였다. 기원전 195년 무렵 노관이 흉노로 망명하자 위만은 1000여 명의 무리를 이끌고 고조선으로 이주해 준왕의 신하가 되었다. 준왕은 위만을 각별하게 대접해 고조선 서쪽 지역을 다스리게 했다. 그러나 위만은 곧 정변을 일으켜 준왕을 몰아내고 정권을 잡았다.

위만은 한반도 서북부뿐 아니라 남쪽과 동쪽으로 세력을 계속 확장하고 주변에 있던 임둔, 동옥저까지 점령했다. 그때 고조선은 주변 소국들과 한 사이의 교역을 중개하면서 성장했다. 이처럼 군사적, 경제적 발전을 이룩하자 고조선은 한과 대립각을 세우게 되었다.

고조선은 한과 적대적 관계에 있는 흉노와 연대해 한의 영향력에서 벗어나려고 했다. 한 무제는 섭하를 사신으로 보내 흉노와 관계를 정리하

낙랑 토성 평양 중심부에서 대동강 하류로 약 5킬로미터 떨어진 쑥섬 맞은편에 자리 잡은 성곽. 고조선의 마지막 왕도인 왕검성의 후보지로 거론되어 왔다. 국립중앙박물관이 유리 원판 사진으로 보관하고 있는 일제 강점기의 발굴 자료이다. 북한 국가지정문화재보존급 제21호. 평양직할시 낙랑구역.

라고 압력을 넣었다. 그러나 위만의 손자인 우거왕은 이를 거절했다. 섭하가 귀국길에 고조선 장수를 살해하고 도주하자 무제는 그를 요동 지역 군사 책임자인 요동군 동부도위로 임명했다. 분노한 우거왕은 군사를 보내 섭하를 제거했고, 무제는 이를 빌미로 고조선 정벌을 결심했다.

기원전 109년 가을, 한의 육군 5만 명과 수군 7000명은 각각 육로와 바닷길을 따라 왕검성으로 향했다. 고조선군은 그에 맞선 첫 전투에서 대승을 거두었다. 무제는 사신 위산을 보내 협상을 시도했지만 무산되었다. 양국 간에 전쟁이 재개되었다. 한은 왕검성을 포위 공격하는 한편 고조선의 지배층을 분열시키기 위한 이간계도 구사했다. 바로 그때 왕검성은 한이라는 강대국 군대의 공격을 1년 가까이 버텨 내며 만만치 않은 왕도의 위엄을 과시하게 된다.

단군릉 1993년 평양시 강동군 문흥리 대박산에서 발견된 굴식 돌방무덤. 북한은 이곳을 단군릉이라고 주장하며 대규모 피라미드형 무덤으로 조성했으나, 남한 학계는 전형적인 고구려식 무덤으로 본다. 북한 국보 문화유물 제74호.

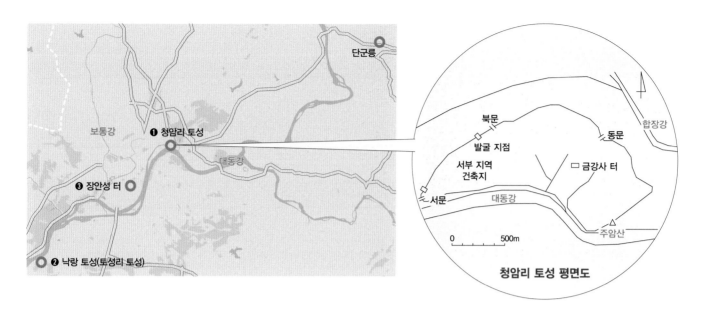

청암리 토성 평면도

왕검성 평양설

가장 유력한 왕검성 후보지는 청암리 토성(❶)이다. 이곳은 삼면이 강으로 둘러싸여 방어에 유리하다. 낙랑 토성(❷)에 대해서는 왕검성이 대동강 북쪽에 있었을 것이라는 반론이 있다. 고구려의 왕도였던 장안성 터(❸)가 왕검성 자리라는 주장도 제기되었으나 이를 뒷받침할 근거는 찾기 어렵다.

오늘날 왕검성의 구조는 확실히 알 수 없다. 토성으로 만들어졌고 군사적으로 방어에 편리한 산 중턱에 쌓았으리라 추정할 뿐이다. 한의 대군이 포위에 나섰는데도 오랫동안 버틸 만큼 견고한 성벽과 강한 수비력을 자랑했으리라는 것만은 분명하다. 그러나 오랜 전란으로 지친 데다 한의 공작이 먹혀 내분이 일어나는 바람에 왕검성은 기원전 108년 여름 함락되었다.

고조선이 내분 때문에 멸망했다는 것은 그만큼 왕권이 강하지 않았음을 의미한다. 우거왕은 끝까지 항전하려 했는데 한의 공작에 넘어간 귀족들이 등을 돌려 왕을 시해했다. 고조선은 촌락 공동체에 기초한 종족 연합 상태에 머물러 있었다. 지방에서 일정한 세력을 가진 귀족들이 중앙으로 진출해 국정을 운영하고, 왕은 그들 사이를 조정하며 권력을 유지했다. 중앙으로 진출한 귀족 가운데 문신은 상(相), 무신은 장군(將軍)이라 불렸다. 그들 밑에는 실무를 담당하는 비왕(裨王)이 있었다. 상은 왕 다음가는 존재로 국정에 깊이 관여했다. 왕과 대립한 끝에 주민을 거느리고 다른 지역으로 망명한 상도 있었다.

이처럼 지역을 기반으로 독자적인 세력을 가지고 있던 귀족 아래 민이 있고 그 아래 노비가 있었다. 그러한 신분 구조에 기초한 사회 질서는 법률을 통해 유지되었다. 『한서』「지리지」에는 고조선에서 시행된 것으로 보이는 법률 일부가 실려 있다. 살인자는 사형에 처하고, 도둑은 피해를 본 집의 노비로 삼되 만약 죄를 씻고자 하면 50만 전을 내야 한다는 등의 규정이 있었다. 두 번째 규정은 고조선이 사유 재산을 보호하는 국가였다는 것을 분명히 보여 준다. 사유 재산을 침해하고 이를 돈으로 갚을 수 없는 자는 여지없이 남의 집 노비가 되어야 했다. 이 같은 장치를 통해 지배층은 재산과 노동력을 확보하고 권력을 더욱 단단히 다질 수 있었다.

고조선을 점령한 한은 '한군현(한사군)'이라 불리는 낙랑, 임둔, 진번, 현도 등 네 개의 군을 설치했다. 그중 진번군과 임둔군은 원래 고조선 주변에 있던 소국의 이름을 사용한 군현이었으나 곧 폐지되었다. 현도군도 고조선 옛 땅에서 일어난 고구려에 밀려 랴오허강 유역으로 내몰리다가 폐지되었다. 대동강 유역에 자리 잡은 낙랑군은 오랫동안 한반도에서 영향력을 발휘했지만 313년(미천왕 14) 고구려에 흡수되었다. 이처럼 한사군이 하나둘 사라지면서 삼국 시대의 여명이 밝아 오고 있었다.

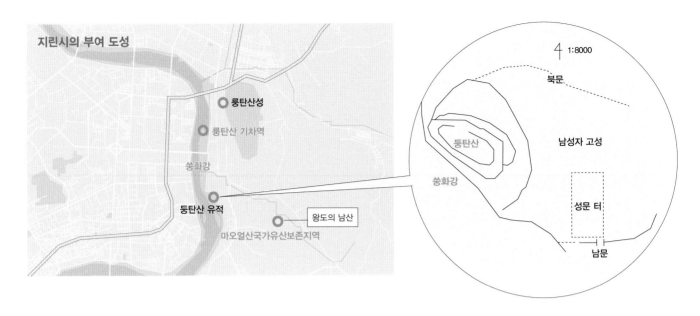

지린시의 부여 도성

룽탄산성
룽탄산 기차역
쑹화강
둥탄산 유적
마오얼산국가유산보존지역
왕도의 남산

北 1:8000
북문
남성자 고성
동탄산
쑹화강
성문 터
남문

2 부여의 왕도

부여는 고조선의 뒤를 이어 한국사에서 두 번째로 출현한 국가이다. 부여의 왕도인 부여성의 위치에 대해서는 중국 지린성이 주목받아 왔다. 지린성의 중심 도시인 창춘과 그 북쪽에 연접한 능안현은 지린성 왕도의 후보지 중 하나이다. 창춘 서쪽으로 100여 킬로미터 떨어진 쑹화강 변의 지린 역시 유력한 후보지로 꼽힌다.

쑹화강 일대는 서단산 문화라 불리는 청동기 문화가 발전해 국가가 성장할 토양으로 손색이 없다. 서단산 문화는 신석기 시대 말부터 청동기 시대까지 번성했고, 비파형 동검과 청동 거울 등이 그 대표적인 유물이다. 지린시 쑹화강 서쪽에 있는 룽탄산과 둥탄산에는 흙과 돌로 쌓은 성이 있고, 둥탄산 기슭의 평지에도 성이 있다. 서단산 문화 위에서 형성된 부여의 왕도일 가능성이 크다. 또 지린시의 노하심 유적에서는 금·은 장신구와 각종 철제 무기, 토기 등의 유물이 나왔다. 이 역시 지린시 일대에 부여의 지배 세력이 거주했으리라는 추정을 가능하게 해 준다.

그렇다면 부여라는 국가는 언제 어떤 과정을 거쳐 쑹화강 유역에 나타나게 되었을까?

하얼빈에서 지린으로

하얼빈은 중국 헤이룽장성의 중심 도시로 안중근 의사가 이토 히로부미를 사살한 곳이다. 그곳에서 서북으로 300여 킬로미터 떨어진 곳에 치치하얼이라는 도시가 있다. 한국인에게는 생소한 지명이지만, 부여의 역사가 시작된 곳으로 지목되기도 하는 특별한 장소이다. 『삼국유사』에 따르면 부여는 기원전 1세기에 해모수가 졸본(랴오닝성 환런)에 세웠다. 그러나 사마천의 『사기』, 왕충의 『논형』 등에 따르면 부여는 중국의 춘추 전국 시대(기원전 770~221)부터 있었다.

그 오래된 부여의 시조가 태어난 곳이 바로 치치하얼에 있던 탁리국이다. 그 시조의 이름은 해모수가 아니라 동명이다. 고구려의 시조인 주몽의 시호가 동명성왕이라는 사실을 알고 있는 독자는 여기서 혼란을 느낄 수도 있다. 그러나 부여의 시조가 동명이라는 기록도 엄연히 존재한다. 그렇다면 합리적으로 내릴 수 있는 추론은 고구려가 부여의 시조 신화를 베꼈으리라는 것이다. 마치 로마인이 그리스 신화를 베꼈듯이 고구려인도 고대 동북아시아에 큰 자취를 남긴 부여의 신화를 차용했을 가능성이 있다.

동명 신화는 주몽 신화와 줄거리도 매우 비슷

남성자 고성
둥탄산 기슭의 남성자 고성이 부여 전기의 궁궐이고 룽탄산 기차역 일대가 그 궁궐을 둘러싼 왕도였을 것으로 보는 견해가 많다. 남쪽의 마오얼산은 부여 초기 왕도의 남산으로 추정된다.

하다. 동명은 탁리국 왕의 시녀가 낳은 아들이었다. 탁리국 왕은 활을 잘 쏘는 동명을 두려워해 그를 죽이려 했다. 동명은 탁리국을 탈출해 남쪽으로 도망가다가 그만 엄호수에 이르러 발이 묶였다. 그때 물고기와 자라 떼가 올라와 동명에게 다리를 만들어 주었다. 덕분에 추격군을 따돌린 동명은 부여를 건국했다. 엄호수는 헤이룽강의 지류인 쑹화강을 가리킨다. 치치하얼에서 하얼빈을 통과해 쑹화강을 건너면 지린성이다. 부여의 왕도는 바로 이 지린성의 창춘과 지린 일대에 펼쳐져 있었다.

쑹화강 변 – 북부여의 왕도

중국이 보는 지린성의 역사는 '한의 소수 민족 지방 정권' 부여에서 시작한다. 그러나 한국사의 흐름에서 보자면 '고구려와 백제로 이어지는 북만주의 고대 왕국' 부여라고 해야 할 것이다. 지린시의 쑹화강 변은 앞서 본 것처럼 부여 왕도의 유력한 후보지이다. 그곳의 산과 평지에 지은 이중

성 체제는 고구려와 백제의 왕도에서도 볼 수 있다. 그런 점에서도 고구려와 백제는 부여를 계승했다고 말할 수 있다.

지린성에서 부족 국가로 출발한 부여는 서기 3세기 무렵 전성기를 맞이했다. 당시 고구려가 3만 호인데 부여는 8만 호에 이르렀다(『삼국지』). 부여인은 지린성의 풍토에 맞춰 농경과 목축을 겸하며 살았다. 그들이 목축을 중시한 정황은 '대가'라 통칭된 각 귀족 집단의 칭호에서도 드러난다. 마가, 우가, 저가, 구가. 각각 말, 소, 돼지, 개를 집단 이름으로 썼으니 귀족치고는 소박하고 생업 친화적이다. 12월에는 영고(迎鼓)라는 축제를 거행하면서 본격적인 사냥철이 시작되는 시기임을 알렸다.

목가적인 부여 왕도의 모습이 떠오르겠지만, 왕국의 삶이 그렇게 단순하지만은 않았다. 대가들은 각각 '사출도'라는 독자적인 지배 영역을 차지하고 실정하는 왕은 교체하기도 했으니, 그들의 권력은 소박하지 않았다. 대가 아래로 대사·사자 등의 지배층이 있었고, 하호라는 피지배층이 그들을 위해 생산에 종사했다. 법과 제도는 엄격하다 못해 잔인했다. 질투하는 부인을 사형에 처하고, 왕과 귀족이 죽으면 모시던 자들을 순장했다. 부여가 전성기를 지나면서 선비족 모용씨의 침략을 받아 왕도는 무너지고 왕은 자결했다. 일부 지배층이 동남쪽으로 피신하면서 또 다른 부여가 시작되었다.

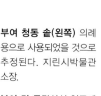

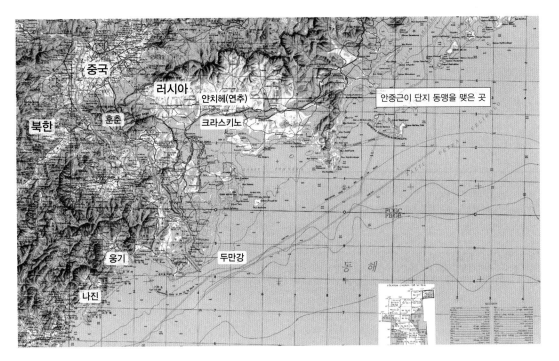

중국
러시아
얀치헤(연추)
크라스키노
북한
훈춘
안중근이 단지 동맹을 맺은 곳
웅기
두만강
동해
나진

훈춘 1954년에 제작된 군사 지도. 지린성 훈춘은 강릉과 함께 동부여의 도읍인 가섭원의 주요 후보지로 거론된다. 크라스키노는 발해의 염주성으로 추정되는 성터가 있는 곳이다. 나진과 웅기는 오늘날 북한의 나진선봉경제특구 지역이다.

동해안 – 동부여의 왕도

부여와 고구려, 동명과 주몽을 이어 주는 신화 속 인물이 바로 해모수이다. 『삼국사기』에 따르면 부여 왕 해부루는 늙도록 아들이 없어서 자식을 얻고자 산천에 제사를 드리러 갔다. 그때 곤연이란 연못에 이르러 금색 개구리 모양의 어린아이를 만났다. 해부루는 그 아이에게 금색 개구리라는 뜻의 금와를 이름으로 지어 주고 데려다 키웠다. 금와는 장성한 뒤 부여의 태자가 되었다.

어느 날 부여의 재상 아란불이 해부루를 찾더니 천신이 내려와서 했다는 말을 들려주었다. "장차 내 자손에게 부여 땅에 나라를 세우게 할 것이니 너희는 다른 곳으로 옮기도록 하라. 동해 바닷가에 가섭원이라는 땅이 있느니라. 토양이 기름지고 오곡이 자라기 알맞으니 도읍할 만할 것이다." 해부루는 그 말을 받아들여 가섭원으로 도읍을 옮기고 나라 이름을 동부여라 했다. 예전의 도읍지에는 천제의 아들 해모수로 자처하는 사람이 나타나 나라를 세웠다.

바로 그 해모수가 주몽의 아버지였다. 부여 왕 해부루가 죽자 금와가 뒤를 이었다. 금와는 태백

산 남쪽에 행차했다가 우발수란 곳에서 하백의 딸 유화를 만났다. 유화는 자신이 우발수에 온 연유를 이렇게 밝혔다. "지난날 여러 동생과 함께 밖에서 놀고 있을 때였습니다. 스스로 천제의 아들 해모수라고 하는 남자가 와서 저를 유혹했죠. 그 남자는 저를 웅심산 아래 압록강 인근의 방 안으로 꾀어 정을 통하고는 나가서 돌아오지 않았습니다. 부모님께서는 제가 모르는 남자를 따라 갔다고 꾸짖으며 이처럼 우발수에서 귀양살이를 시키셨습니다."

강릉 「대동여지도」의 강원도 강릉 일대. 가섭원 후보지 중 하나인 강릉은 고구려가 다스릴 때는 하슬라로 불리고, 통일 신라 시기인 757년(경덕왕 16)에는 명주로 이름이 바뀌었다.

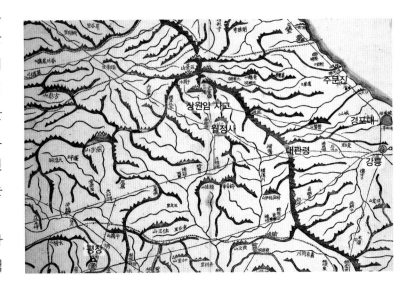

금와는 유화를 궁으로 데리고 가서 방 안에 가두었다. 유화는 다섯 되 크기의 알을 낳았으니, 그 알의 껍질을 깨고 나온 아이가 바로 주몽이었다. 주몽은 금와와 왕자들의 핍박을 받으며 자라나다가 어머니 유화의 도움으로 동부여를 탈출했다. 천신만고 끝에 해모수의 땅에 당도한 주몽이 세운 나라가 훗날 부여를 멸망시키는 고구려였다. 주몽이 대소를 비롯한 부여 왕자들의 추격을 받다가 자라와 물고기의 도움을 받아 비류수를 건너 건국에 이르는 과정은 동명이 부여를 세우는 과정과 매우 흡사하다. 나아가 고구려인은 주몽이 죽었을 때 그에게 부여 시조의 이름과 똑같은 동명이라는 시호를 바쳤다.

『삼국유사』에도 전하는 주몽의 이야기를 역사학자들은 어떻게 해석하고 있을까? 해부루가 가섭원으로 천도한 것은 전란을 피해 동남쪽으로 내려간 부여인이 본국과 분리되어 나라를 세운 역사를 가리킨다고 한다. 주몽이 동부여를 탈출해 고구려를 세우는 것은 고구려의 건국 세력이 부여에서 갈라져 나간 역사를 가리킬 것이다. 주몽 신화는 주몽의 아들 온조가 고구려를 떠나 백제를 세우는 이야기로 이어진다. 이는 고구려뿐 아니라 백제도 부여 계통의 세력이 세운 나라라는 사실을 뒷받침한다. 또 주몽이 금와와 대소의 미움을 받고 죽을 고비를 넘기는 장면들에서 훗날 고구려와 부여가 국운을 걸고 서로 싸우는 역사도 예감할 수 있다.

그렇다면 해부루가 도읍을 옮겼다는 가섭원은 어디일까? '가시벌', '가시부리'의 음차라고도 하지만 어디를 가리키는지는 정확하지 않다. 가섭이 부처의 십대 제자인 마하가섭을 가리킨다는 점에서 불교를 수용한 뒤에 붙인 지명이라는 설도 있다. 동해안이라는 『삼국사기』의 기록에 근거해 두만강 변에서 북한과 마주 보고 있는 중국의 훈춘을 지목하는 사람도 있고, 한참 더 내려간 강릉을 지목하는 사람도 있다. 훈춘도 강릉도 다 동해안에 있는 도시들이다. 훈춘이 지린과 상대적으로 가까워 더 많은 학자의 지지를 받고 있다. 그러나 삼국 시대에 강릉을 일컫던 '하슬라'가 가섭원과 유래가 같다면서 강릉설을 주장하는 쪽도 만만치 않다. 두 도시 어디에서도 왕도의 자취는 찾기 어려우나, 부여의 이름은 수천 년의 세월을 이겨 내고 오늘날까지도 휘황한 고대의 그림자를 만주와 한반도에 드리우고 있다.

한국 고대사의 부여 네트워크

백제 전기의 돌무지무덤인 석촌동 고분군은 고구려의 돌무지무덤에 기원을 두고 있다. 이것은 백제 건국 세력이 온조로 대표되는 고구려계 이주민임을 뒷받침하는 고고학적 증거이다. 주몽의 고구려는 부여의 이주민이 건국한 나라였다. 따라서 석촌동 고분군은 백제-고구려-부여를 잇는 네트워크를 보여 주고 있다. 부여는 역사적 자료가 부족해 그 전모를 파악하기 힘들지만, 현존하는 자료만 보아도 한국사에서 부여가 차지하는 위상은 결코 무시할 수 없다. 특히 고조선에 이어 탄생한 국가이고, 고구려와 백제의 시조를 배출했다는 점에서 한국 고대사에서 큰 비중을 차지하고 있다. 『삼국사기』에는 백제의 성왕이 사비(충청남도 부여)로 천도하면서 나라 이름을 '남부여'라 바꾸었다고 기록되어 있다.

석촌동 고분군 서울특별시 송파구 석촌동 일대의 한강 변 충적 대지에 위치한 백제 전기의 돌무지무덤. 이 시기 백제는 삼한 중 마한의 소국 중 하나였다. 3세기 중엽부터 이 일대에서 돌무지무덤 수십 기가 축조된 것으로 추정되는데, 지금은 4기만 남아 있다. 사적.

솟대 하늘을 향해 솟은 대 위에 새 모양
을 깎아 올려놓은 나무. 하늘과 땅을 연
결하는 사다리 역할을 했다. '소도'란 말
은 솟대에서 유래했다고 한다.

❸ 삼한의 국읍들

삼국 시대 이전 한반도 중남부에는 기껏해야 지금의 군(郡) 크기 정도 되는 소국들이 흩어져 있었다. 그들이 지역별로 결합해서 형성한 연맹체가 마한, 진한, 변한의 삼한이었다. 삼한의 '한'은 크거나 높다는 뜻을 가진 고대 알타이어에서 유래했다고 한다.

『삼국지』 「위서」 동이전에 따르면 위만에게 쫓겨난 고조선의 준왕이 한지(韓地)에 자리 잡고 스스로 한왕이라 칭했다. 이로 미루어 볼 때 '한'이라는 연맹체는 북쪽에서 내려간 유이민이 토착 집단과 융합하면서 형성된 것 같다.

마한, 진한, 변한은 각각 하나의 맹주국을 중심으로 여러 소국이 연맹한 형태를 하고 있었다. 각 소국에는 국읍이라는 큰 고을을 중심으로 여러 고을이 분포해 있었다. 이 같은 소국들은 고조선, 부여 같은 왕국으로 성장하지 못했기 때문에 그 중심지를 왕도라고 하기보다는 사서에 나오는 대로 국읍이라 부르는 게 적절해 보인다.

한편, 삼한 각지에는 소도라는 일종의 치외 법권 지대가 있었다. 그곳은 천신에게 제사를 지내는 성역으로, 천군이라는 제사장이 제사를 주관했다. 소도는 제정일치 시대에는 공동체의 중심지였으나, 종교와 정치가 분리되면서 신성한 종교 영역으로 남게 되었다.

마한 – 한강부터 영산강까지

한강 유역부터 충청남북도, 전라남북도 지역까지 분포한 마한은 백제의 요람이었다. 기록에 따르면 마한의 소국은 모두 54개로, 1만여 가(家)를 이룬 큰 소국과 수천 가를 이룬 작은 소국이 있었다. 큰 소국의 지배자는 신지, 작은 소국의 지배자는 읍차라고 불렀다.

마한의 맹주는 목지국의 진왕이었다. 그는 고구려 같은 중앙 집권적 고대 국가의 왕 같은 절대 권력자는 아니었다. 삼한 전체에서 가장 영향력이 큰 지도자였기 때문에 사서에 왕으로 기록되었을 것이다. 마한뿐 아니라 진한과 변한의 소국들도 진왕의 영향력 아래 있었다.

마한은 이미 기원전 2세기 무렵 목지국을 중심으로 하나의 세력을 이루어 중국의 한과 원거리 교역을 시도하기도 했다. 마한이 이처럼 일찍이 발전할 수 있었던 것은 수준 높은 청동기를 제작하고 이를 교역에 이용했기 때문이다.

마한의 중심이자 삼한의 중심이었던 목지국의 위치를 찾는 것은 학계의 현안 가운데 하나였다. 서울, 인천을 비롯해 충청남도의 천안시·예산군·아산만 일대, 전라북도 익산시, 금강 유역, 영산강 유역 등이 후보지로 거론되었다. 대부분 서해와 이어지는 곳이다. 중국과의 해상 교역이 성장의 조건이었기 때문이다. 그 가운데 천안 일대가 가장 유력한 후보지로 꼽힌다.

청동 말 모양 허리띠 고리 (왼쪽) 주둥이 일부와 꼬리가 떨어져 나갔으나 전체적으로 상태가 양호하다. 마한 지역인 충청남도 천안에서 출토되었다. 높이 7.9센티미터. 국립중앙박물관.

호랑이 모양 허리띠 고리 호랑이가 새끼를 태운 모양의 허리띠 고리는 한국에 이것 한 점밖에 없다. 마한 지역인 충청북도 청주에서 출토되었다. 길이 11.4센티미터.

진한 - 서라벌의 시작

마한이 백제의 요람이라면 진한은 신라, 변한은 가야의 요람이었다. 마한의 소국들이 한반도 서남부에 길게 분포한 것과 달리 진한 12개국은 경주의 사로국을 중심으로 동쪽의 경상북도 지역에 다소 치우친 분포를 보이고 있었다. 변한 12개국의 자취는 남해안의 한려수도 일원과 인근 내륙 지역에서 찾아볼 수 있다.

진한 연맹체가 어떻게 성립했는지에 관해서는 두 가지 유력한 설이 있다. 첫째, 『삼국사기』에 따르면 위만조선의 유민이 내려와 토착민과 함께 진한을 만들었다. 둘째, 『삼국지』를 인용한 『삼국유사』에 따르면 마한이 중국에서 온 진(秦)의 망명자들에게 동쪽 땅을 나누어 주었다. 중국의 망명자들이 정착한 그 동쪽 땅에서 진한이 성립했다는 것이다.

고고학 발굴의 성과를 보면 북쪽에서 위만조선의 유민이 내려오면서 진한이 성립했다는 『삼국사기』의 기록이 더 사실에 부합하는 것처럼 보인다. 경주와 대구 일원에서 위만조선계 금속 문화의 영향을 받은 청동기와 철기 유물이 많이 출토되었기 때문이다.

사로국 외의 진한 소국을 몇 개만 꼽아 보자면 경상북도 영주의 기저국, 의성의 난미리미동국, 울산의 염해국 등이 있다. 이들 소국은 큰 것은 5000여 가, 작은 것은 700여 가로 이루어져 있었다. 그 정도 규모의 소국이 자력으로 다른 나라와 교역하거나 외교 활동을 하기는 어려웠다. 따라서 그들은 사로국을 맹주로 하는 진한 연맹체를 결성하게 되고, 그 연맹체가 점차 신라로 발전한다. 이처럼 천년 고도 서라벌의 시작은 사로국까지 올라간다고 할 수 있다.

맹주국인 사로국과 주변 소국 사이에는 지배와 복속의 관계가 형성되어 있었다. 사로국은 소국에게 자신과 교역 관계를 맺을 것을 요구하기도 하고 해당 소국의 교역 물품이나 교역 상대를 규제하기도 했다. 사로국을 중심으로 형성된 연맹체가 진한이라는 이름으로 멀리 떨어진 중국의 진(陳)과 교역했다는 기록도 있다(『진서』).

지배와 복속이라는 말에서도 알 수 있는 것처럼 사로국과 다른 소국의 주종 관계는 우호적이거나 자발적이기만 한 것은 아니었다. 사로국은 때로 군사력을 동원해 다른 소국에 자신의 의지를 강제하기도 했다. 예를 들어 경상북도 상주에 있던 사량벌국은 사로국과의 결속 관계를 버리고 외부 세력인 백제국과 교섭을 시도한 일이 있었다. 그러자 사로국은 무력으로 사량벌국을 침공해 이 소국이 진한 연맹체에서 이탈하는 것을 막았다(『삼국사기』).

진한의 흔적이 가장 잘 남아 있는 곳은 당연히 사로국이 있던 경주일 것이다. 경주 탑동에서는 천안 청당동의 마한 무덤과 같은 양식의 널무덤과 덧널무덤을 만날 수 있다. 지난 2021년에는 그곳에서 키가 180센티미터에 이르는 남성 인골이 발견되기도 했다. 그가 사로국 사람인지 신라 사람인지는 알 수 없으나 삼한과 삼국을 통틀어 최장신인 것만은 틀림없다고 한다. 그때까지 발견된 삼국 시대 남성의 인골은 평균 신장이 165센티미터라고 하니, 무리 속에서 우뚝한 고대인의 모습이 절로 떠오른다.

쇠뿔 손잡이 항아리(왼쪽) 무늬 없는 토기의 마지막 단계에 속한다. 덧널무덤의 널방 중앙에 부장 구덩이를 파고 묻었다. 경상북도 경주 출토. 높이 30센티미터.

오리 모양 토기 죽은 사람의 영혼을 이승에서 저승으로 인도하기 위한 제사 용품으로 추정된다. 경상북도 경주 출토. 너비 36센티미터.

옻칠한 붓과 고리자루 손칼(위) 붓과 손칼은 우리 역사에서 문자 사용을 유추할 수 있는 가장 오래된 고고학적 증거로 꼽힌다. 창원 다호리 출토. 높이 30 센티미터.

창원 다호리 제1호 널무덤(오른쪽) 길이 80센티미터 안팎의 참나무를 길게 반으로 쪼개고 그 속을 파서 만들었다. 널빤지로 된 재목을 맞추어 만든 중국식 널무덤과는 큰 차이를 보인다. 너비 36센티미터.

변한 – 낙동강의 풍요

경상북도 내륙에 진한 12개국이 있었다면 경상남도의 낙동강 하류와 남해안 지역에는 변한 12개국이 있었다. 변한은 변진이라고도 하고, 중심은 김해의 구야국이었다. 『삼국지』에 따르면 변한과 진한은 낙동강을 사이에 두고 서로 어울려 살아서 의식주 등 생활 양식이 비슷했다. 다만 제사 풍속은 서로 달랐다고 한다.

삼한 시기에 낙동강 하류와 남해안 지역에는 철 자원이 풍부했다. 그곳에 자리 잡은 변한의 소국들은 철을 생산하고 이를 수출해 부를 쌓았다. 이를 바탕으로 인근 지역에 영향력을 행사할 수도 있었다. 구야국을 비롯해 부산 동래의 독로국, 함안의 안야국 등에서 다량으로 출토된 철기 유물과 유적이 이를 뒷받침한다. 변한의 철을 수입한 곳은 평양의 낙랑군, 동해안의 동예 등과 더불어 바다 건너 왜였다. 당시 철광석 덩어리는 물자 교역의 수단으로 화폐처럼 사용되었다.

그런 환경 덕분에 변한 사람들은 비교적 윤택한 생활을 했다. 변한 사람들이 키가 크고 의복이 깨끗했다는 기록은 그들의 경제적 풍요를 짐작하게 한다. 그들은 머리를 길렀고, 일부 해안 지역 사람들은 문신하는 풍속도 있었다.

구야국과 함께 변한 연맹체를 이루고 있던 소국으로는 경상북도 고령의 반파국, 경상남도 밀양의 미리미동국, 고성의 고자미동국 등을 꼽을

수 있다. 경상남도 창원의 다호리에서는 변한의 것으로 보이는 수십 기의 무덤이 발견되었다. 창원 일대에 자리 잡고 있던 미오야마국의 지배층이 그곳에 묻혔을 것이다. 대부분은 마한과 진한 지역에서 볼 수 있는 널무덤이지만, 항아리로 만든 독무덤도 몇 기 눈에 띈다. 다호리 고분군에서 특히 주목되는 무덤은 제1호 널무덤이다. 참나무 속을 파서 만든 널 안에 시신을 안치했는데, 주변의 널무덤에 비해 제작 방식이 정교해 지도자의 무덤으로 짐작된다.

변한이 철의 생산지였던 만큼 다호리 고분군에서는 철기 부장품이 많이 나왔다. 그러나 철기보다 더 눈에 띄는 것은 옻칠을 한 칠기이다. 칠기는 뛰어난 예술 감각과 기술이 필요해서 고대의 무덤에서는 보기 힘들다. 따라서 칠기야말로 변한이 누린 풍요로움을 그 풍요의 원천인 철보다 더 잘 보여 주는 유물이라고 하겠다.

청동 세발솥 중국에서 제작된 외래품임을 말해 주는 글이 새겨져 있다. 명문(銘文)이 있는 청동 솥이 중국 이외 지역에서 출토된 첫 번째 사례이다. 경상남도 김해 양동리 출토.

고구려, 백제, 신라, 가야의 역대 왕도

고구려

두만강

백두산

환런(졸본)

지안(국내성) 개마고원

오녀산성의 온돌 고구려의 첫 번째 왕도 추정지. 중국 랴오닝성 환런.

천추총 고구려의 두 번째 왕도인 국내성 인근의 왕릉. 중국 지린성 지안.

압록강

신의주

라오둥반도

청천강

평양

대동강

해주   개성

서울(한성)

서라벌 디오라마 국립경주박물관에 재현된 신라의 천년 왕도, 경상북도 경주.

백제

몽촌토성 풍납토성과 함께 백제의 첫 번째 왕도인 한성의 후보지. 서울 송파.

서해

차령산맥

공주(웅진)

부여(사비)

신라

경주

고령   대가야

후기 가야연맹 맹주

공산성(웅진성) 백제의 두 번째 왕도인 웅진의 성. 충청남도 공주.

김해

금관가야

전기 가야연맹 맹주

대가야 금동관 후기 가야의 중심인 대가야 왕릉 부장품. 경상북도 고령.

낙화암 백제의 세 번째 왕도인 사비의 부소산성에서 백마강으로 내려가는 절벽. 충청남도 부여.

수로왕릉 전기 가야의 중심국인 금관가야 시조의 무덤. 경상남도 김해.

2

삼국 시대의 왕도들

남북한의 수도인 서울과 평양에는 백제와 고구려의 왕도가 있었다. 백제는 서울의 한강 이남에 펼쳐진 비옥한 평야 지대를 중심으로 삼국 가운데 가장 먼저 중앙 집권적 고대 국가로 성장했다. 압록강 부근에서 시작한 고구려는 백제의 공격을 받아 고국원왕(재위 331~371)이 죽는 국가적 위기까지 겪었다. 5세기 들어 반격에 나선 고구려는 평양으로 천도하고, 고구려에게 서울을 빼앗긴 백제는 웅진(충청남도 공주)으로 천도했다. 백제가 국력을 회복하고 한강 유역 탈환에 나선 것은 사비(충청남도 부여)로 천도한 뒤의 일이었다. 삼국 가운데 가장 성장이 더뎠던 신라는 출발점이던 서라벌(경상북도 경주)을 왕도로 고수하면서 최후의 승자가 되었다. 6세기에는 가야연맹의 중심지로 꼽히는 금관가야(경상남도 김해)와 대가야(경상북도 고령)가, 7세기에는 백제와 고구려가 신라에 무릎을 꿇었다. 서라벌은 그 후로도 통일 왕국의 왕도로 남았다.

오녀산성 중국 라오닝성 환런만족자치현에 있는 산성으로, 고구려의 시조 주몽이 나라를 세운 곳이라 여겨진다. 건국 초기 한과 부여 사이에서 험난한 삶을 살아야 했던 고구려 주민의 구심점 역할을 했다. 오녀산은 매우 가파른 산세로 두 발로 걸어가다가 저절로 허리가 꺾어질 정도이다. 오녀산성이 있는 졸본 지역이 초기 고구려의 중심지가 될 수 있었던 것은 상대적으로 넓은 공간과 더불어 오녀산이 자리 잡고 있었기 때문이다. 광개토대왕릉비문에는 "비류곡(沸流谷) 홀본(忽本) 서쪽 산 위에 성을 쌓고 도(都)를 세웠다."라는 문장이 나온다. 여기서 홀본은 졸본, 산 위에 쌓은 성은 오녀산성을 가리키는 것으로 보인다. 정상부가 넓은 평탄지로 이루어진 독특한 형태의 오녀산은 방어용 산성으로 적격이었다. 또한 오녀산의 험준한 경관은 이곳을 신성한 곳으로 여기게끔 만들었다. 신성한 '천손(天孫)'이 둥지를 튼 신성한 산. 고대 국가의 중심지로 이보다 더 적합한 곳은 찾기 어려웠으리라.

오녀산성의 구조

1 고구려의 왕도

졸본 – 오녀산의 천연 요새

고구려의 첫 왕도인 졸본은 지금의 중국 랴오닝성 환런만족자치현 중서부에 있었다. 대부분 척박한 산간 지형으로 이루어진 환런현에서 졸본이 있던 지역은 상대적으로 가장 많은 평지 공간을 확보하고 있다.

졸본 지역이 고구려의 초기 중심지가 될 수 있었던 것은 환런현 중심부 가까이에 있는 오녀산 때문이다. 오녀산은 방어에 탁월한 지형을 가지고 있었고, 그러한 조건이 산과 주변을 왕도로 삼기에 안성맞춤이었다.

초기 고구려의 도성은 평지성과 산성이 조합을 이루는 이중성 체제를 이루고 있었다. 오녀산의 지형을 그대로 이용해 쌓은 오녀산성이 그러한 이중성의 한 축을 이루는 산성이라는 데는 이론의 여지가 없다. 그러나 평지성 터로는 학자들 사이에 하고성자성, 고력묘자 등 여러 후보지가 거론되고 있다. 그 가운데 가장 유력하게 꼽히는 곳은 하고성자성이다.

『삼국사기』에 따르면 고구려 제2대 유리왕(재위 기원전 19~서기 18)은 흘천·양곡·두곡 등에 이궁(離宮)을 짓고, 두곡의 이궁에서 제사를 지냈다고 한다. 이러한 기록으로 짐작하자면 초기 고구려의 왕들은 한 곳에 머물지 않고 여러 곳에 궁궐을 지어 옮겨 다닌 것 같다.

졸본은 갓 생겨난 나라를 지키기에는 유리한 곳이었지만, 땅이 척박해서 농사짓기에는 적당하지 않았다. 따라서 초기 고구려 사람들은 지속 가능한 생존을 위해 물산이 풍부한 주변으로 세력을 확장하는 데 힘을 쏟았다. 한국 고대사의 위대한 국가로 기억되고 있는 고구려의 출발점은 이처럼 작고 비좁은, 그러나 신비한 기운을 머금고 있는 졸본 땅이었다.

사이호(네귀항아리) 졸본에서 쓰인 항아리. 귀 모양의 손잡이가 네 군데 달려 있다.

졸본(오른쪽)

랴오닝성의 동남쪽, 지린성과 경계를 이루는 곳에 있는 환런현 일대. 압록강에서 북쪽으로 100킬로미터가량 떨어져 있다.

상고성자 고구려 초기 돌무지무덤이 다수 발견된 고분군. 약 1.5킬로미터 남쪽 하고성자에서 살던 주민의 공동묘지로 추정된다.

하고성자 졸본 지역의 평지에서 유일하게 확인된 성터. 오녀산성과 짝을 이룬 평지성으로 보는 견해가 많다. 남아 있는 성벽의 둘레 619미터.

비류수(훈강) 고구려 역사의 탯줄로 불리는 강. 염난수, 동가강 등으로도 불렸다. 중국 쪽에서 압록강으로 흘러드는 지류 가운데 가장 큰 하천.

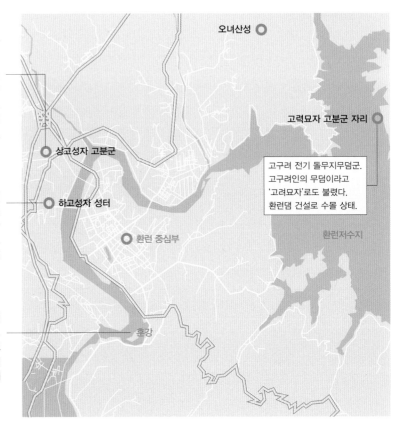

오녀산성

고력묘자 고분군 자리

고구려 전기 돌무지무덤군. 고구려인의 무덤이라고 '고려묘자'로도 불렸다. 환런댐 건설로 수몰 상태.

상고성자 고분군

하고성자 성터

환런 중심부

환런저수지

훈강

국내성(오른쪽 아래)과 환도산성 압록강과 통거우허가 합류하는 지안 시내의 평지성을 국내성. 통거우허 상류로 약 3킬로미터 거슬러 올라간 곳의 산청 쯔산성을 환도산성이라 한다. 국내성은 사각형의 석성으로 전체 둘레는 약 2.7킬로미터. 환도산성은 능선을 활용해 성벽을 쌓은 포곡식 산성으로 성벽의 전체 길이는 6947미터.

국내성 – 만주와 한반도의 교차로

졸본이 있던 환런에서 고속도로를 따라 동남쪽으로 2시간 남짓 달리면 압록강 변에 자리 잡은 지린성 지안시에 이른다. 압록강을 사이에 두고 자강도와 마주 보고 있는 이 국경 도시에 고구려의 두 번째 수도인 국내성이 있었다. 북쪽에서 발원한 통거우허가 국내성의 서쪽을 휘감듯 흘러간 뒤 압록강으로 합류한다. 졸본에 비하면 국내성은 주변을 향해 열린 곳으로, 만주와 한반도를 잇는 교통 요지에 자리 잡고 있었다.

국내성에 들어서기 전에 살펴볼 곳이 있다. 국내성 중심부에서 동쪽으로 17킬로미터 정도 거리에 있는 국동대혈(國東大穴)이다. 국내성 동쪽에 있는 커다란 동굴이라는 뜻으로, 고구려 사람들의 제천 유적이다. 고구려인은 이곳에 시조 주몽과 그 어머니인 유화부인을 모시고 제사를 지냈다. 해마다 음력 10월에 지내던 고구려의 국가 제사인 동맹(東盟)은 바로 이곳 국동대혈에 왕과 신하가 모여 조상에게 예를 갖추던 관습이 이어진 것이다.

부여로부터 물려받은 이중성 체제에 따라 국내성은 평지성으로 조성되고, 그 북쪽에 산성인 환도산성이 자리 잡고 있었다. 『삼국사기』에 따르면 고구려가 국내성으로 도읍을 옮긴 것은 서기 3년(유리왕 22)의 일이었다. 같은 기록에 따르면 고구려는 198년(산상왕 2) 환도성을 쌓고 209년 그곳으로 왕도를 옮겼다. 중국 삼국 시대 왕조

인 위(魏)의 군대가 244년(동천왕 18) 환도성에 올라 고구려인을 도륙했다는 기록도 있다(『삼국지』「위서」관구검전). 342년(고국원왕 12)에는 "환도성을 보수하고, 또 국내성을 쌓았다."라는 기록도 있다. 고구려인은 더 나은 삶을 위해 좁은 졸본을 나와 좀 더 개방적인 곳으로 왕도를 옮겼다. 전란으로 왕도가 파괴되곤 하는 비극은 그 대가로 감수해야 했던 것인지도 모른다.

고구려가 평양으로 왕도를 옮긴 것은 427년(장수왕 15)이었다. 그때까지 424년 동안 국내성은 고구려의 왕도였다. 705년 역사의 절반이 넘는 그 시기에 고구려는 침략군에게 왕도를 함락당하곤 하던 약소국에서 강대국으로 도약했다. 국내성과 환도산성은 오늘날 우리가 알고 있는 고구려의 출발점이었다.

국내성 시기에 고구려는 군사 강국뿐 아니라 문화 강국으로도 도약했다. 국내성 일대에 조성된 각급 고분에는 아름다운 벽화가 수놓여 있다. 372년(소수림왕 2) 불교를 도입한 이래 곳곳에 사찰과 불상을 건립하고, 학문을 강조하는 유교 정신에 따라 한국사상 최초의 대학으로 꼽히는 태학도 설립했다.

이처럼 강대국 고구려의 산실이었던 국내성은 평양 천도 후에도 평양, 한성과 함께 고구려 삼경(三京)의 하나로 꼽혔다. 여기서 한성은 백제의 초기 왕도인 한성과 다른 곳으로, 지금의 황해남도 재령이나 북한산 일대로 추정된다.

국동대혈 국내성 동쪽에 있는 큰 동굴. 동굴 앞에서 압록강과 건너편의 북한 지역이 내려다보인다.

산성하 고분군 지안시에 있는 고구려 고분군. 우산(위산) 북쪽 기슭과 퉁거우허 변 사이에 분포하고 있다. 일제 강점기에는 '산성자 고분군'으로 불렸다.

오회분 4호묘 우산하 고분군에 속하는 돌방봉토무덤. 고분 다섯 기가 동서로 길게 배치되어 있어 오회분이라 부른다.

국내성과 환도산성

환도산성 ◎

중국 지린성

장수왕릉

무용총 각저총
위산(우산) ◎ ◎ ◎ 광개토대왕릉
산성하 고분군 ◎ 광개토태왕릉 ◎
◎ 오회분
만보정 고분군 ◎ 지안박물관 지안역
삼실총
퉁거우강
국내성 ◎ 압록강

칠성산 고분군 ◎

자강도

마선구 고분군 ◎

서대총 ◎ 천추총 ◎

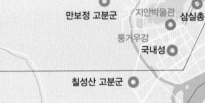

「**수박도**」 무용총에 있는 고구려 벽화. '수박'은 맨손으로 하는 무예를 말한다. 삼실총과 안악 3호분에도 그려져 있다.

광개토대왕릉과 광개토대왕릉비 비의 네 면에 새겨진 글자는 사료가 부족한 당대의 역사를 생생히 알려 준다. 일반적으로 1775자가 새겨졌다고 알려져 있으나, 판독 여부가 불분명한 부분이 있어 글자 수를 결정하기 어렵다는 견해도 있다. 높이 6.39미터.

만포

국내성 일대에서 고구려의 역사를 가장 잘 알려 주는 것은 1만 2000여 기에 이르는 고분이다. 그 많은 무덤은 여섯 개의 고분군을 이루고 있는데, 그 가운데 산성하 고분군과 우산하 고분군이 특히 유명하다.

산성하 고분군은 이름 그대로 환도산성 아래 계곡에 마치 이집트의 피라미드 무리처럼 펼쳐져 있다. 서기 2~3세기의 돌무지무덤부터 6세기의 대형 돌방봉토무덤에 이르는 1582기의 무덤이 침묵 속에 고구려 역사를 웅변하고 있다.

우산하 고분군은 국내성 동북쪽에 봉긋 솟아 있는 우산(위산) 아래 조성된 무덤들로, 모두 3000여 기에 이른다. 고구려 하면 떠오르는 광개토대왕(재위 391~412)과 장수왕(재위 412~491)의 무덤, 고구려 고분 벽화의 진수를 엿볼 수 있는 각저총·무용총·삼실총·오회분 등이 그곳에 자리 잡고 있다.

광개토대왕의 능으로 추정되는 것은 광개토대왕릉비에서 남서쪽으로 약 400미터 떨어져 있는 거대한 돌무지무덤(태왕릉)이다. 광개토대왕은 백제에 밀리던 고구려의 국력을 획기적으로 키워 남쪽으로 영토를 넓히고, 북쪽으로 거란족을 몰아내 랴오허강 동쪽 지역을 장악했다. 나아가 고구려를 압박하던 후연에 반격을 가해 랴오허강 서쪽 일부까지 점령하고, 동북방의 동부여와 말갈(숙신)도 굴복시켰다. 광개토대왕이 개척한 넓은 영토는 아들인 장수왕 때 고구려가 문화 강국으로 성장하는 기반이 되었다.

우산하 고분군이 조성된 것은 5세기부터 6세기 후반까지라고 한다. 그때는 국내성이 이미 왕도의 지위를 잃은 고구려 후기였으나, 그런 시기에 국내성의 예술은 더욱 꽃을 피웠다는 것을 이 고분군의 벽화들이 말해 준다.

사람들이 춤추는 모습이 그려져 있다고 해서 '무용총'이라 불리는 고분은 우산하 고분군에서도 가장 유명한 무덤일 것이다. 깃털 관을 쓴 무사가 말을 타고 호랑이를 사냥하는 모습을 그린 「수렵도」, 건장한 두 남성이 맨손으로 대련하는 모습을 그린 「수박도」도 무용총의 벽화이다. 전형적인 고구려 무사인 「수렵도」의 남성과 달리 「수박도」의 남성들은 눈이 크고 콧수염을 길러 서역인처럼 보인다. 여기서 고구려의 활발한 대외 교류를 짐작할 수 있다.

오회분 4호묘에서는 동서남북에 청룡·백호·주작·현무의 사신(四神)을 그리고 중앙에 황룡을 배치한 「오신도」를 볼 수 있다. 황룡은 천하의 제왕을 상징하므로 고구려가 천하의 중심이라는 세계관을 벽화로 표현한 것이다. 5세기 이후 고구려는 동북아시아, 중국, 중앙아시아가 서로 대등한 3개의 천하를 이루고 있다는 세계관을 갖게 되었다고 한다. 그 가운데 동북아시아 천하의 중심은 곧 고구려였다. 국내성의 고분군은 그러한 고구려의 자부심과 주체적 사고방식을 짐작하게 해 주는 현장으로 남아 있다.

평양 - 전성기 고구려의 심장

장수왕은 국내성에서 평양으로 천도해 새로운 발전 방향을 모색했다. 그는 남진 정책을 추진해 백제와 신라를 압박했다. 이에 맞서 신라와 백제는 433년(장수왕 21) 나제동맹을 맺고 고구려에 대항했지만, 고구려의 압박을 견뎌 내기는 힘들었다.

475년(장수왕 63) 고구려는 백제를 공격해 그 왕도인 한성을 함락하고 개로왕(재위 455~475)을 처형했다. 장수왕 때 고구려 최남단인 지금의 충청북도 충주에 세워진 중원고구려비에는 고구려 왕이 신라의 왕과 신하들에게 의복을 하사했다는 내용이 기록되어 있다. 백제와 신라가 모두 고구려에 복종하는 시대가 열린 것이다. 그 시대에 평양은 만주와 한반도를 호령하면서 중국의 왕조들과는 평화를 유지하던 고구려의 새로운 중심이었다.

국내성이 왕도였던 시기부터 고구려는 평양을 중요하게 여겼다. 그때 평양 일대를 관리하는 거점으로 이용된 것이 평양에서 가장 높은 산인 대성산의 대성산성이었다. 당(唐)에서 편찬된 『주서』에도 그러한 사실이 기록되어 있다. 평양으로

2개의 골짜기와 170여 개의 연못, 20여 곳의 집터가 있다.

대 성 산 성

국사봉 / 장수봉 / 장수못 / 구룡못 / 형제못 / 사슴못 / 을지봉 / 주작봉 / 미천호 / 동천호 / 잉어못 / 남문터 / 소문봉

천도하자 대성산성은 이중성 체제의 산성이 되었다. 그와 짝을 이루는 평지성은 어디에 있었을까? 김일성과 김정일의 시신이 안치된 금수산 태양궁전과 가까운 곳에 고구려의 궁궐인 안학궁 터가 남아 있는데, 북한학계에서는 그곳을 평지성으로 추정하고 있다. 안학궁 터 동쪽에는 장수천, 남쪽에는 대동강이 흐르고 북쪽은 대성산 소문봉으로 이어진다. 확실히 대성산성과 이중성 체제를 이루기 적합한 입지 조건이다.

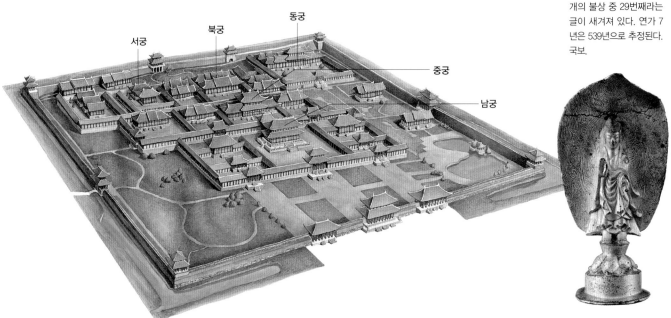

서궁 / 북궁 / 동궁 / 중궁 / 남궁

평양 천도 후 100여 년이 지난 6세기 후반, 고구려는 평양에 또 다른 왕도를 쌓았다. 장안성이라 불린 새 왕도는 안학궁과 대성산성에까지 적용되었던 이중성 체제를 탈피하고 산성과 평지성을 하나로 합친 신개념의 도성이었다.

『삼국사기』에 따르면 고구려는 552년(양원왕 8)에 장안성을 쌓고 586년(평원왕 28) 그곳으로 왕도를 옮겼다. 대동강을 끼고 축조된 장안성은 둘레 약 17킬로미터에 이르는 거대한 성곽이었다. 외성·중성·내성·북성 등으로 구분되었는데, 각각의 공간을 구분하는 성벽까지 합치면 전체 성벽의 길이는 23킬로미터에 이르렀다.

기본적으로는 내성에 왕이 거주하는 궁궐을 두고, 중성에 귀족의 공간을 마련했다. 외성은 일

반 백성의 거주 지역으로 구획되었다. 논자에 따라서는 귀족 거주지가 중성이 아닌 외성에 있었다고 보기도 한다.

장안성에 왕도를 둔 시기에 고구려는 거듭 국운을 건 총력전을 치러야 했다. 상대는 남북조 시대의 분열을 끝낸 통일 왕조 수(隋)와 그 뒤를 이은 당이었다. 수 양제가 113만 병력을 일으켜 쳐들어온 612년(영양왕 23)에는 장안성이 직접 공격당하기도 했다. 그때 왕자 고건무(훗날의 영류왕)가 이끄는 고구려군은 외성을 비우는 유인 작전을 써 대승을 거두었다. 그러나 642년(보장왕 원년)부터 계속된 당의 고구려 침공 끝에 장안성은 당과 신라의 협공을 견디지 못하고 성문을 열어야 했다(668).

장안성
평양성이라고도 한다. 일각에서는 평양성이 지금의 평양이 아니라 중국 랴오닝성 랴오양시에 있었다는 주장을 펴기도 한다.

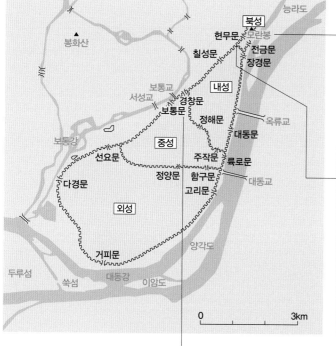

부벽루 393년 영명사의 영명루로 세워지고, 12세기에 부벽루로 이름이 바뀌었다. 북성의 장대로 활용되었다. 진주 촉석루, 밀양 영남루와 함께 조선의 3대 누정으로 꼽혔다. 금수산 모란봉 동쪽 대동강가. 사진은 일제 강점기의 모습. 북한 국보 문화유물 제17호.

을밀대 6세기에 고구려가 장안성의 내성을 쌓으면서 그 북장대로 세웠다. 1714년(조선 숙종 40)에 다시 세웠다. 모란봉의 한 봉우리인 을밀봉에 있어 을밀대라는 이름이 붙었다. 북한 국보 문화유물 제19호.

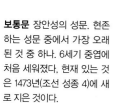

보통문 장안성의 성문. 현존하는 성문 중에서 가장 오래된 것 중 하나. 6세기 중엽에 처음 세워졌다. 현재 있는 것은 1473년(조선 성종 4)에 새로 지은 것이다.

백호 평양 근교에 있는 강서대묘의 「사신도」 중 서방의 신. 사신은 동서남북의 사방과 사계절, 하늘 사방의 28별자리와 관련이 있는 신비로운 동물로, 동방의 청룡, 남방의 주작, 북방의 현무를 포함한다.

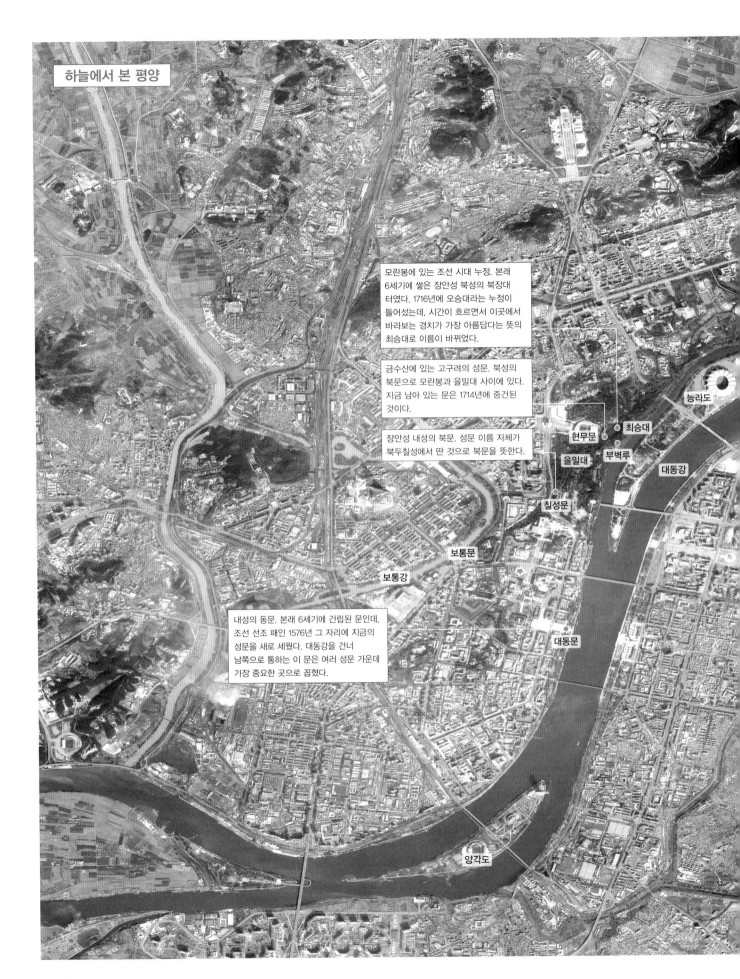

모란봉에 있는 조선 시대 누정. 본래 6세기에 쌓은 장안성 북성의 북장대 터였다. 1716년에 오승대라는 누정이 들어섰는데, 시간이 흐르면서 이곳에서 바라보는 경치가 가장 아름답다는 뜻의 최승대로 이름이 바뀌었다.

금수산에 있는 고구려의 성문. 북성의 북문으로 모란봉과 을밀대 사이에 있다. 지금 남아 있는 문은 1714년에 중건된 것이다.

장안성 내성의 북문. 성문 이름 자체가 북두칠성에서 딴 것으로 북문을 뜻한다.

내성의 동문. 본래 6세기에 건립된 문인데, 조선 선조 때인 1576년 그 자리에 지금의 성문을 새로 세웠다. 대동강을 건너 남쪽으로 통하는 이 문은 여러 성문 가운데 가장 중요한 곳으로 꼽혔다.

능라도

최승대

현무문

부벽루

을밀대

대동강

칠성문

보통문

보통강

대동문

양각도

대성산성

대성산 일대에 돌로 축조된 고구려
성곽. 왕은 평상시 평지성인 안학궁에
머물다가 유사시에는 백성과 함께
방어를 위해 이곳으로 옮겼다.

안학궁 터

안학동 고분군

427년에 세워진 고구려의 궁궐 자리.
6세기 후반 장안성으로 천도할 때까지
이 일대가 고구려의 수도였다.

고구려 고분군

고구려의 산성 자리. 대동강의 유리한
지리를 활용해 대성산성을 전면에서
지키는 위성 역할을 수행했다. 지금은
거의 무너지고 성벽 자리에 돌무지만
남아 있다고 한다.

고방산성 터

② 백제의 왕도

서울 - 한강 변의 두 토성

백제의 첫 번째 왕도는 오늘날의 서울 송파구와 경기도 광주 일대로 추정되는 한성(漢城)이었다. 이름은 조선 시대의 왕도와 같지만, 백제의 한성은 조선의 왕도 밖에 있었고 조선의 한성은 백제의 왕도 밖에 있었다. 두 개의 한성이 서울이라는 이름 아래 대한민국 수도의 일원이 된 것은 1963년 송파구 일대가 서울의 행정 구역에 편입되면서였다. 당시 송파와 함께 강남, 서초 등 오늘날 '강남 3구'라고 불리는 한강 이남 지역이 서울에 편입되었다.

지금은 국회와 대통령실이 모두 조선 시대 한성의 영역을 벗어났지만, 1970년대 초만 해도 조선의 한성에 해당하는 사대문 안은 모든 면에서 대한민국 정치의 중심지였다. 당시 갓 서울에 편입된 백제의 한성 지역은 곳곳이 논밭인 농촌 지대였다. 조선의 궁궐과 성곽은 강북에서 당당히 모습을 드러내고 시민의 사랑을 받고 있었지만, 백제의 자취는 강남의 논밭 아래 묻힌 채 잊힌 지 오래였다.

경부고속도로 건설과 함께 강남 개발이 시작되면서 서울의 사회 경제 지형도는 빠르게 바뀌었다. 종로구를 핵심으로 하는 조선의 한성 지역은 고색창연한 역사 수도로 정체성을 찾아 나섰다. 한편, 백제의 한성 지역은 고가의 주택 단지와 첨단 업무 시설이 빽빽이 들어선 경제 수도로 급성장했다. 이러한 강남의 초고속 성장은 옛 백제의 자취를 되살려 내는 데 도리어 장애가 되기도 했다. 1916년 발굴된 석촌동 고분군, 1925년 홍수로 일부가 무너지면서 백제의 유물들을 토해 낸 풍납토성, 88올림픽 체육 시설로 결정되면서 수차례 발굴이 이루어진 몽촌토성 등이 이 지역의 개발 이익과 충돌하곤 했기 때문이다. 그런

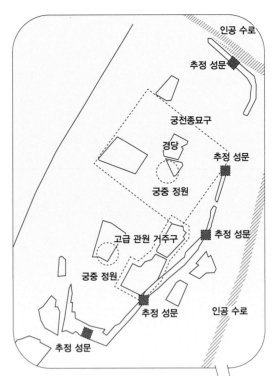

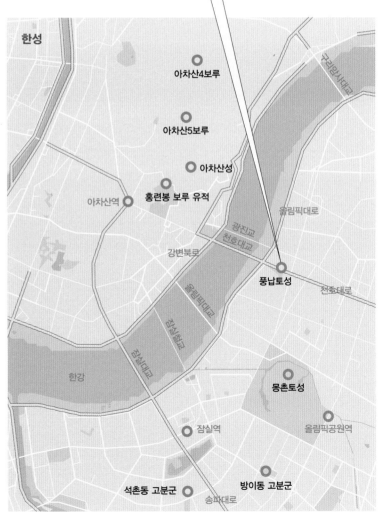

풍납토성
서쪽으로 한강을 끼고 있는 평지에 자리한 백제 초기 토성. 가장 유력한 하남 위례성 후보이다. 폭 43미터, 높이 11미터 이상인 거대한 판축 토성으로 3세기 전후에 축조가 완료된 것으로 보인다. 왕도의 필수 요소인 제사 유적이 확인되고, 남북 방향과 동서 방향으로 교차하는 도로 유적도 발견되었다.

어려움 속에서도 500년 가까이 백제의 중심지였던 한성은 서서히 모습을 드러내 왔다.

『삼국사기』에 따르면 백제의 시조인 온조는 하북위례성에 정착해 나라를 세우고 국호를 십제(十濟)라고 했다. 십제는 미추홀에 정착한 비류 집단과 연맹을 형성했다. 온조와 비류가 형제로 등장하는 설화는 온조 집단과 비류 집단이 연맹을 형성하면서 만들어진 것으로 여겨진다. 두 집단 가운데 온조계가 정권을 잡고, 초고왕(재위 166~214) 때 하남위례성으로 천도하면서 국호를 백제로 개칭했다. 한성으로 통칭되는 하북과 하남의 위례성이 정확히 어디인지에 대해서는 아직도 학설이 분분하다.

오늘날 백제의 첫 왕도 후보지로 가장 유력한 것은 몽촌토성과 풍납토성이다. 몽촌토성은 남한산에서 이어지는 타원형의 자연 구릉을 이용해 축조되었다. 구릉이 낮은 부분을 다듬어 성벽을 쌓는 방식이었다. 토성 주변을 흐르는 한강의 지천인 성내천 물길을 이용해 해자도 조성했다. 발굴 결과 궁궐이나 관청 터는 나오지 않고 약간의 움집과 창고가 발견되었다. 그러나 토기, 철기류와 함께 나온 기와와 벼루는 궁궐이나 관청이 있었을 가능성을 보여 준다.

몽촌토성보다 더 유력한 왕도 후보지로 떠오른 것은 북쪽 1킬로미터 지점에 판축 기법으로 성벽을 쌓은 풍납토성이다. 풍납토성을 발굴해 보니 대형 움집, 토기와 기와 등 주거 유적과 함께 성벽을 둘러싸고 세 줄로 돌아가는 환호(環濠)가 발견되었다. 이것은 국내 최초로 발견된 삼중 환호로, 토성을 쌓기 전에 이미 그 지역을 방어하기 위한 도랑이 있었다는 것을 보여 준다. 풍납토성과 몽촌토성은 지리적 위치에 따라 각각 북성, 남성으로 불린다. 여러 차례에 걸친 학술조사를 통해 북성이 남성보다 두 배 가까이 규모가 크다는 결론이 내려졌다. 오늘날 풍납토성을 쌓는다면 8톤 트럭 20만 대 분량의 흙이 필요할 것이라고 한다.

한성 시기에 백제는 주변의 마한 소국들, 북쪽의 낙랑군 등과 충돌하면서 힘겹게 성장했다. 그런 백제를 반석 위에 올려놓은 군주가 근초고왕(재위 346~375)이었다. 그가 활발한 영토 확장에 나서면서 백제는 오늘날의 경기도와 충청도는 물론 전라남북도 전역과 강원도, 황해도의 일부를 차지한 고대 국가로 성장했다. 371년(근초고왕 26) 겨울에는 태자와 함께 3만 명의 병사를 이끌고 고구려의 평양성을 공격해 고국원왕을 전사시켰다. 그해에 중국 남조의 동진(東晉)과는 외교 관계를 수립하기도 했다. 박사 고흥에게 백제의 역사서인 『서기(書記)』를 편찬하게 한 것도 근초고왕이었다.

백제가 강대국이 되면서 한성도 커졌다. 초기의 백제 궁궐은 "검소하되 누추하지 않고 화려하되 사치스럽지 않았다."(『삼국사기』) 개로왕은 그런 궁궐을 포함해 한성을 대대적으로 고쳐 쌓고 확장하느라 국력을 쏟아붓다가 고구려의 침략을 받아 한성도 잃고 목숨도 잃었다.

풍납토성 판으로 틀을 만든 다음 안에 흙을 붓고 방망이 등으로 다지는 판축 기법으로 쌓았다. 2.1킬로미터 정도가 남아 있는데, 전체 길이는 3.8킬로미터에 이를 것으로 추정된다. 성벽을 둘러싼 길은 '풍납'의 우리말을 따서 '바람드리길'로 부른다. 사적. 서울 송파구 풍납동 72-1.

몽촌토성 '몽촌'은 꿈마을이라는 뜻으로, 토성 안에 있던 마을 이름이 곰말이었던 데서 비롯되었다고 한다. 서북쪽 벽 일부에는 방어 기능을 강화하기 위해 목책을 설치했다. 성벽 둘레 약 2.7킬로미터. 사적. 서울 송파구 방이동 올림픽공원.

공주 – 금강의 곰나루

백제 하면 충청남도 공주와 부여가 떠오른다. 그러나 공주가 백제의 왕도였던 기간은 63년에 불과하고, 부여도 100년이 조금 넘는 동안만 왕도였다. 오백 년 가까이 왕도의 지위를 누린 한성에 비하면 매우 짧다. 그런데도 우리의 기억에서 한성을 상당 부분 지워 버린 것은 고구려였다.

장수왕 대에 들어 고구려는 남진 정책을 추진했다. 백제는 동병상련의 신라와 동맹을 맺어 군사 협력 관계를 유지했다. 그것이 역부족이었다

는 사실은 475년의 웅진 천도가 웅변해 준다. 개로왕이 고구려의 장수왕에게 참수당하자 신라에 원군을 요청하러 갔던 왕자 문주는 길 위에서 즉위해 황망하게 웅진(공주)으로 왕도를 옮겼다.

'웅진(熊津)'은 곰나루라는 뜻이다. 단군 신화에서도 보이는 곰 토템 사상과 관련 있는 지명으로 여겨진다. 지도를 잠시만 들여다보아도 웅진이 적을 방어하기에 매우 유리한 곳에 자리

웅진
공주 일대 백제 유적. 무령왕릉이 있는 송산리 고분군, 그리고 정지산 백제 유적과 공산성이 삼각형의 세 꼭짓점처럼 자리하고 있다.

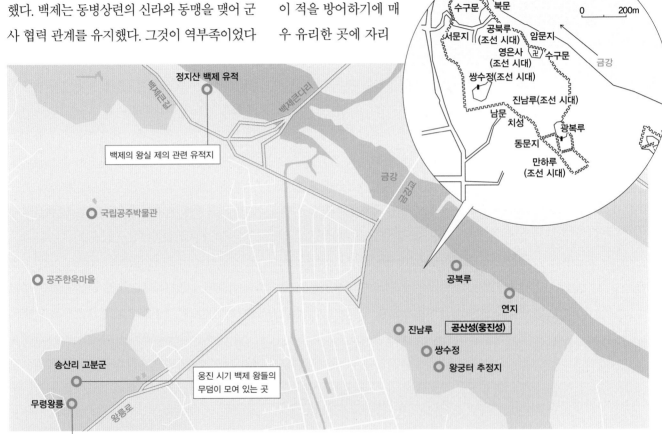

무령왕릉 백제 제25대 무령왕과 그 왕비의 능. 사적으로 지정된 송산리 고분군의 제7호분이다. 벽돌을 사용해 아치 모양으로 쌓은 지붕의 모습이 인상적이다. 4600점이 넘는 유물 가운데 17건이 국보로 지정될 만큼 높은 가치를 인정받고 있다.

돌짐승 무령왕릉 연도 중앙에 놓여 있던 상상의 동물 조각. 높이 30센티미터. 길이 47.3센티미터.

관 꾸미개 무령왕릉에서 발굴된 유물로 절정의 세공 기술을 보여 준다. 왕의 권위를 상징하는 대표적 장신구 중 하나.

공산성 금강 변 야산의 능선과 계곡을 둘러 쌓은 포곡식 산성. 원래 흙으로 쌓은 것을 임진왜란 직후 돌로 다시 고쳐 쌓은 것으로 보인다. 사적.

공산성 광복루 성안에서 군사가 주둔하던 중군영의 문이었다. 1946년 김구와 이시영이 이곳에 와서 광복을 기리고자 광복루로 고쳐 불렀다고 한다. 충청남도 문화재자료.

잡고 있다는 것을 알 수 있다. 웅진을 끼고 흐르는 금강은 자연적인 방어선이었다.

금강을 해자로 삼아 북쪽을 응시하고 있는 공산성은 견고한 산성으로 조성되었다. 또 금강을 이용한 수운 교통은 위험에 빠진 나라를 다시 일으키는 원동력이 될 수 있었다. 한성 시기 한강을 고리로 이루어졌던 해상 활동이 웅진 시기에는 금강을 중심으로 재개되었다. 금강을 따라 번화한 포구들이 생겨나고, 중국과 일본을 잇는 국제 무역도 활발하게 이루어졌다.

공산성은 해발 고도 110미터의 구릉 위에 돌과 흙으로 계곡을 둘러 쌓았다. 축성 시기는 동성왕(재위 479~501) 때로 추정된다. 입구에 우뚝 서 있는 진남루가 정문인 남문이고, 그 맞은편에는 북문인 공북루가 세워져 있다. 동문과 서문은 터만 남아 있다.

웅진으로 천도한 백제 왕실은 불안정했다. 웅진의 토착 귀족과 한성에서 내려온 귀족 세력 사이에 권력 투쟁이 일어났다. 귀족 간의 권력 다툼은 국정을 혼란으로 빠뜨려 63년간 문주왕을 비롯한 3명의 왕이 살해당했다. 백제가 다시 안정을 되찾은 것은 제25대 무령왕(재위 501~523)이 즉위하고 나서였다. 백가라는 귀족이 반란을 일으켜 동성왕을 살해하자 왜에 체류하고 있던 무령왕이 급거 귀국해 즉위했다. 그는 백가를 죽이고 왕권을 안정시켰다. 이어 고구려를 여러 차례 제압하고 중국 남조의 양(梁)과 교류하며 백제

쌍수정 1734년(영조 10)에 처음 세운 정자. 1970년에 전면 해체해 현재의 모습으로 복원했다. 충청남도 문화재자료.

중흥의 주춧돌을 놓았다.

무령왕은 내치에서도 치적을 쌓았다. 도망간 백성을 찾아내 호적에 올리고, 굶주린 백성을 위해 나라의 창고를 개방했다. 부랑자를 귀농시켜 농업 생산력을 증대하고 농민 생활을 안정시켰다.

무령왕릉은 강성해진 국력과 왕권의 신장을 한눈에 보여 주는 유적이다. 이곳은 1971년 공주 송산리 고분군의 배수로 공사 중 우연히 눈에 띄었다. 그 직후 '해방 후 최대의 발굴'이라 불릴 만큼 요란한 작업이 진행된 끝에 전모가 드러났다. 양의 양식을 받아들여 역대 왕릉 가운데 유일하게 벽돌로 조성된 무덤이었다. 또 명문이 적힌 지석이 발견되어 백제 왕릉 중에서 유일하게 주인을 알 수 있는 무덤이 되었다.

538년(성왕 16) 왕도가 사비(부여)로 바뀐 후에도 웅진은 여전히 백제에서 비중 있는 지역으로 남아 있었다. 660년(의자왕 20) 나당 연합군의 침공으로 위기를 맞자 의자왕(재위 641~660)은 사비를 떠나 수성에 유리한 웅진으로 옮겼다. 그가 최종적으로 항복해 백제 700년 사직의 조종을 울린 곳은 사비가 아니라 이곳 웅진성이었다. 임진왜란 때는 승병들이 왜적과 싸우기 위해 웅진성의 영은사에서 훈련했다는 기록이 있다. 또 조선 시대에 인조는 이괄의 난(1624)을 피해 내려왔다가 이 성의 두 그루 느티나무에서 반란군이 진압되었다는 소식을 들었다. 그날 이후 웅진성은 쌍수산성으로도 불렸다.

부여 – 꿈꾸는 백마강

백제의 세 번째 왕도는 지금의 충청남도 부여에 자리 잡은 사비였다. 무령왕의 아들인 성왕(재위 523~554)은 538년 웅진에서 사비로 천도하고 나라 이름을 남부여로 바꿨다.

무령왕이 기껏 왕조의 중흥을 이룩한 웅진을 뒤로하고 얼마 떨어지지도 않은 사비로 옮긴 까닭은 무엇일까? 웅진은 한성 함락이라는 국난을 맞아 다급하게 선택한 방어용 왕도의 성격을 띠고 있었다. 백제가 안정을 되찾고 중흥을 꾀할 때는 상대적으로 협소한 웅진보다는 여유롭게 흐르는 백마강 변에 넓은 평야가 펼쳐진 사비가 왕도로서 좀 더 나았다고 할 수 있다.

성왕은 천도하기 전부터 부여 일대에 왕궁과 여러 관청을 건설했다. 부소산을 중심으로 날개처럼 나성을 펼쳐 효율적인 방어 태세를 갖추었다. 나성은 예전부터 있던 부소산성을 확장해서 쌓았다. 오늘날 부여 시가지 지역에서 발견되는 성터는 바로 당시에 쌓은 나성의 흔적이다.

사비의 현재 명칭인 부여는 성왕이 새로 지은 남부여라는 국호에서 유래했다. '남부여'는 남쪽의 부여라는 뜻이다. 부여가 어떤 나라였는지는 앞에서 살펴보았다. 또 백제 왕실이 부여와 혈연적으로 이어진다는 것도, 초기의 백제와 고구려가 서로 동북아시아의 강국이던 부여를 계승했다면서 경쟁한 사실도 살폈다. 그렇다면 성왕이 굳이 그런 사실을 상기시키며 국호까지 바꾼 이유는 무엇일까? 한성을 잃고 위축되었던 국세를

사비
공주에서 남서쪽으로 30여 킬로미터 떨어진 백마강 변에 자리 잡고 있었다.

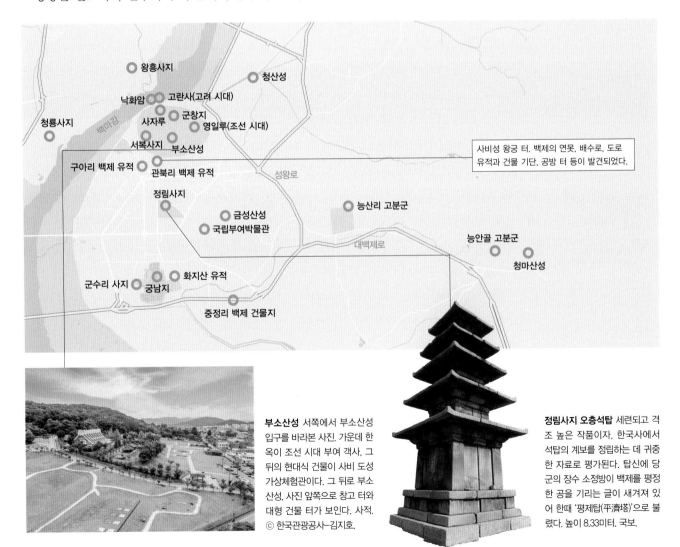

부소산성 서쪽에서 부소산성 입구를 바라본 사진. 가운데 한옥이 조선 시대 부여 객사, 그 뒤의 현대식 건물이 사비 도성 가상체험관이다. 그 뒤로 부소산성, 사진 앞쪽으로 창고 터와 대형 건물 터가 보인다. 사적. © 한국관광공사–김지호.

정림사지 오층석탑 세련되고 격조 높은 작품이자, 한국사에서 석탑의 계보를 정립하는 데 귀중한 자료로 평가된다. 탑신에 당군의 장수 소정방이 백제를 평정한 공을 기리는 글이 새겨져 있어 한때 '평제탑(平濟塔)'으로 불렸다. 높이 8.33미터. 국보.

회복하고 완전한 중흥을 이루어 남쪽 한반도에서 옛 부여의 영광을 재현하고 싶었던 것이 아니었을까?

사비 시기에 궁궐은 부소산 남쪽 기슭의 관북리와 쌍북리 일대에 있었다고 한다. 그 지역에 있는 국립부여박물관 정문 앞에서 돌로 만든 사각형의 연못이 발굴되기도 했다. 궁궐 남쪽의 연못이라는 뜻을 가지고 부여 주민에게 시원한 휴식처를 제공하고 있는 궁남지도 지금은 사라진 왕도의 모습을 상상하게 해 준다.

사찰도 왕성하게 건립되었다. 대표적인 사례가 정림사였다. 정림사는 성왕이 사비로 천도하면서 도성을 5부로 구획하고 그 안에 궁궐, 관청 등을 건립할 때 새 도성의 중심지에 세운 절이다.

성왕은 왕권 강화를 위한 제도 정비도 추진했다. 중앙 관직을 차지한 귀족이 왕권을 넘보지 못하도록 관료를 16관등으로 분류해 왕 아래 줄 세웠다. 또 22개의 중앙 관청을 설치해 각 부서 책임제로 국정을 운영했다. 귀족의 비선(秘線) 조직이 끼어들 틈을 없애 버린 것이다. 수도의 행정 조직은 5부, 지방은 5방으로 편제해 왕명이 순조롭게 지방으로 전달되도록 했다. 귀족의 회의체인 5좌평제는 상대적으로 위상이 낮아졌다.

한성 함락 이래 백제의 숙원은 한강 유역을 회복하는 것이었다. 성왕은 이를 위해 신라와 동맹을 맺고 551년(성왕 29) 고구려를 공격해 절반의 성공을 거두었다. 고구려로부터 빼앗은 한강 유역을 나눠 백제는 한강 하류를, 동맹국 신라는 상류를 차지했다. 그러나 동맹은 오래가지 않았다. 2년 후 신라가 한강 하류 지역을 공격해 그곳마저 차지했기 때문이다.

격분한 성왕은 554년 신하들의 만류를 뿌리치고 신라를 공격했으나, 관산성(충청북도 옥천) 전투에서 패하고 자신도 목숨을 잃었다. 위덕왕(재위 554~598)이 그의 뒤를 이었으나, 신라에 패한 백제 왕실은 힘을 잃고 다시 귀족들에게 휘둘리게 되었다.

실추된 왕권을 회복하고 백제의 중흥을 마지막으로 시도한 군주가 신라의 선화 공주와 나눈 사랑 이야기로 유명한 무왕(재위 600~641)이었다. 그는 신라에 복수하기 위해 고구려와 우호적 관계를 유지했지만, 강대국인 당의 개입으로 신라 정벌을 실현할 수는 없었다.

오늘날 무왕은 전라북도 익산으로 천도하려 했던 군주로 더 잘 알려져 있다. 설화에 따르면 그는 어린 시절 익산에서 마를 팔았기 때문에 마서(薯) 자를 써서 서동으로 불렸다. 서동은 경주에 가서 선화 공주를 유혹하기 위해 노래를 지어 퍼뜨렸다. 그 노래가 『삼국유사』에 실려 전하는 「서동요」였다.

설화에서처럼 무왕이 선화 공주를 유혹하는 데는 성공했을지 모르지만, 자신의 정치적 기반인 익산으로 왕도를 옮기는 것은 귀족들의 반대로 실패했다. 영화 「황산벌」에서 백제 군사들은 지금의 전라도 사투리를 구사한다. 전라남북도 지역이 백제 영토의 상당 부분을 차지하고 있었다는 데 착안한 영화적 장치이다. 그러나 익산 천도가 좌절하면서 전라남북도 지역에 백제의 왕도가 들어서는 것은 300년 뒤 견훤에 의한 백제의 부활을 기다려야 했다.

백제금동대향로 백제 예술의 절정을 보여 주는 걸작으로 평가받는 향로. 1983년 부여 능산리 절터에서 발굴되었다. 높이 62.5센티미터. 국보.

익산 미륵사지 금제 사리 봉영기 미륵사는 오랫동안 601년(무왕 2)에 창건된 것으로 알려져 왔다. 2009년 미륵사지 석탑의 1층 중앙 기둥을 해체할 때 발굴된 사리 봉영기(사리를 안치한 기록)에는 이를 뒤집는 내용이 담겨 있다. 미륵사는 639년 백제 왕후의 발원으로 창건되었는데, 그 왕후는 선화 공주가 아니라 좌평 사택적덕의 딸로 명시되어 있다. 가로 15.3센티미터. 세로 10.3센티미터. 보물.

궁남지 부여 남쪽에 있는 백제의 별궁 연못. 연못 동쪽에 당시 별궁 자리로 보이는 궁궐 터가 남아 있다. 성왕 때 사비로 천도하고 중흥을 염원하며 국호를 남부여로 바꾼 백제의 꿈을 보여 준다. 『삼국사기』는 사비 시절의 궁남지를 이렇게 소개하고 있다. "634년(무왕 35) 궁궐의 남쪽에 큰 연못을 팠다. 못의 언덕에는 버드나무를 심고 연못 가운데에는 섬을 만들어 방장선산(方丈仙山)을 꾸몄다. 638년에는 왕과 왕비가 큰 연못에 배를 띄웠다." 사적. 충청남도 부여군 부여읍 동남리 117.

하늘에서 본 경주

형산강

김유신묘

선도산

서악동 고분군

무열왕릉

국토지리정보원 국토정보플랫폼
국토정보맵에서 내려받은
정사영상 자료에 지명을 표기했습니다

백률사 이차돈순교비

성동동 전랑지(북궁 터 추정지)

금관총 · 봉황대 고분
호우총
천마총 · 황남대총
대릉원
미추왕릉

분황사
구황동 당간지주
인왕동 고분군
황룡사지

명활산성

첨성대
동궁과 월지

내물왕릉
계림
월성

낭산

월정교

능지탑지

흥륜사지

선덕여왕릉

오릉

사천왕사지

나정

남산

창림사지(금성 추정지)

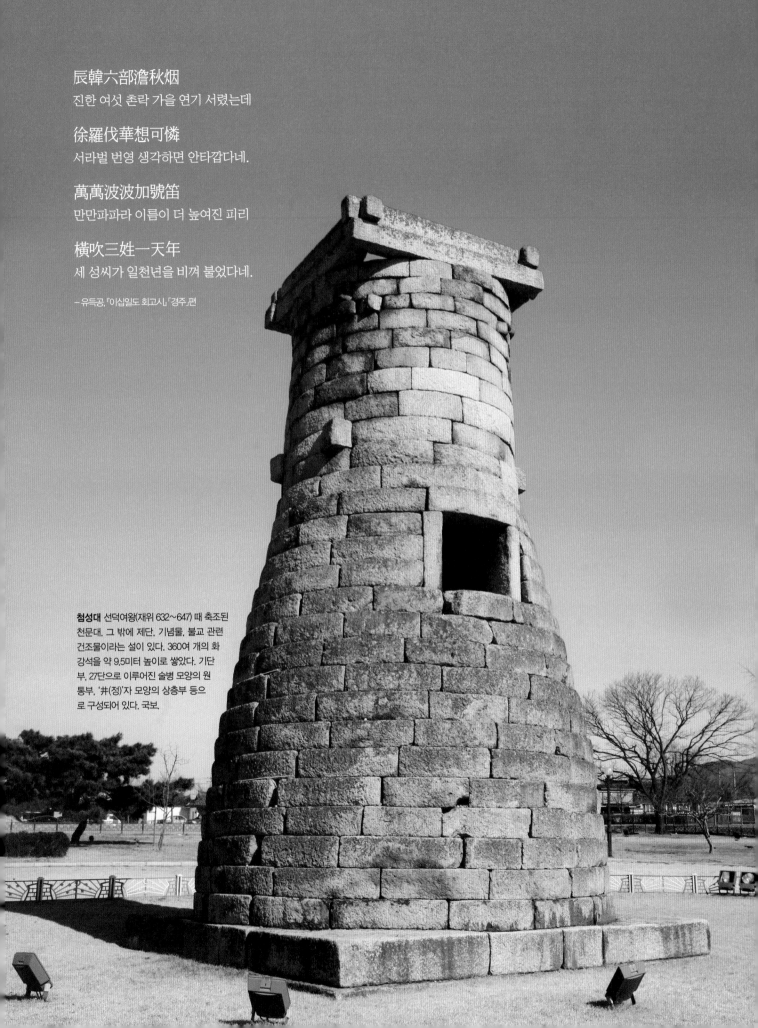

辰韓六部澹秋烟
진한 여섯 촌락 가을 연기 서렸는데

徐羅伐華想可憐
서라벌 번영 생각하면 안타깝다네.

萬萬波波加號笛
만만파파라 이름이 더 높여진 피리

橫吹三姓一天年
세 성씨가 일천년을 비껴 불었다네.

– 유득공, 『이십일도 회고시』 「경주」편

첨성대 선덕여왕(재위 632~647) 때 축조된 천문대. 그 밖에 제단, 기념물, 불교 관련 건조물이라는 설이 있다. 360여 개의 화강석을 약 9.5미터 높이로 쌓았다. 기단부, 27단으로 이루어진 술병 모양의 원통부, '井(정)'자 모양의 상층부 등으로 구성되어 있다. 국보.

3 신라의 왕도

경주는 한반도 동남쪽 고립된 좁은 분지에 자리 잡고 있다. 그런데도 세계사에 유례가 없을 만큼 오랜 세월 동안 왕도의 지위를 누렸다. 그뿐 아니라 삼국 통일을 이룬 뒤에도 그 자리에서 넓은 영토를 지배했다. 심지어 그 시기에 경주는 동아시아를 넘어 이슬람 세계에까지 알려진 개방적이고 세계적인 왕도였다.

경주는 도시 전체가 2000년 12월 '경주역사유적지구'라는 이름으로 유네스코 세계문화유산에 등재되었다. 경주역사유적지구는 다시 각각의 개성을 뽐내는 다섯 지구로 나뉘어 관리되고 있다. 역사적인 순서를 따라 경주를 돌아본다고 했을 때 가장 먼저 시선이 가는 곳은 남산 지구이다. 신라를 창건한 박혁거세와 알영 왕비의 자취를 품은 나정과 오릉이 자리 잡고 있다. 흥미로운 것은 뜻하지 않게 신라의 종말을 예고하게 된 포석정도 그 부근에 자리 잡고 있다는 사실이다.

그다음 발길이 가는 곳은 줄곧 신라와 경주의 중심 역할을 했던 월성 지구이다. 왕도를 남쪽에서 굽어보는 궁궐(월성), 김씨 왕조의 시조인 김알지가 태어난 계림, 경주의 아이콘인 첨성대, 삼국 통일 후 월성 동쪽에 조성한 동궁과 월지 등이 이곳에 자리 잡고 있다. 서쪽으로 발걸음을 옮기면 역대 왕이 묻혀 있는 대릉원 지구가 나오고, 동쪽으로 가면 왕실 불교의 정수인 황룡사와 분황사가 조성된 황룡사 지구가 나온다.

신라인이 가장 사랑한 왕 가운데 한 명인 선덕여왕은 월성 동쪽 산성 지구와 연결되는 낭산에 묻혀 있다. 낭산에서는 삼국 통일을 완수한 문무왕(재위 661~681)의 화장터인 능지탑지도 만날 수 있다. 그곳에서 문무대왕릉으로 가는 길에는 이미 1995년에 유네스코 세계문화유산으로 등재된 불국사와 석굴암을 들를 수도 있다. 월성을 사이에 두고 산성 지구 맞은편에 있는 서악동 고분군에는 김유신(595~673)과 태종 무열왕 김춘추(재위 654~661)가 누워 있다.

경주의 국제 무역항이던 울산으로 내려가는 길에서는 우락부락한 서역인 석상이 지키고 있는 괘릉(원성왕릉), 이름 그대로 경주의 관문을 이루던 관문성, 절세의 충신 박제상의 사당, 아랍인으로 추정되곤 하는 처용이 나타났다는 처용암 등을 잇달아 만날 수 있다.

월성 신라의 왕이 살던 궁궐. 성벽의 모양이 반달 같다고 '반월성', 왕이 머무는 성이라고 '재성'이라 했다. 101년(파사왕 22)에 금성 동남쪽에 궁궐을 쌓아 월성이라 불렸다는 기록이 남아 있다. 문무왕 때 성의 규모가 확장되었다. 사적.

오릉 신라 시조 박혁거세 거서간과 왕비 알영, 제2대 남해 차차웅, 제3대 유리 이사금, 제5대 파사 이사금이 묻힌 것으로 전하는 다섯 기의 무덤. 사적. 경주시 탑동 67-1.

나정 박혁거세 탄강 전설이 깃든 곳. 조사를 통해 한 변 8미터의 팔각형 건물 터와 지름 2미터가량의 타원형 유구가 발굴되었다. 사적. 경주시 탑동 700-1.

나정과 오릉 – 경주의 요람

신라와 경주는 남산 서북쪽 기슭의 나정에서 시작한다. 천년 왕국 신라의 시조 박혁거세가 여기서 태어났기 때문이다.

옛날 옛적 고조선이 망한 뒤 그 유민이 진한 땅으로 내려와 여섯 마을을 이루고 살았다. 어느 날 그중 한 마을인 고허촌의 촌장은 나정 옆 수풀 사이에서 신비로운 기운을 품은 말이 무릎을 꿇고 있는 것을 보았다. 다가가 보니 말은 온데간데없고 큰 알만 있었다.

촌장과 마을 사람들이 알을 가르자 그 안에서 갓난아이가 나왔다. 아이는 출생도 신비하거니와 자랄수록 영특하고 성숙했다. 아이가 10여 세가 되자 여섯 마을이 우러러 그를 거서간으로 받

포석정 신라의 요람인 나정에서 남쪽으로 1킬로미터 남짓 떨어진 정자 터. 927년 경애왕이 이곳에서 후백제 견훤의 군대에 붙잡혀 최후를 맞았다. 정자는 사라지고 물이 흐르던 인공 석축만 남아 있다. 연회 장소로 추정되지만 제사를 지내는 곳이었을 가능성도 있다. 사적. 경주시 배동 454-3.

들고 나라 이름을 서라벌이라 했다. 기원전 57년의 일이었다(『삼국사기』). 진한 지역의 말로 '서라벌'은 서울, '거서간'은 귀인이나 왕을 뜻했다고 한다.

알영정 조선 시대에 알영이 태어난 우물로 간주하던 곳. 1429년(조선 세종 11) 왕명에 따라 창건된 숭덕전 앞에 있다.

일성왕릉 신라 제7대 일성이사금(재위 134~154)의 무덤. 사적. 경주시 탑동 산 23.

창림사지 삼층석탑 844년(문성왕 6)에 조성된 것으로 여겨진다. 창림사지는 신라 최초의 궁궐 터, 즉 월성으로 옮기기 이전 첫 궁궐이던 금성이 자리 잡았던 곳으로 추정된다. 보물. 경주시 배동 산 6-1.

왕의 탄생이 신비로웠으니 그의 배필이 될 여인도 예사롭게 태어날 운명은 아닐 터. 혁거세가 서라벌을 다스린 지 5년째 되는 해 정월, 알영정에 용이 나타나더니 오른쪽 옆구리에서 계집아이를 낳았다. 늙은 할멈이 데려다 우물 이름을 따서 알영이라 부르며 키운 이 아이는 신라의 초대 왕비가 되었다(『삼국사기』).

'환상의 짝꿍'을 배출한 나정과 알영정은 우물의 이름이다. 우물에 내린 알과 용의 옆구리에서 태어난 인간⋯⋯. 고대 동북아시아 곳곳에서 이와 비슷한 이야기가 발견된다. 부여와 고구려의 시조인 동명과 주몽도 알에서 태어났다고 전한

다. 서동 설화에 따르면 백제의 무왕은 어머니가 연못의 용과 관계를 갖고 낳았다.

인간이 알이나 용의 옆구리에서 태어나는 것은 그 자체로 신비롭지만, 우물은 무슨 의미일까? 고대의 마을과 도시에서 우물은 생명의 원천이었다. 생명수에서 태어난 신비로운 인물이 한 마을, 나아가 한 나라 백성의 삶을 책임지는 지도자가 되는 것은 제법 그럴듯한 이야기이다.

공교롭게도 오늘날 나정과 알영정의 실제 위치는 오리무중이다. 나정이라고 알려진 곳은 실은 신라 때 혁거세를 제사 지내던 웅장한 건물의 기둥 자리였다는 게 밝혀졌다. 오늘날 나정 옆에는 박혁거세를 발견하고 모신 여섯 마을의 촌장을 제사 지내는 육부전이 들어서 있다. 나정이 정말 우물이었는지 논란이 분분한 가운데 학자들은 '우물' 나정을 찾고 있다.

알영정은 조선 후기에 간행된 『동경잡기』에 경주부 남쪽 5리에 있었다고 기록되어 있으나, 그 정확한 위치는 아직 확인되지 않았다. 오늘날에는 오릉 안의 숭덕전 앞에 있는 우물이 알영정으로 알려져 있다. 숭덕전은 조선 시대에 박혁거세를 제사 지내던 건물로, 그 앞에 있던 우물이 알영정으로 낙점되었던 것이다.

나정에서 동남쪽으로 1킬로미터 남짓 떨어진 남산 기슭에는 창림사라는 절터에 3층 석탑이 서 있다. 『삼국유사』에 따르면 여섯 마을 촌장은 바로 그 창림사 자리에 혁거세와 알영을 모시고 서라벌을 다스렸다. 『삼국사기』를 보면 기원전 37년(혁거세 거서간 21) 금성(金城)을 쌓고 그곳을 경성(京城)으로 삼았다고 한다. 이 같은 기록에 의거해 창림사 터는 경주의 첫 번째 궁궐인 금성으로 간주되곤 한다.

오릉-나정-창림사 터를 잇는 남산 기슭은 경주의 요람으로 손색이 없다. 적어도 신라 사람들은 그렇게 믿어 의심치 않았을 것이다.

계림 – 김씨 왕조의 요람

천년 왕국 신라가 배출한 56명의 왕 가운데 김씨는 38명으로 68퍼센트에 이른다. 박씨가 10명, 석씨가 8명이다. 경주의 김씨는 계림에서 시작한다. 60년(탈해 이사금 4) 8월 4일 월성 서쪽 마을 옆 시림이 온통 환해 호공이 가 보았다. 숲에 자줏빛 구름이 드리운 가운데 황금 궤짝이 나뭇가지에 걸려 있고, 궤짝 위에서 흰 닭이 울고 있었다. 호공의 보고를 받고 탈해 이사금이 가서 궤짝을 열자 사내아이가 누워 있다가 일어났다. 탈해는 아이를 데려다 알지라 부르고 금궤에서 나왔으므로 김(金)을 성씨로 삼았다. 시림은 닭이 운 숲이라는 뜻에서 계림으로 바뀌었다(『삼국유사』).

처음으로 왕위에 오른 김씨는 알지의 6대손인 미추 이사금(재위 262~283)이었다. 김씨의 신라는 중국과 외교 관계를 맺고 고구려, 백제와 경쟁 구도에 진입했다. 주변의 여러 지역과 동해의 우산국(울릉도)을 정복해 영토로 편입했다. 경주의 도시화도 촉진해 5세기에는 행정 구역인 방리의 이름을 정하고 계획적 도시 관리를 시작했다. 사방에 우편역을 설치하고 시장을 열었다. 6세기 초에는 서라벌 대신 신라를 공식 국호로 삼았다. "덕업을 날로 새롭게 하고 사방을 망라한다(德業日新 網羅四方)."라는 말을 줄여 만든 야심 찬 이름이다. 이사금, 마립간 등으로 불리던 군주의 칭호도 중국식 왕으로 바꿨다.

월성과 동궁 – 전성기의 자취

월성은 왕도 경주의 중심 궁궐로 서방 세계와도 연결된 신라의 구심점이었다. 초승달 모양의 토성을 확장해서 '반월성'이라고도 불렸다. 삼국 통일을 이룩한 문무왕은 월성을 북쪽과 동쪽으로 확대해 통일 왕조의 궁궐다운 웅자를 이루는 데 힘썼다. 그와 더불어 왕도 전체의 모습도 변모하기 시작했다. 문무왕은 통일 후 향상된 경제력에

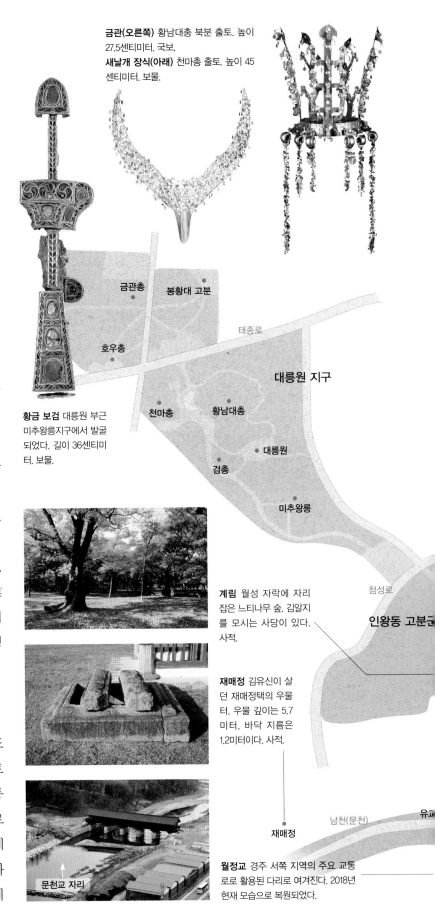

금관(오른쪽) 황남대총 북분 출토. 높이 27.5센티미터. 국보.
새날개 장식(아래) 천마총 출토. 높이 45센티미터. 보물.

황금 보검 대릉원 부근 미추왕릉지구에서 발굴되었다. 길이 36센티미터. 보물.

금관총
봉황대 고분
태종로
호우총

대릉원 지구

천마총
황남대총
검총
대릉원
미추왕릉

첨성로

인왕동 고분군

계림 월성 자락에 자리 잡은 느티나무 숲. 김알지를 모시는 사당이 있다. 사적.

재매정 김유신이 살던 재매정택의 우물 터. 우물 깊이는 5.7미터, 바닥 지름은 1.2미터이다. 사적.

남천(문천)
유교
재매정

월정교 경주 서쪽 지역의 주요 교통로로 활용된 다리로 여겨진다. 2018년 현재 모습으로 복원되었다.

문천교 자리

힘입어 왕도 경주의 시가지 전체를 새롭게 조성하는 사업에 나섰다.

먼저 월성 동쪽에 아름다운 동궁과 월지를 조성했다. 월지는 훗날 조선 시대에는 기러기와 오리가 노니는 못이라는 뜻의 '안압지(雁鴨池)'로 불린 곳이다. 『신증동국여지승람』은 이렇게 기록하고 있다. "안압지는 천주사 북쪽에 있다. 문무왕이 궁 안에 못을 만들고 돌로 산을 쌓았다. 무산 12봉(중국 쓰촨성의 아름다운 봉우리)으로 불린 이 돌산에 화초를 심고 짐승을 길렀다. 그 서쪽에는 임해전이 있었는데 지금은 주춧돌과 계단만이 밭이랑 사이에 남아 있다."

동궁과 월지는 1975년부터 10년간 발굴 조사를 한 뒤 복원해 경주 시민과 관광객이 즐겨 찾는 명소가 되었다. 못 남쪽에는 20동 이상의 건물 터가 있는데, 그곳에 동궁이 있었을 것으로 짐작된다. 동궁은 태자궁일 가능성이 높으나 그냥 동쪽에 세운 별궁으로 해석되기도 한다. 동궁 안 전각 중 하나인 임해전은 왕이 신하와 함께 놀던 곳으로 추정된다. 697년(효소왕 6) "임해전에서 군신에게 연회를 베풀었다."라는 기록도 있다. 그 후로도 왕들이 여러 차례 향연을 베풀고, 경주를 방문한 고려 태조도 이곳으로 초대해 연회를 제공했다고 한다. 백제의 의자왕이 바다를 바라보며 연회를 베풀던 망해정에서 임해전의 착상을 얻었다는 이야기도 있다.

월정교와 일정교(춘양교)는 760년(경덕왕 19) 월성 남쪽 문천에 놓은 다리들이다. 월성 사람들은 이 다리를 건너 남산으로 갔을 것이다. 월정교와 일정교는 해와 달을 상징하고 왕의 권위를 나타낸다. 현재 복원된 월정교와 서쪽의 교촌교 사이에 원효와 요석 공주의 전설이 깃든 문천교가 있었는데, 지금은 물 아래에 잠겨 있다. 『삼국유사』에 따르면 원효는 문천교에서 태종 무열왕이 그를 찾으러 보낸 관리를 만나 일부러 물에 빠졌다. 관리는 원효를 궁에 데리고 가 옷을 말리며 쉬게 했고, 그러는 동안 요석 공주는 임신해 설총을 낳았다.

월성 일대
월성의 면적은 약 20만 제곱미터, 성벽의 길이는 1841미터이다. 아홉 개의 성문 터가 남아 있다. 각종 토우와 목간, 동물 뼈와 식물 씨앗 등이 출토되었다.

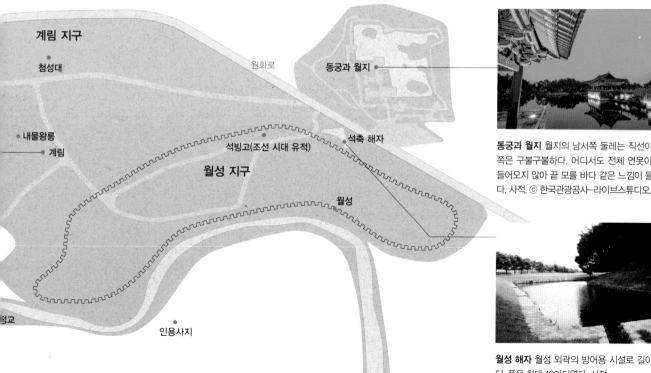

계림 지구
첨성대
원화로
동궁과 월지
내물왕릉
계림
석빙고(조선 시대 유적)
석축 해자
월성 지구
월성
정교
인용사지

동궁과 월지 월지의 남서쪽 둘레는 직선이고 북동쪽은 구불구불하다. 어디서도 전체 연못이 한눈에 들어오지 않아 끝 모를 바다 같은 느낌이 들도록 했다. 사적. ⓒ 한국관광공사-라이브스튜디오.

월성 해자 월성 외곽의 방어용 시설로 길이 550미터, 폭은 최대 40미터였다. 사적.

능지탑지

선덕여왕릉

사천왕사지

낭산 누에고치처럼 길게 누워 남쪽과 북쪽에 봉우리를 이루고, 허리 부분이 잘록한 모양새이다. 5세기부터 신라 왕실에서 신성하게 여겼고, 7세기 들어서는 불교의 성스러운 산으로 인식되었다. 사적. 경주시 보문동 214-2.

분황사 모전석탑 돌을 벽돌 모양으로 다듬어 쌓은 탑으로 신라 석탑 중 가장 오래되었다. 분황사는 자장과 원효가 머물렀던 절이다. 국보.

구황동 당간지주 불교 행사를 알리는 깃발을 높이 매다는 깃대(당간)를 지탱하는 두 개의 돌기둥을 '당간지주'라 한다. 경상북도 유형문화재.

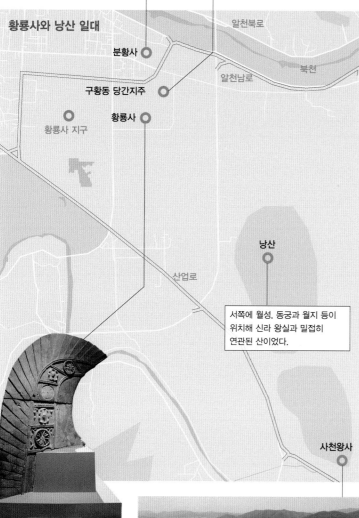

황룡사와 낭산 일대

분황사

구황동 당간지주

알천북로

북천

알천남로

황룡사 지구

황룡사

낭산

산업로

서쪽에 월성, 동궁과 월지 등이 위치해 신라 왕실과 밀접히 연관된 산이었다.

사천왕사

황룡사 치미 치미란 목조 건축에서 지붕의 용마루 양 끝에 높이 단 장식 기와를 말한다. 높이 186센티미터, 너비 105센티미터. 황룡사의 면적은 약 8만 3000제곱미터로 추정된다. 대부분 제자리를 지키고 있는 건물의 초석으로 볼 때 삼국 시대 가람 배치의 정형인 일탑(一塔) 형식으로 이루어져 있었던 것으로 여겨진다.

사천왕사지 낭산에 있던 사찰로 679년(문무왕 19) 창건되었다. 선덕여왕릉 아래에 있다. 사적.

황룡사와 선덕여왕

황룡사는 신라 최대의 사찰이었다. 진흥왕(재위 540~576)은 본래 그 자리에 궁궐인 자궁을 지으려 했다. 공사가 한창일 때 황룡이 나타나자 생각을 바꿔 17년간의 대공사 끝에 569년 황룡사를 완성했다(『삼국유사』).

신라의 역대 왕은 국가의 중대사가 있을 때마다 황룡사 강당에서 백고좌법회를 열어 부처의 지혜와 보살핌을 구했다. 선덕여왕 때 당에 유학한 자장은 황룡사에 9층 탑을 세우면 왕업이 태평할 것이라는 신인(神人)의 계시를 받았다. 여왕이 그 말을 듣고 대공사를 일으켜 거대한 9층 목탑을 세웠다. 이 탑은 신라의 3대 보물 중 하나이자 경주를 상징하는 건물이 되었다.

선덕여왕은 한국 역사상 최초의 여왕이다. 당시 신라에는 골품제라는 신분제가 있어서 최고의 골품인 성골만이 왕위에 오를 수 있었다. 진평왕(재위 579~632)이 죽을 때 성골 중에는 대를 이을 남자 형제가 없자 여왕이 즉위했다. 647년(선덕여왕 16) 귀족 비담은 여왕이 정치를 잘못한다는 명분을 내세워 반란을 일으켰다. 이를 진압하고 선덕여왕의 호위 무사로 등장한 이가 김유신과 김춘추였다.

선덕여왕은 평생 혼인을 하지 않았다. 그가 즉위하자 당 태종은 빨강·자주·흰색의 모란 그림과 그 씨앗을 선물로 보냈다. 여왕이 이를 보고 "이 꽃은 향기가 없겠구나."라고 했는데, 씨앗을 심어 보니 과연 그랬다. 여왕은 태종의 의도를 바로 알아챘다. "꽃 그림에 나비가 없음은 배우자 없는 나를 희롱한 것이야."(『삼국유사』)

636년 영묘사의 옥문지라는 못에서 개구리가 심하게 울었다. 그 소리에 여왕은 백제군이 매복해 있음을 눈치채고 군사를 보내 격파했다고 한다. 이처럼 영민한 여왕은 죽은 뒤 낭산에 묻혔는데, 그 자리도 생전에 본인이 지정한 것이었다.

김유신과 김춘추가 잠든 선도산 기슭

김유신과 김춘추는 여왕의 사후에도 힘을 합쳐 신라 왕실을 위기에서 구하고 삼국 통일을 이룩하는 데 결정적인 공을 세웠다. 선덕여왕의 사촌인 진덕여왕(재위 647~654) 체제에서 김유신은 고구려와 백제의 빈번한 침략에 맞서 나라를 지켰고, 김춘추는 외교에서 수완을 발휘해 당의 지원을 끌어냈다. 진덕여왕이 후사 없이 죽자 김춘추는 화백 회의에서 섭정으로 추대되었다가 왕위에 올랐으니, 그가 곧 태종 무열왕이다. 김유신은 귀족의 수장인 상대등이 되어 태종 무열왕과 함께 삼국 통일에 나섰다.

김유신과 태종 무열왕이 묻혀 있는 서악동 고분군 일대는 경주 분지를 서쪽에서 감아 도는 형산강 변에 있다. 통일 전 신라인은 그곳에 솟아 있는 해발 380미터의 선도산을 신령스러운 다섯 산악 중 하나인 서악으로 여기고 있었다. 그런 성스러운 산의 기슭에 위대한 왕과 국가적 영웅의 무덤을 조성한 것은 자연스러운 일이었다. 태종 무열왕뿐 아니라 6세기 신라의 팽창을 이끈 진흥왕과 그 기반을 닦은 법흥왕(재위 514~540)도 선도산 기슭에 묻혀 있다.

선도산에서 동북쪽으로 조금만 가면 김유신 묘가 나온다. 김유신은 673년(문무왕 13) 세상을 떠났다. 백제와 고구려는 이미 제압했고 당의 야욕을 꺾는 일만 남아 있던 그때, 김유신은 문무왕에게 다음과 같은 말을 남겼다. "지금 삼한이 한 집안이 되고 백성이 두 마음을 가지지 아니하니 비록 태평무사하다고 할 수 없으나 그저 편안하게 되었다고는 할 수 있습니다."(『삼국사기』) 문무왕은 왕명으로 예를 갖춰 후하게 장례를 치르고 그 공적을 기록한 비를 세웠다. 또 민호(民戶)

김유신묘 송화산에 자리 잡은 돌방무덤. 김유신묘가 아니라 신무왕의 무덤이라는 견해도 있다. 사적. ⓒ 한국관광공사−김지호.

선도산 삼국 통일 이전 신라 오악 중 서악. 신라인이 이곳을 서방정토로 여겼다는 이야기가 전해 내려온다. 높이 380미터.

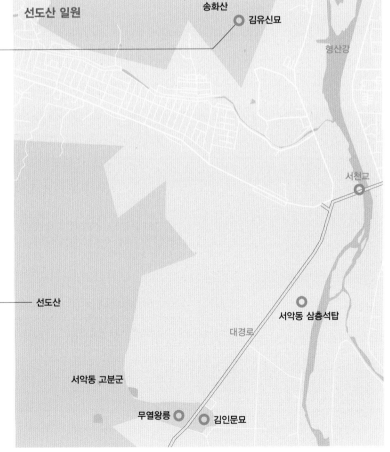

를 배정해 김유신묘를 지키게 했다.

훗날 흥덕왕(재위 826~836)은 김유신에게 '흥무대왕'이라는 칭호를 바쳤다. 김유신묘의 봉분 표식 구조와 양식이 흥덕왕릉과 비슷한 것을 보면 그때 무덤도 새롭게 꾸민 것으로 보인다. 김유신묘 둘레에는 왕릉처럼 12지신상이 새겨져 있다. 그들은 무기를 들고 있긴 하지만 갑옷이 아닌 평복을 입은 모습이다. 다른 왕릉의 12지신상이 갑옷을 입고 무장한 모습이라는 점에서 왕이 아니면서 왕의 칭호를 받은 김유신의 위상을 절묘하게 표현하고 있는 것 같다.

김유신묘에서 남쪽으로 내려가 선도산 동남부에 이르면 무열왕릉을 만날 수 있다. 서악동 구릉

의 동쪽 사면에 세로로 줄지어 있는 다섯 기의 대형 무덤 가운데 맨 아래 자리하고 있다. 태종 무열왕은 당과 연합군을 조직해 백제를 무너뜨리고 삼국 통일의 첫걸음을 내디딘 인물이다. 삼국 통일전쟁에 종지부를 찍은 것은 아들 문무왕이지만 통일 신라의 기초는 김유신과 함께 태종 무열왕이 닦았다. 『삼국사기』와 『삼국유사』는 태종 무열왕과 그 직계 후손이 대를 이어 즉위한 120여 년간을 중대(中代), 중고(中古)로 부르며 신라의 전성기로 간주하고 있다. 신라의 역대 왕 가운데 '태종'이라는 중국 황제식 묘호(종묘에 모시는 위패의 이름)를 쓴 것은 태종 무열왕이 유일하다. 문무왕의 아들인 신문왕(재위 681~692) 때 당이 사신을 보내 당 태종과 같은 묘호를 썼다면서 철회를 요구했으나, 신라 조정이 완곡히 거절한 일도 있었다. 그만큼 태종 무열왕에 대한 신라인의 존경심은 대단했다.

무열왕릉의 동북쪽에 능비의 일부가 남아 있다. 능비에는 태종무열왕지비(太宗武烈王之碑)라는 비문이 새겨져 있다. 이 비문 작업에는 삼국 통일 과정에서 활약한 또 한 사람이 참여한 것으로 알려져 있다. 태종 무열왕의 둘째 아들로 당에 건너가 외교관으로 활약한 김인문이 그 주인공이다. 『대동금석서』에 따르면 그는 당대의 명필이었다. 아버지 능비의 비문을 쓴 김인문은 죽어서도 아버지 곁에 머물렀다. 무열왕릉 동쪽에 남북으로 뻗은 대경로라는 큰 길을 건너면 그곳에 김인문묘가 자리 잡고 있다. 김인문뿐 아니라 태종 무열왕의 9세손인 김양의 묘도 김인문묘 곁에 있다. 그래서 당시 서악에 김씨 왕실의 장례지가 있었던 것 아니냐는 추측이 나오기도 한다. 그러나 태종 무열왕의 직계 후손 가운데 가장 중요한 인물이 이곳에 묻히지 않았다는 사실을 우리는 알고 있다. 낭산의 능지탑지에서 화장된 뒤 동해의 용이 된 문무왕이다.

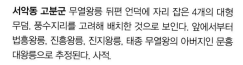

서악동 삼층석탑 무열왕릉 동북쪽 경사지에 있는 모전탑 계열의 작은 탑. 통일 신라 후기에 만들어진 것으로 보인다. 높이 5.07미터. 보물.

서악동 고분군 무열왕릉 뒤편 언덕에 자리 잡은 4개의 대형 무덤. 풍수지리를 고려해 배치한 것으로 보인다. 앞에서부터 법흥왕릉, 진흥왕릉, 진지왕릉, 태종 무열왕의 아버지인 문흥대왕릉으로 추정된다. 사적.

태종무열왕릉비의 귀부 통일 신라 때 세워진 비는 당의 영향을 받아 받침돌이 거북 모양을 하고 있고, 머릿돌에는 용의 모습이 새겨져 있다. 그와 같은 양식이 한국에서 최초로 나타난 사례이다. 국보.

무열왕릉 굴식 돌방무덤으로 추정된다. 봉분 언저리에는 자연석으로 된 호석(護石)을 돌렸다. 사적. 지정 면적 1만 4169제곱미터, 높이 약 13미터, 둘레 112미터.

문무대왕릉 가는 길

신라는 자타가 공인하는 불교 국가였다. 불교의 장례는 원칙적으로 화장이다. 그러나 무열왕릉에 이르기까지 경주 일원에 조성된 왕릉은 화장 무덤이 아니다. 고인을 흙에 묻는 농경 사회의 전통 장례가 살아 있는 데다 선왕의 시신을 감히 훼손할 수 없었던 후손과 신료들의 거리낌 때문이 아니었을까?

삼국 통일을 완수한 문무왕이 그 전통을 깼다. 『삼국사기』에 따르면 그는 통일의 대업을 완성한 뒤 서쪽 나라(인도)의 의식에 따라 자신을 화장해서 동해에 뿌려 달라는 유언을 승려 지의에게 남겼다. 사후에도 바다의 용이 되어 나라를 지키겠다는 것이 그의 소원이었다. 위대한 업적을 남긴 왕의 유언을 거스를 후손과 신하는 없었을 것이다.

오늘날 문무왕을 화장한 곳으로 유력하게 여겨지는 곳이 낭산의 능지탑지이다. '능시탑(陵屍塔)', '연화탑'이라고도 하는 능지탑은 1970년대까지만 해도 무너진 채 1층 탑신 일부와 약간의 기단만이 돌무더기처럼 남아 있었다. 지금은 정사각형 평면의 2층 석조 축단으로 복원되어 있으나, 원래는 연꽃무늬가 있는 석재를 쌓아 올린 5층 석탑이었을 것으로 추정된다.

능지탑에서 문무왕의 시신을 화장한 신문왕과 신료들은 왕의 뼈를 거두어 동해로 향했다. 오늘날 문무대왕릉이 바라보이는 동해안의 봉길대왕암해변은 능지탑지에서 30킬로미터 남짓 떨어져 있다. 차로 가면 3, 4십 분 걸리고 빠른 걸음으로 가면 10시간 가까이 걸리는 거리이다.

문무대왕릉으로 알려진 곳에는 대왕암으로 불리는 바위가 있다. 예전에는 그 대왕암 한가운데 왕의 유골을 안장한 곳이 있으리라 추측하기도 했었다. 그러나 정밀한 탐사 결과 대왕암 속에는 그런 장치나 장소가 없다는 것이 밝혀졌다. 신라

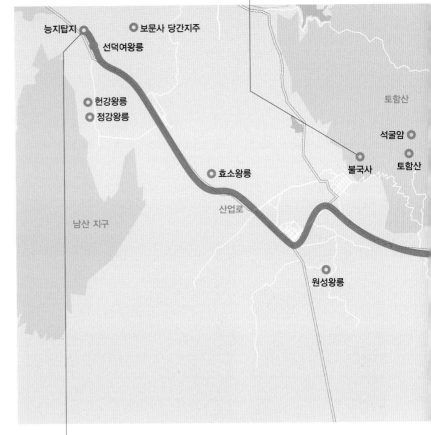

불국사 천왕문 불국사는 불국 정토를 속세에 구현하겠다는 뜻을 담아 창건된 사찰이었다. 528년 법흥왕 때 처음 지어지고, 751년 경덕왕 때 김대성에 의해 크게 중창되었다.

능지탑지 창건 당시에는 목조 건물로 된 묘가 있었으나, 그것이 불타자 외부에 정사각형 석단을 쌓은 것으로 여겨진다. 경상북도 기념물. 경주시 배반동 621–1.

능지탑 기단의 토끼 12지신상의 하나이다. 12지신 중 현재 9개만 남아 있다.

58

감은사지 삼층석탑과 금당 터 682년(신문왕 2)에 건립된 2기의 탑으로, 높이는 각각 13.4미터이다. 경주에 있는 3층 석탑 가운데 가장 크다. 국보.

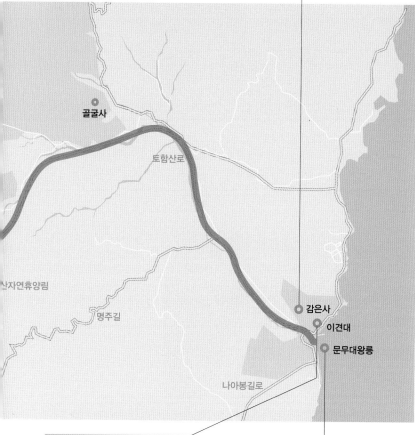

인은 그곳에 가서 문무왕의 유골을 바다에 뿌린 것으로 보인다. 대왕암이 관(棺)이고 파도가 봉분이었다. 넘실거리는 파도와 함께 망망대해로 나아간 문무왕의 영혼은 후손의 안녕을 위해 두 눈 부릅뜬 용이 되었다. 이처럼 왕릉에 대한 기존 관념을 깨뜨린 문무왕의 유언에서 신라인이 동해 너머의 왜를 얼마나 경계하고 있었는지 잘 알 수 있다.

장례를 마친 신문왕은 용이 된 선왕을 좀 더 가까이서 보고 좀 더 편하게 모시기 위해 바닷가에 전망대와 문무왕의 원찰을 세웠다. 봉길대왕암 해변에서 북쪽으로 400여 미터 떨어져 있는 전망대는 용을 보는 곳이라는 뜻에서 '이견대(利見臺)'라 했다. 이견대로부터 1킬로미터 정도 떨어진 곳에 세워진 원찰은 은혜에 감사한다는 뜻에서 '감은사(感恩寺)'라 했다. 둘 다 선왕을 떠나보낸 지 1년 만에 완공되었다.

감은사 금당 밑에는 구멍을 뚫어 두었는데, 이는 용이 된 문무왕이 해류를 타고 드나들 수 있도록 한 장치였다. 죽어서 동해의 용이 되겠다고 한 문무왕이나 용이 된 문무왕이 지날 수 있도록 통로를 마련해 둔 신문왕이나 현대인이 흉내 내기 어려운 상상력의 소유자였던 것은 분명해 보인다. 감은사는 황룡사, 사천왕사 등과 함께 신라의 대표적인 호국 사찰로 특별 관리되었다.

경주는 어느 곳을 걷더라도 잠시 돌아보면 왕릉이 보이는 고분의 도시이다. 그렇게 많은 고분 가운데 어디에도 문무왕의 안식처는 없다. 동해의 일렁거리는 물결 한가운데 있는 그의 무덤에서는 경주의 고분에서 흔하게 발견되는 황금 장식 하나 찾을 수 없다. 그러나 우리는 자신 있게 말할 수 있다. 경주뿐 아니라 전국 방방곡곡에 남아 있는 그 많은 왕릉 가운데 최고의 왕릉을 딱 하나만 꼽으라면 그것은 당연히 문무대왕릉이라고 말이다.

이견대 대왕암을 정면으로 바라볼 수 있는 자리에 있다. 용이 된 문무왕이 해류를 타고 드나들 수 있도록 감은사 금당 뜰 아래에 동쪽을 향해 구멍을 하나 뚫어 두었는데, 나중에 용이 나타난 곳을 이견대라 했다고 한다. 사적.

문무대왕릉 경주시 양북면 봉길리 해안에서 약 200미터 떨어진 바다 한가운데에 자리 잡고 있다. 자연 바위를 이용해 만들었는데 수면 아래에 길이 3.7미터, 폭 2.06미터의 넓적한 돌이 덮여 있다. 사적.

원주 학성동 철조약사여래좌상
통일 신라 말 고려 초의 불상. 북원소경이던 원주 지역에서 유행한 조각 양식을 보여 주는 작품으로 평가된다. 높이 110센티미터. 보물.

청주 운천동 사적비 서원소경이던 충청북도 청주의 운천동 우물터에서 발견된 비석. 약 1만 글자 중 160자 정도만 판독되었는데, '삼한일통' 관련 문구도 있다. 높이 92센티미터. 너비 91센티미터. 충청북도 유형문화재.

발해

신라

한주   삭주

북원경   명주
(원주)

우산국
(512년 신라에 복속됨)

서원경   중원경
(청주)   (충주)

웅주   상주

금성

전주

양주

남원경   강주   금관경
(남원)   (김해)

무주

충주 탑평리 유적 전경 중원소경이 조성된 것으로 추정되는 곳이다. 이 일대는 남한강을 끼고 발달한 충적지이다.

오소경 – 왕경 밖의 작은 왕경

삼국을 통일하자 왕도로서 경주가 갖는 지리적 한계는 훨씬 더 두드러졌다. 통일 신라의 영토는 대동강과 원산만을 잇는 선 남쪽으로 국한되어 예전 고구려 한 나라의 영토보다 더 작았다. 그러나 통일 전 신라의 영토와 비교하면 상전이 벽해가 되었다고 할 만큼 광활했다. 당과 마주 보고 있는 서해안이 신라 영토로 편입된 것은 단지 수치상으로 표현되는 면적으로 따질 수 없는 이익을 신라 왕실에 가져다주었다.

과연 지리적으로 치우친 경주에서 통일 왕조를 계속해서 통치할 수 있을까? 신라 왕실의 고민은 커졌다. 그러나 수백 년 동안 경주에 뿌리를 두고 세력을 키워 온 귀족들의 기득권 때문에 천도는 쉬운 일이 아니었다. 그래도 경주가 가진 불편함은 해소할 필요가 있었는지 신문왕은 경주에서 그리 멀리 않은 달구벌(대구)로 천도하는 구상을 내놓았다. 같은 한반도 동남부지만 대구

는 그래도 경주보다는 좀 더 개방적인 지역이었다. 그러나 그마저도 경주 귀족들의 반발 때문에 현실화할 수 없었다.

그렇다면 이처럼 동남쪽으로 치우친 경주를 왕도로 유지하면서 어떻게 한반도 전역을 통치해 나갔을까? 통일 신라는 전국을 아홉 개의 주(州)로 나누고 교통 요지에 해당하는 주요 지역에 소경(小京)을 두었다. 경주의 지리적 약점을 보완하기 위해 곳곳에 작은 경주를 두고 주변 지역을 통제하도록 한 것이다.

소경의 유래는 통일 이전으로 거슬러 올라간다. 514년(지증왕 15) 대가야와 금관가야 중간에 있는 아시량국을 복속시킨 뒤 아시촌소경(경상남도 함안 추정)을 설치해 그곳을 현지인의 자치에 맡겼다. 정복한 지역을 직접 지배하는 대신 토착 지배층이 관리하도록 하는 일종의 회유책이었다. 그러자 가야연맹의 소국들은 아시량국처럼 신라에 복속하면서 자치를 할 것인가, 계속 저항할 것인가를 놓고 동요하게 되었다.

639년(선덕여왕 8) 선덕여왕이 하슬라(강릉)에 설치한 동원소경도 비슷했다. 옛 고구려 땅인 강릉 일대를 손에 넣기는 했으나 토착 세력의 반발이 심했다. 그러자 신라는 직접 통치를 포기하고 소경을 두어 토착 세력에게 통치를 위임했다. 지역 민심을 달래 다시 고구려에 귀속하는 것을 막으려는 정책이었다.

소경을 통해 토착 세력을 간접 통치한 덕분에 해당 지역의 전통문화가 전승되어 신라 문화를 풍부하게 한 사례도 있었다. 예컨대 557년(진흥왕 18년) 진흥왕이 설치한 국원소경(충주)은 가야악, 가야무 등을 전승하는 역할을 했다. 가야금의 장인인 우륵과 대문장가인 강수도 소경 출신의 문화 예술인이었다.

통일 신라 때 설치한 소경은 모두 다섯 곳이었다. 고구려 유민이 세운 보덕국(익산)을 폐하고 그 주민을 남원소경(남원)으로 이주시켜 살게 했다. 그곳에서 고구려 거문고의 전승이 이루어졌다(『삼국사기』). 백제 유민은 서원소경(청주), 가야 유민은 금관소경(김해)을 두어 관리했다. 강릉에 두었던 동원소경은 북원소경으로 바꾸면서 원주로 이동시켰다. 이처럼 네 곳의 소경을 신설하고 기존의 국원소경을 중원소경이라 고쳐 오소경이 완성되기에 이른다. 오소경은 작은 경주로서 경주와 똑같이 6부로 구획하고 중심지를 도시 계획에 따라 정비했다.

이 같은 통일 신라의 소경 체제는 오늘날의 광역시나 특별자치시와 같은 것으로 볼 수도 있다. 그러나 오늘날과 같은 지방 분권의 개념이 적용되었다고 보기는 어렵다. 그보다는 한쪽으로 치우친 경주의 약점을 보완하고 중앙 집권을 유지하기 위해 경주를 지리적으로 확장한 개념으로 보는 편이 더 합당할 것이다.

신라 오악

신라에는 국가 제사의 대상이 된 다섯 개의 산이 있었다. 삼국 통일 이전에는 경주 평야를 중심으로 한 경주 주변의 산악을 가리켰다. 토함산(동악), 금강산(북악), 함월산(남악), 선도산(서악)과 낭산(중악)이 그것이다. 이 산들은 경주의 진산(鎭山)으로 여겨졌다. 통일 후에는 전 국토의 사방에 오악을 정했다. 토함산(동악), 계룡산(서악), 지리산(남악), 태백산(북악)과 팔공산(중악)이었다.

오악은 국가 제사를 지내는 곳일 뿐 아니라 국방의 상징이었다. 사방에 출몰하는 적을 진압하는 기세를 보여 주는 산으로 믿어졌다. 오악 각각에 부여된 의미도 있었다. 석탈해를 산신으로 모신 토함산은 신라 석씨 세력을 상징하는 산이었다. 팔공산에는 진한의 소국인 압독국이 있었다. 태백산은 죽령을 넘어 고구려의 옛 영토를 차지한 신라가 그곳을 효과적으로 통제하기 위해 신성시했다. 지리산은 옛 가야 세력을, 계룡산은 옛 백제 세력을 염두에 두고 숭배하게 된 것으로 보인다. 통일 후의 오악은 오소경처럼 새로운 영토의 토착민을 포용하려는 신라의 염원이 투영되기도 했던 곳이다.

석굴암 천개석에서 바라본 토함산(吐含山) 단석산에 이어 경주에서 두 번째로 높은 산이다. 해발 145미터. 날이 좋으면 멀리 수평선을 볼 수 있을 정도로 동해와 가깝다. 바다 쪽에서 밀려오는 안개를 산이 마시고 토해 내는 듯한 모습에서 이름이 유래했다. 불국사, 석굴암 등 신라 불교 미술의 정수를 품은 산으로 널리 알려져 있다.

처용의 길

삼국 통일 전 신라는 서쪽으로 백제에 막히고 북쪽으로 고구려에 막혀 대외 교류에 제약을 받고 있었다. 그러나 완전히 고립되지는 않았다. 바다가 있었기 때문이다. 경주 시내를 흐르는 형산강이 동해로 빠져나가는 포항 영일만, 남해로 열려 있는 울산만이 각각 50킬로미터쯤 되는 가까운 거리에 있었다. 통일 전 신라의 고분에서 숱하게 발견된 유리 제품은 육로만이 아니라 바다를 통해 서역으로부터 들어왔을 가능성이 크다.

물론 바다가 경주에 평화로운 대외 교류의 기회만 제공한 것은 아니다. 오히려 신라는 통일 전뿐 아니라 통일 후에도 바다를 건너온 왜구의 침략에 골머리를 앓았다. 『삼국사기』를 보면 신라의 왕 중에 왜구의 침범을 겪은 이가 겪지 않은 이보다 더 많을 정도였다. 삼국통일전쟁 기간에는 백제와 동맹을 맺은 왜가 자주 군대를 보내 경주가 함락 위기를 겪기도 했다.

산성 지구의 명활산성과 포항 가까운 곳에 쌓은 북형산성은 영일만을 통해 침범하는 왜구를 대비한 방어 시설이었다. 성덕왕(재위 712~756)은 경주와 울산의 경계 지역에 산과 산을 연결해 거대한 산성을 쌓았다. 모벌관문이라는 그 산성은 길이가 12킬로미터에 이르러 '신라의 만리장성'으로도 불린다. 조선 시대 이래 관문성이라는 지금의 이름을 얻었다.

관문성과 이어진 치술령에는 충신 박제상의 사당이 있어 신라와 왜의 악연을 새삼 떠올리게 한다. 박제상은 눌지 마립간(재위 417~458) 때의 인물로, 왜에 인질로 가 있던 왕자 미사흔을 구하고 자신은 왜왕에게 잡혀 목숨을 잃었다.

삼국 통일 이후 동아시아의 정세가 안정되면서 왜구의 침범은 줄어들었다. 828년(흥덕왕 3) 장보고는 지금의 전라남도 완도에 청해진을 설치하고 남해의 왜구를 소탕했다. 포항과 울산은

헌강왕릉 높이 4.2미터, 지름 15.3미터의 원형 봉토 무덤. 헌강왕의 치세에 신라는 사회적 안정과 풍요를 누렸으나 귀족의 향락적 문화도 절정에 달했다. 사적.

박제상 유적 박제상의 충혼을 모신 치산서원 등이 있던 곳이다. 울산광역시 기념물. 울산 울주군 두동면 만화리.

망해사지 승탑 2기의 규모와 양식이 같다. 동쪽 승탑은 파손되어 있던 것을 1960년 11월 복원했다. 보물. 울산 울주군 청량읍 망해2길 102.

처용암 외황강 하구의 해변에서 약 150미터 떨어진 바위섬. 울산광역시 기념물. 울산 남구 황성동.

완도에서 멀리 떨어져 있지만, 해상왕 장보고의 위엄 덕분에 이전보다는 더 안전해지고 항구를 통한 평화적 교류도 더 늘어났을 것이다.

879년(헌강왕 5) 개운포(울산)에 나타난 처용은 당시 울산항을 통한 대외 교류의 한 상징으로 거론되곤 한다. 울산만은 북쪽의 태화강과 남쪽의 외황강을 통해 내륙과 이어진다. 외황강에는 평소에 갈매기로 뒤덮이다시피 하는 검은 바위가 있다. 그것이 처용 설화의 무대인 처용암이다. 헌강왕은 울산에 놀러 갔다가 경주로 돌아가는 길에 그 부근에서 쉬고 있었다. 그때 갑자기 구름

처용의 길

관문성 경주시 외동읍 모화리와 울산 울주군 범서읍 두산리 사이에 있는 산성. 722년(성덕왕 21) 왜적의 침입을 막기 위해 축조했다. 사진은 효청보건고등학교 인근 유구 잔존 구간. 사적.

태화강 울산 서부 산지에서 발원해 울산 중심부를 가로지르고 동해로 빠져나간다. 길이 47.54킬로미터.

과 안개가 캄캄하게 덮이자 일관에게 연유를 물었다. 일관은 동해의 용이 변괴를 일으키는 것이니 좋은 일을 하라고 권했다. 왕이 용을 위해 근처에 절을 지으라 명령하자 안개가 흩어지고 용이 일곱 명의 아들과 함께 나타났다. 용은 왕의 덕을 칭송하는 노래와 함께 춤을 추고 헌강왕에게 아들 한 명을 바쳤다. 헌강왕을 따라 경주에 가서 국정을 도운 그 아들이 바로 처용이다. 헌강왕의 명령에 따라 영축산 동쪽에 지은 절에는 망해사(望海寺)라는 이름이 붙었다.

경주에서 혼인해 잘살던 처용은 어느 날 비극을 맞이한다. 밤늦게 놀다가 귀가한 그는 자신의 방에서 아내를 범한 사내를 목격했다. 처용은 마당으로 나가 처용가를 부르고 처용무를 추었다.

그러자 사내는 처용 앞에 무릎을 꿇고 "당신의 형상이 있는 곳이면 그 집에는 절대로 안 들어가겠습니다."라고 약속했다(『삼국유사』). 그 사내는 역신(전염병), 처용의 얼굴은 역신을 쫓는 부적으로 해석되곤 한다. 조선 시대까지도 전염병을 쫓기 위한 처용 부적과 처용무가 전해졌다.

문에 붙이는 부적과 처용무를 출 때 쓰는 탈에서 보이는 처용의 얼굴은 검고 무섭다. 처용 설화를 역사적으로 해석하려는 이들은 처용이 울산에서 출현했다는 점, 그의 얼굴이 검다는 점에서 그를 경주에 들어와 살던 아랍인으로 추측하기도 한다. 울산이 경주의 무역항 노릇을 하고 아랍인이 활발하게 무역에 종사하던 당시 상황을 보면 개연성 없는 이야기는 아니다.

관문성 부근에서 동천을 따라 경주로 올라가다 보면 월성에 10여 킬로미터 못 미친 지점에 괘릉이라 불리는 왕릉이 보인다. 원성왕(재위 785~798)의 무덤으로 전하는데, 왕릉을 조성하기 전 이곳에는 작은 연못이 있었다고 한다. 그 연못의 모습을 변경하는 대신 시신을 물 위에 걸어 놓고 장례를 지냈기 때문에 걸 괘(掛) 자를 써서 괘릉이라 불렀다는 것이다.

괘릉은 그 이름보다도 무덤 앞에 서 있는 한 쌍의 무인석 때문에 더 유명해졌다. 무덤 앞 80미터 지점부터 좌우 양쪽으로 돌사자 두 쌍, 문인석 한 쌍이 이들 무인석과 함께 늘어서 있다. 그런데 이들 무인석의 모습은 일반적인 한국인이 아니다. 큰 키에 부리부리하고 푹 박힌 눈과 높은 코, 턱을 뒤덮은 구레나룻에 터번까지 둘렀다. 당시 중앙아시아나 서아시아에서 경주에 들어와 살던 서역인을 모델로 한 것처럼 보인다. 무인석의 외형을 세심히 관찰해 그들을 당시 유라시아 곳곳으로 퍼져 나가 상업 활동에 종사하던 중앙아시아

원성왕릉(괘릉)과 무인석
원성왕릉은 흙으로 덮은 둥근 모양의 무덤으로 규모는 지름 약 23미터, 높이 약 6미터이다. 봉분과 그 전방의 석조물로 이루어져 통일 신라의 가장 완비된 능묘 제도를 보여 준다. 사적. 두 무인석의 높이는 각각 257센티미터이다.

원성왕릉(괘릉)의 석상들

의 소그디아나인으로 추정하는 견해도 있다.

당시 서역의 무슬림이 경주에 살고 있었다는 것을 뒷받침해 주는 기록도 있다. 9세기 이슬람의 지리학자 이븐 후르다드베는 『여러 도로와 나라들에 대한 안내서』라는 책에서 신라에는 "산과 들이 많고 금이 풍부해 무슬림이 들어가면 그곳의 아름다움에 끌려서 정착한다."라고 썼다. 10세기 중반의 지리학자 알 마크디시는 신라인이 비단과 금실로 수놓은 천으로 집을 단장하고 밥을 먹을 때도 금으로 만든 그릇을 사용한다고 했다.

과장된 전언일 수는 있어도 당시 이슬람 세계에 신라가 알려져 있었고 신라를 방문하는 무슬림도 있었다는 것만은 추정할 수 있다.

서역인의 얼굴 미추왕릉에서 발견된 유리구슬 목걸이의 구슬에 서역인으로 보이는 인물이 묘사되어 있다.

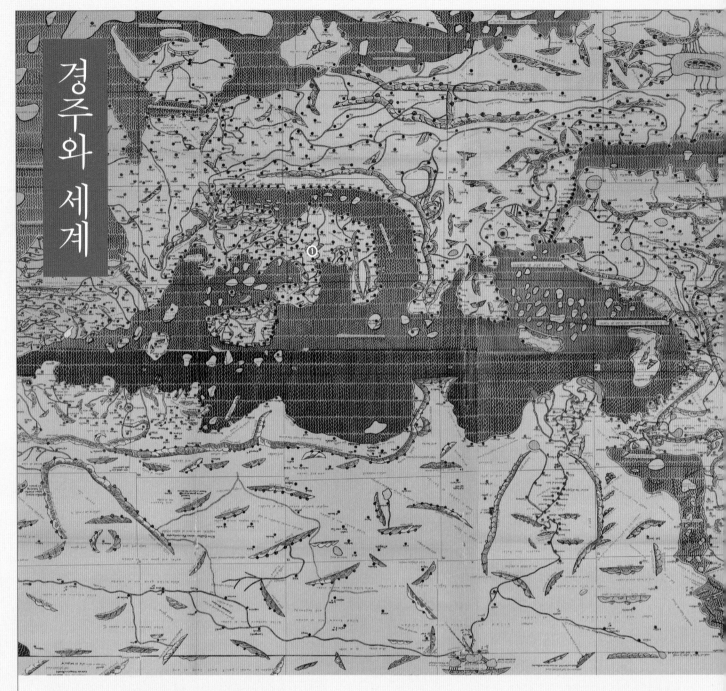

경주와 세계

경주는 양면성을 가진 왕도였다. 한반도의 이권을 독점한 배타성과 세계의 선진 문화를 품은 개방성이 이 도시에서 모순적으로 공존하고 있었다. 신라를 중국 동남해상의 여러 섬으로 그린 위 지도는 서방 세계 지도에 처음으로 한국사의 나라가 등장하는 사례이다.

❶ 석굴암(왼쪽)과 판테온 고대 로마에서 여러 신을 모시던 판테온 신전과 석굴암은 지붕을 돔으로 처리했다는 공통점이 있다.

❷ 천마총의 금모자(오른쪽)와 흉노 왕의 금사슴 세계에 남아 있는 금관의 다수가 경주 금관이라는 말처럼 경주는 황금의 왕도였다. '알지'라는 이름이 금을 뜻하는 알타이와 연관이 있다는 설도 있다. 알타이 초원을 호령한 흉노도 황금 유물을 많이 남겼기 때문에 신라 왕족과 흉노의 연관을 추정하는 설이 많다.

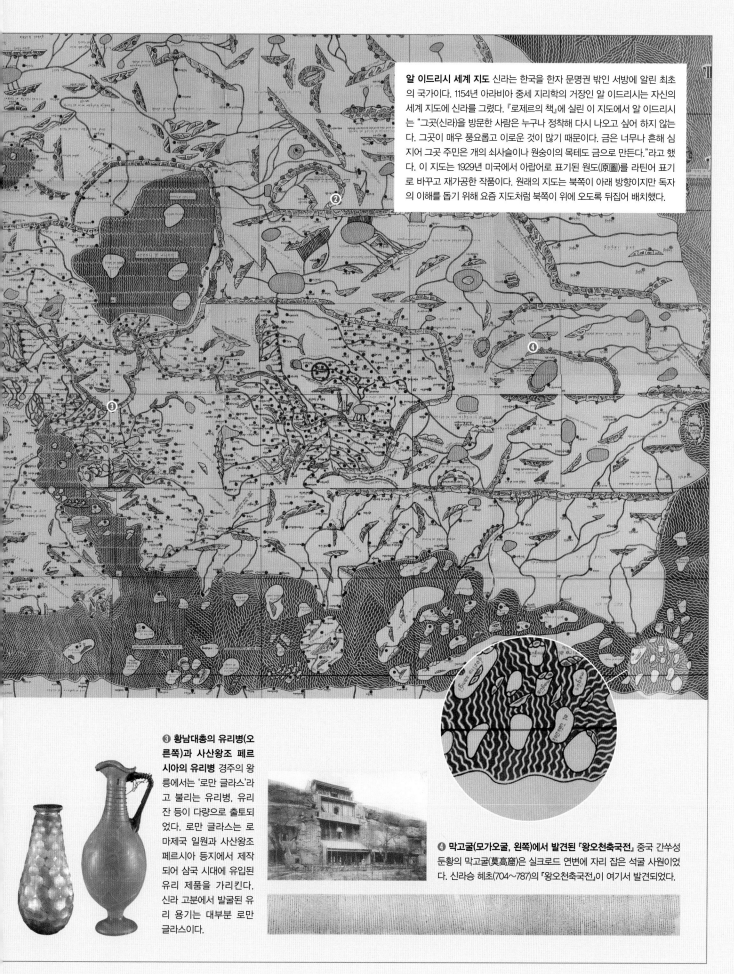

알 이드리시 세계 지도 신라는 한국을 한자 문명권 밖인 서방에 알린 최초의 국가이다. 1154년 아라비아 중세 지리학의 거장인 알 이드리시는 자신의 세계 지도에 신라를 그렸다. 『로제르의 책』에 실린 이 지도에서 알 이드리시는 "그곳(신라)을 방문한 사람은 누구나 정착해 다시 나오고 싶어 하지 않는다. 그곳이 매우 풍요롭고 이로운 것이 많기 때문이다. 금은 너무나 흔해 심지어 그곳 주민은 개의 쇠사슬이나 원숭이의 목테도 금으로 만든다."라고 했다. 이 지도는 1929년 미국에서 아랍어로 표기된 원도(原圖)를 라틴어 표기로 바꾸고 재가공한 작품이다. 원래의 지도는 북쪽이 아래 방향이지만 독자의 이해를 돕기 위해 요즘 지도처럼 북쪽이 위에 오도록 뒤집어 배치했다.

❸ **황남대총의 유리병(오른쪽)과 사산왕조 페르시아의 유리병** 경주의 왕릉에서는 '로만 글라스'라고 불리는 유리병, 유리잔 등이 다량으로 출토되었다. 로만 글라스는 로마제국 일원과 사산왕조 페르시아 등지에서 제작되어 삼국 시대에 유입된 유리 제품을 가리킨다. 신라 고분에서 발굴된 유리 용기는 대부분 로만 글라스이다.

❹ **막고굴(모가오굴, 왼쪽)에서 발견된 「왕오천축국전」** 중국 간쑤성 둔황의 막고굴(莫高窟)은 실크로드 연변에 자리 잡은 석굴 사원이었다. 신라승 혜초(704~787)의 「왕오천축국전」이 여기서 발견되었다.

가야의 주요 고분군

유네스코 세계유산위원회는 2023년 9월 17일 "주변국과 공존하면서 자율적이고 수평적인 독특한 체계를 유지해 온 가야를 잘 보여 준다."라는 평가와 함께 가야 고분군 7곳을 세계문화유산에 등재했다.

고령 지산동 고분군(대가야)

합천 옥전 고분군(다라국)

남원 유곡리와 두락리 고분군(기문국)

창녕 교동과 송현동 고분군(비화가야)

함안 말이산 고분군(아라가야)

김해 대성동 고분군(금관가야)

고성 송학동 고분군(소가야)

고령 지산동 고분군 경상북도 고령군 고령읍 지산리 산 8.

합천 옥전 고분군 경상남도 합천군 쌍책면 성산리 산 23-18.

김해 대성동 고분군 경상남도 김해시 대성동 434.

남원 유곡리와 두락리 고분군 전라북도 남원시 성내길 35-4.

고성 송학동 고분군 경상남도 고성군 고성읍 송학리 470.

함안 말이산 고분군 경상남도 함안군 가야읍 도항리 484.

창녕 교동과 송현동 고분군 경상남도 창녕군 창녕읍 교동, 송현동 일원.

수정 목걸이 3세기 금관가야 지배층의 세련된 문화를 엿볼 수 있는 작품. 경상남도 김해 출토.

4 가야의 왕도들

가야는 서기 3세기 무렵 변한 12소국을 모체로 해서 생겨난 연맹체이다. 변한의 중심이었던 김해가 가야연맹도 이끌었다. 변한 시절의 김해에 있던 구야국은 이제 『삼국유사』 등에서 금관가야로 불리게 되었다. 고령의 대가야, 성주의 성산가야, 창녕의 비화가야 등도 모두 가야를 꼬리표처럼 달고 있었다.

'가야'라는 이름은 어디에서 유래했을까? 이와 관련해서는 다양한 설이 있다. 그중에서 정설로 꼽히는 것은 일족을 뜻하는 알타이어 '사라'가 가라-가야-겨레로 음이 변했다는 겨레설이다.

금관가야 중심의 가야연맹은 5세기 초를 전후해 몰락하고, 고령의 대가야가 중심이 된 새로운 가야연맹이 형성된다. 그래서 앞선 가야연맹을 전기 가야, 뒤의 가야연맹을 후기 가야라 한다. 후기 가야연맹은 5세기 후반에 이르러 22개의 소국 연맹체로 확장되었다. 6세기 초에는 대가야가 북부 가야 대부분을 통합해 초기 고대 국가의 모습을 띨 정도가 되었다. 그러나 전체 가야를 통합하는 수준으로 발전하지는 못하고 분열했다. 바로 그때 가야의 동쪽에서 성장한 신라가 532년(법흥왕 19) 금관가야, 562년(진흥왕 23) 대가야를 흡수하면서 가야는 역사의 뒤편으로 사라진다.

가야의 영역은 시기에 따라 조금씩 달라졌다. 대체로 낙동강 중하류의 서쪽과 경상남도 해안에 걸쳐 있었다고 보면 좋을 것이다. 현대의 행정

구역으로 보면 부산광역시와 경상남도 상당 부분, 그리고 경상북도와 전라남북도 일부분이다. 이 지역은 기후가 온난하고 땅이 비옥해 사람이 살기 좋은 편이고, 낙동강의 수상 교통을 이용할 수 있었다. 대개 강 주변은 고대 문명의 주요 무대였다. 낙동강 하류의 김해는 어업과 해운의 이점을 가지고 있었다. 또 낙동강 중류의 고령은 농업이 발달하기에 좋은 입지 조건을 갖고 있었다.

변한 시절에 그랬던 것처럼 김해 등지에는 질 좋은 철광산이 산재해 있었다. 전기 가야연맹은 그곳에서 다양한 철을 생산하고 이를 주변 국가와 교역하면서 발전해 나갔다. 대가야의 터전인 고령은 내륙 산간에 자리 잡고 있었기 때문에 처음에는 해운이나 교역에 불리한 조건을 안고 있었다. 그러나 5세기부터 경상남도 해안 지대로부터 이주민과 함께 철기와 도기 제작 기술이 유입되면서 급속히 발전할 수 있었다.

가야연맹은 오늘날 우리가 삼국 시대라고 알고 있는 시기 대부분에 역사의 주역으로 활동했다. 그래서 그 시기를 '사국 시대'라고 부르자는 주장도 나온다. 그 주역들을 만나러 가 보자.

사슴뿔 모양 잔(왼쪽) 굽다리 형태로 보아 가야 지역에서 만들어진 것으로 추정된다. 짐승 뿔 모양 잔은 낙동강 유역 토기에서 많이 나온다. 국립중앙박물관.

집 모양 토기 기둥을 세우고 그 위에 벽체와 지붕을 얹은 모습이 인상적이다. 가야의 집 구조를 알려 주는 유물로 평가된다. 경상남도 창원 출토.

김해에서 함안까지

전기 가야연맹은 부산, 김해 등 낙동강 중하류와 창원, 함안, 밀양 등 경상남도 서부 지역에 걸쳐 있었다. 그 가운데 가야의 발상지라고 할 수 있는 김해에는 가야의 탄생 과정을 신화의 형식으로 담고 있는 노래가 전해 내려온다.

> 거북아, 거북아,
> 머리를 내놓아라,
> 만약에 내놓지 않으면 구워 먹으리.
> ㅡ「구지가(龜旨歌)」

『삼국유사』에 따르면 거북이가 엎드린 모양으로 생긴 구지봉에서 마을 지도자인 9간과 주민이 제사를 지내며 이 노래를 부르고 춤을 추었다. 그러자 황금 알 6개가 담긴 금 항아리가 하늘에서 내려오고, 황금 알마다 사내아이가 한 명씩 태어났다. 가장 먼저 태어난 김수로가 금관가야의 왕이 되고 그 뒤를 이은 다섯 명의 아이가 각각 아라가야, 대가야, 소가야, 성산가야, 고령가야를 세웠다. 김해를 중심으로 한 전기 가야의 시작을 보여 주는 신화이다.

구지봉에서 남쪽으로 약 2킬로미터 떨어진 곳에는 변한 시기 이래 김해 사람들의 생활상을 보여 주는 봉황동 유적이 자리 잡고 있다. 그리고 구지봉과 봉황동 유적 사이에서 '왜꼬지'라 불리는 언덕과 그 주변에는 왕릉을 포함한 고분군이 자리 잡고 있다. 가야의 대표적인 유적으로 꼽히는 대성동 고분군이다. 이 고분군에는 지배층의 묘역과 피지배층의 묘역이 별도로 조성되어 있어 계급 사회의 면모를 확인할 수 있다.

여기서 발굴된 길이 8미터가량의 대형 목곽묘 2기는 금관가야 왕릉의 면모를 잘 보여 준다. 목곽묘에서 나온 청동 솥, 철제 갑옷과 투구, 말갖춤 등은 무덤 주인의 강력한 정치 권력과 그에 걸

맞은 국가의 출현을 말해 준다.

구지봉에서 차를 타고 남해고속도로를 따라 서쪽으로 한 시간가량 달리면 함안의 말이산 고분군에 닿는다. 김수로의 바로 아래 동생인 김아로가 세운 아라가야의 왕릉이 자리 잡은 곳이다. 아라가야는 전기 가야와 후기 가야에 걸쳐 존재한 나라로 안라, 아시랑, 아라 등 다양한 이름으로 불렸다.

말이산 고분군에서는 삼한 시기부터 가야가 멸망할 때까지의 무덤이 모두 확인된다. 전기 가야 때인 3~4세기에는 소형 덧널무덤, 후기 가야로 넘어가는 5세기 이후에는 길이 4미터 이상의 대형 덧널무덤이 조성되었다. 이곳에서 아라가야 지배층의 강력함을 보여 주는 유물은 단연 5세기에 등장한 화염문투창고배이다. 불꽃 모양의 구멍이 뚫려 있는 접시로, 다른 지역에서는 발견되지 않는 아라가야 특유의 토기이다. 고분군 초입에 있는 함안박물관의 중심 부분도 화염문투창고배 모양을 하고 있다.

덩이쇠에 가시가 돋친 것처럼 미늘을 붙여 만든 유자이기도 아라가야를 상징하는 부장품이다. 이처럼 개성 있는 유물들을 보유한 말이산 고분군은 대성동 고분군과 함께 가야 문화의 대표적인 전시장이다. 그 규모와 내용은 경주의 신라

유자이기 일상생활에서 사용된 도구라기보다는 의례용 철기였을 것으로 짐작된다. '미늘쇠'라고도 불린다. 경상남도 함안 출토.

함안박물관 5세기 전반부터 함안을 중심으로 크게 유행한 불꽃무늬토기(화염문투창고배)를 모티브로 삼았다. 불꽃무늬토기는 함안 지역의 가야를 대표하는 유물로 '불꽃무늬 굽구멍 굽다리접시'라고도 불린다.

고분군에 견줄 만하다는 평가를 받고 있다.

금관가야가 전기 가야연맹을 이끈 힘은 철과 바다에서 왔다. 철기를 생산해서 강해지고, 바다를 통해 여러 나라와 교역해서 부유해졌다. 그때 김해는 낙랑과 왜를 잇는 원거리 교역 중계지로 명성이 높았다. 고대 일본의 역사책인 『일본서기』는 금관가야를 '쇠의 나라'로 기록하고 있다. 그러나 전기 가야연맹은 정치적 통합 속도가 느려 중앙 집권적 고대 국가로 성장하는 데는 한계가 있었다.

금관가야의 주요 교역 대상이던 낙랑군과 대방군이 4세기 들어 고구려에 병합되자 전기 가야연맹은 혼란에 빠졌다. 그 틈을 타서 그동안 연맹의 중심에서 소외되어 있던 포상팔국이 금관가야를 공격했다. '포상팔국'이란 낙동강 하류와 남해안의 창원, 사천 등에 있던 여덟 소국을 말한다. 창원은 고대에 철이 녹아 흐른 야철지가 발견된 곳이다. 포상팔국은 이처럼 철 산지와 제철 기술을 가지고 있었으나, 금관가야가 해상 무역을 독점하는 바람에 판로가 막혀 있었다. 그들이 금관가야로부터 해상 무역권을 빼앗기 위해 싸움을 걸었던 것이다.

금관가야는 신라에 도움을 요청해 난을 진압했다. 그러나 이로 인해 금관가야는 신라에 약점을 잡히고, 연맹 내에서도 외국의 지원을 받았다는 이유로 위신이 땅에 떨어졌다. 그랬던 금관가야에게 다시 기회가 온 것은 4세기 중후반이었다. 그때 백제가 남해 쪽으로 교역로를 확장하고 나섰기 때문이다. 금관가야는 백제와 왜 사이의 중계 기지 노릇을 하면서 다시 힘을 키우고 다시 한 번 전기 가야연맹의 주도권을 잡았다. 여세를 몰아 신라를 공격하기도 했다.

그러나 4세기 말 백제가 고구려에게 밀려 위축되자 금관가야의 운명도 기울어 갔다. 신라의 지원 요청을 받은 고구려가 금관가야를 공격하기도 했다. 금관가야의 쇠락은 다시 백제를 더 큰 곤경으로 몰아 가는 연쇄 효과를 낳았다. 김해를 중계 기지로 하는 백제의 대외 교역망이 타격을 받을 수밖에 없었기 때문이다.

이처럼 남해안을 무대로 한 금관가야의 시대가 저물자, 가야연맹의 중심은 낙동강 중류 지역에서 성장한 고령의 대가야로 넘어가게 된다.

하늘에서 본 김해의 금관가야 건국 신화를 품은 구지봉과 그 일대의 금관가야 유적들. 일제 강점기에 일본인들이 구지봉 유적의 거북 목에 해당하는 부분에 도로를 개설해 본래의 거북 모양을 훼손했다고 한다. 국토지리정보원의 국토정보플랫폼 국토정보맵에서 내려받은 정사영상 자료에 지명을 표기했다.

구지봉
수로왕비릉
대성동 고분군
수로왕릉
봉황동 유적

고령에서 남원까지

함안 말이산 고분군에서 낙동강 연변을 따라 북쪽으로 한 시간 남짓 달리면 가야산 자락의 고즈넉한 고장, 고령군 대가야읍에 닿는다. 후기 가야연맹을 주도한 대가야의 고향이다.

조선 시대에 편찬된 인문 지리지『신증동국여지승람』은 신라의 대문호 최치원이 썼다는『석이정전』을 인용해 대가야의 건국 신화를 소개하고 있다. 이 신화에서는 김해의『구지가』와 달리 대가야의 시조 이진아시가 금관가야 시조 김수로의 형으로 등장한다. 가야산의 산신인 정견모주가 천신인 이바가지의 감응을 받아 이진아시와 수로를 낳았다고 한다. 여기에는 고령이 김해보다 우위에 놓인 상황이 반영되어 있다. 대가야가 금관가야를 대신해 가야연맹을 이끌게 된 역사적 배경이「구지가」와 다른 대가야의 건국 신화를 만들어 낸 셈이다.

고령에서 대가야가 성장한 역사적 배경에 대해서는 여러 가지 설이 나오고 있다. 그중에서도 널리 받아들여지는 것은 이 지역에 분포한 철산을 개발해 경제적으로나 군사적으로나 발전했다는 설이다. 조선 시대의 기록에 따르면 가야 시기에 고령, 합천 등 가야산 남서쪽 지역에서 철 생산이 이루어진 것으로 보인다.

이와 관련해 주목되는 것이 고령에 있던 반파국이다. 반파국은 철광을 개발해 주변 소국보다 더 빨리 성장할 수 있었다고 한다. 5세기 중반에는 호남 동부 지역까지 아울러 백제와 왜를 연결하는 교역의 중심국이 되었다. 그때부터 반파국은 국호를 대가야로 바꾸고 후기 가야연맹을 주도해 나간다.

고령 곳곳에는 수많은 대가야의 고분군이 산재해 있다. 확인된 봉토분만 700여 기에 이르고, 봉분이 없는 무덤까지 합치면 무려 1만여 기를 헤아린다. 그 중심을 이루는 지산동 고분군은 전체 가야 고분군 중에서도 가장 큰 규모를 자랑한다. 여기서 출토된 유물들은 대가야가 얼마나 활발한 대외 교류를 펼쳤는지 잘 보여 준다.

백제의 고분에서도 볼 수 있는 금동관은 대가야가 백제와 활발한 교류를 했다는 증거이다. 또 신라의 고분에서도 발견되는 둥근고리자루큰칼(환두대도)은 대가야와 신라의 교류를 짐작케 한다. 고구려 고분 벽화에서는 무사의 말에 달린 기꽂이를 볼 수 있는데, 지산동 고분군에서도 그와 비슷한 유물이 나왔다.

지산동 고분군에서 나온 철제 투구와 갑옷, 말 안장과 재갈, 각종 무기를 잘 조합하면 6세기 대가야의 기마 무사를 재현할 수 있다. 고분군의 우아한 능선이 자아내는 평화로운 이미지와 달리 대가야가 용맹한 무사들의 나라이기도 했다는 사실을 일깨워 준다. 또 지산동 고분군에는 대가야가 잔인한 순장 제도를 시행했음을 보여 주는 무덤도 있다. 보통 큰 무덤에 여러 명을 한꺼번에 순장했지만, 어떤 무덤에서는 무덤 주인을 안치한 주곽과 나란히 순장자의 곽을 묻기도 했다.

고령 지산동 518호분(아래) 주곽 외에 부장품을 묻는 부곽과 5기의 순장곽이 확인되었다. 금동 관모 장식 등 유물 480여 점도 발견되었다. 6세기 전반.

가야의 환두대도 머리 부분 지산동 고분군 제2호 횡구식석실묘에서 발견되었다. 신라의 환두대도와 유사해 가야와 신라의 활발한 교류를 보여 주는 유물로 거론된다.

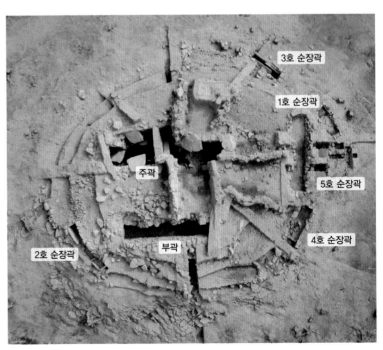

고령과 함안의 중간 지점에 있는 창녕은 후기 가야연맹의 일원인 비화가야의 땅이었다. 2007년 12월, 그곳의 교동·송현동 고분군에서 15세 소녀의 유골이 발견되어 세상을 놀라게 했다. 고대의 고분에서 무덤 속 인물, 그것도 여성이 모습을 드러내는 일은 매우 드물기 때문이다.

당시 '송현리 15호분'으로 이름지어진 고분 안에서는 모두 네 구의 인골이 발견되었다. 그 가운데 가장 온전한 상태로 남아 있었던 것이 바로 왼쪽 귀에 귀걸이를 한 키 153센티미터의 소녀 유골이었다. 그 유골에는 송현동에서 따 온 '송현이'라는 이름이 붙여졌다. 송현이는 그 어린 나이에 무덤 주인과 함께 순장된 것으로 밝혀졌다. 고령뿐 아니라 창녕에서도 후기 가야연맹 시기에 순장이라는 관습이 이루어지고 있었다는 사실이 확인된 것이다.

창녕에서 서쪽으로 30킬로미터가량 떨어진 합천에는 다라국의 옥전 고분군이 있다. 1000여 기에 이를 것으로 추정되는 이곳의 고분에서는 용봉 환두대도, 철제 갑옷, 철제 말 투구 등 최고 지배층의 무덤에서 나올 법한 유물이 대량으로 나왔다. 이 같은 유물들은 고구려 고분에서도 나온 것으로, 가야와 고구려의 관계를 보여 주는 자료로 평가된다.

합천에서 다시 서쪽으로 영호남의 경계를 넘어 80여 킬로미터 달리면 전라북도 남원시의 가야 고분군들에 닿는다. 이 고분군들은 후기 가야연맹이 호남 지방까지 세력을 미친 증거라

고 볼 수 있다. 남원의 후기 가야 고분군은 지역이 지역인 만큼 가야와 백제 고분의 특징을 골고루 갖추고 있다는 점에서 특징적이다. 구덩이를 파고 그 속에 돌을 쌓아 덧널을 만든 수혈식 석관묘는 가야식 무덤이고, 무덤 안에 돌로 방을 만들고 그 옆에 입구를 설치한 횡혈식 석실분은 백제식 무덤이다.

개성적인 고분군들에서 확인할 수 있는 것처럼 후기 가야연맹은 백제, 신라, 왜 등의 이웃 나라와 뚜렷이 구분되는 독자적 문화권을 형성하고 있었다. 후기 가야연맹의 구성원 가운데 대가야와 필적하는 세력을 구축한 곳은 함안의 아라가야였다. 대가야와 아라가야의 지배자는 왕이라는 공식 칭호로 불리면서 가야 소국 전체에 대한 의사 결정권을 공유하고 있었다. 그런 점에서 두 나라가 공동 맹주국의 지위에 있었다고 보는 견해도 있다.

어느 한쪽이 절대 강자가 되지 못한 탓이었을까? 후기 가야연맹은 6세기 중엽에 이르러 대가야와 아라가야의 남북 이원 체제로 분열하게 된다. 그렇게 나뉘고 약해진 가야는 백제와 신라의 먹잇감으로 전락했다. 562년 신라 2만 대군의 급습으로 500여 년을 이어 온 가야연맹은 역사 속으로 사라졌다.

남원의 갑주 남원 월산리 고분군에서 출토된 가야 갑주. 가야의 주요 영역은 지금의 경상남북도 서남부였지만 남원, 장수 등 전라북도 동부에서도 가야 유적이 확인된다.

창녕의 청동 뿔 모양 잔 (오른쪽) 뿔잔은 '각배'로도 불린다. 장례 등 특수한 의례에 쓰였을 것으로 보인다. 경상남도 창녕.

합천의 원통 모양 그릇받침 그릇받침은 삼국 시대에 지금의 경상남북도 지역에서 가야와 신라를 중심으로 발달한 토기였다. 경상남도 합천.

발해, 후삼국, 고려의 왕도

동모산 발해의 첫 번째 왕도 추정지. 중국 지린성 옌볜조선족자치주 둔화시에서 서남쪽으로 12.5킬로미터 떨어진 청쯔산(城子山)으로 추정된다.

상경성 표지석 '발해국 상경성 유지 가산지'라고 새겨진 비문. '가산지(假山址)'는 발해 때 인공 호수를 판 흙을 쌓아 만든 인공 산을 가리킨다.

정효 공주 묘비 18행 728자가 해서체로 음각되어 있다. 발해의 두 번째 왕도인 중경현덕부 소재지로 추정되는 지린성 허룽시 서고성 터 인근에 있다. 정효 공주는 발해 제3대 문왕의 넷째 딸.

철원 궁예 도성지 석등 옆에 있는 사람과 비교해 보면 석등의 규모가 대단했음을 한눈에 알 수 있다. 일제 강점기에 촬영된 것으로 한국전쟁 이후 석등의 행방은 알려지지 않았다.

개성 남계원지 칠층석탑 화강석으로 만든 고려 시대 석탑. 개성 덕암동 부근 남계원 절터에 있었으나 2005년 국립중앙박물관으로 옮겨 왔다. 국보.

동고산성 궁궐 터 동고산성은 통일 신라 시기에 쌓은 성이다. 후백제를 세운 견훤의 궁궐 후보지 중 한 곳이다.

청쯔산

구국(동모산성 추정지)

닝안

상경용천부

징포후(경박호)

옌볜조선족자치주

발 해

훈춘

허룽

동경용원부

두만강

중경현덕부 추정지

백두산

서경압록부 추정지

린장

개마고원

남경남해부 추정지

압록강

북청

라오둥반도

고 려

철원

후고구려(태봉)

송악(개성)

강도(강화)

후백제

신 라

완산주(전주)

금성(경주)

3

통일 왕도로 가는 길

경주는 한국사상 최초로 통일을 이룩한 왕조의 왕도였다. 그러나 명실상부한 최초의 통일 왕도라고 하기에는 조금 부족했다. 신라가 불완전한 삼국 통일을 이루자마자 옛 고구려 영토에 고구려 계승을 표방한 발해가 들어섰기 때문이다. 발해는 고구려의 고도 평양을 수복하지 못하고, 만주에서도 다소 동쪽으로 치우친 지역에서 왕도를 몇 차례 옮겨 건설했다. 발해의 국세가 기울 무렵 신라의 영역 내에서 백제와 고구려를 계승하겠다면서 그 국호를 그대로 물려받은 왕조들이 일어났다. 우리는 편의상 그들을 후백제, 후고구려로 기억하고 있다. 전라북도 전주와 강원도 철원이 그들의 왕도로 선택되어 짧은 영예를 누렸다. 후고구려를 대체한 고려가 다시 한번 한반도를 통일할 무렵, 만주를 차지했던 발해는 유목민 왕조 거란에게 정복당해 역사의 무대에서 사라졌다. 만주 역시 한국사의 무대에서 사라졌다. 고려 태조 왕건의 정치적 기반이던 개성은 한국사에서 실질적으로 첫 번째 통일을 이룬 왕조의 왕도가 되었다.

1 발해의 왕도

발해는 고구려 멸망 후 영주(랴오닝성 차오양시)에 거주하던 고구려 유민이 일으켜 세운 왕조였다(698). 그 지도자는 고구려 장수 걸걸중상의 아들로 알려진 대조영. 당시 당은 중국 역사상 유일무이한 여황제 무측천(재위 690~705)의 통치 아래 무주(武周)로 잠시 이름을 바꾼 상태였다. 대조영이 반란을 일으키자 무측천은 거란 출신 장군 이해고에게 진압을 맡겼다. 대조영은 천문령에서 이해고군을 격파하고 만주를 가로질러 지린성의 동모산 일대에서 왕조를 세웠다.

대조영이 처음 정한 국호는 진(振)이었다. 발해는 713년(고왕 16) 당과 협상을 벌여 새롭게 정한 국호였다. 그해에 당 현종(재위 712~756)은 사신을 보내 진의 국호를 발해로 바꾸고 외교 관계를 맺는 것으로 협상을 마무리했다. 이로써 당은 신라에 의해 한반도에서 쫓겨난 데 이어 만주마저 발해에게 내줌으로써 백제와 고구려를 정복한 성과를 고스란히 반납하고 말았다.

발해 오경

동모산은 지린성의 옌볜조선족자치주 둔화시에 있는 청산쯔산성 일대로 추정된다. 그곳에 조성된 발해의 첫 번째 왕도를 '구국(舊國)'이라 했다. 고구려의 졸본과 국내성이 압록강 건너편에 있었다면, 구국은 두만강 건너편이다. 그 지역은 훗날 간도라고 불렸다. 19세기 말부터 많은 한국인이 이주해 삶의 터전으로 삼아 온 내력 때문에 지금도 간도 일대는 조선족자치주로서 중국 속의 한국을 이루고 있다. 천 년도 훨씬 더 지난 발해 이야기가 친근하게 다가오는 것은 이런 사연이 있기 때문이 아닐까?

오늘날 동모산과 함께 구국의 후보지로 꼽히는 곳은 그 동쪽에 자리 잡은 오동성과 영승 유적

둔화시 장난진 용성(영승)촌에 있는 발해 집터. 둔화시의 발해 유적지 중 규모가 가장 크다.

둔화시 무단강(牧丹江) 북안의 발해 초기 성으로 파악되는 곳. 평면은 직사각형이고, 내성과 외성으로 나뉜다.

영승 유적

육정산 고분군

동모산

오동성

둔화시 류딩산(육정산)에 있는 발해 초기 고분군. 무덤의 형태, 출토 유물 등은 발해가 고구려를 계승했음을 밝히는 귀중한 자료이다. 대표적인 고분은 문왕의 둘째 딸인 정혜 공주의 무덤.

이다. 발해의 왕도가 고구려 왕도처럼 이중성 체제를 취했다면 동모산이 산성 역할을 하고 오동성이나 영승 유적이 평지성 역할을 했을 것이다. 영승 유적에서는 발해 유물이 다수 발굴되었고, 오동성 동북쪽에는 발해 왕족과 평민이 묻혀 있는 육정산 고분군이 있다.

동모산에서 왕조의 기틀을 닦은 발해는 742년(문왕 6) 두만강 변에 자리 잡은 지금의 허룽시에 중경현덕부를 건설하고 왕도를 옮긴다. 고구려가 좁은 산악 지대인 졸본에서 교통이 편한 국내성으로 천도한 것과 같은 맥락이다. 문왕(재위

정효 공주 무덤 벽화 현존하는 발해 무덤에 있는 유일한 벽화. 공주를 지키는 사람, 공주의 시중을 드는 사람, 악기를 들고 연주하는 사람 등의 모습이 담겨 있다. 무덤은 지린성 허룽시 룽터우산(용두산) 고분군 중 하나이다.

중경과 동경의 유산 지린성 옌볜조선족자치주의 허룽과 훈춘은 발해의 중경과 동경이 있던 곳이다. 왼쪽은 허룽 바이윈핑(백운평)의 청산리대첩 전적지. 청산리대첩은 한국 독립운동사상 최대의 승전으로 꼽힌다. 오른쪽은 훈춘의 고구려·발해 성곽인 온특혁부성(溫特赫部城) 터. 옌볜은 이처럼 발해의 주요 터전이었을 뿐 아니라 항일 독립 운동의 무대로, 오랜 세월 한국사와 깊은 인연을 맺어 왔다.

737~793)은 당과 외교 관계를 회복하고 당의 문물을 받아들이면서 국가 체제를 정비했다.

발해의 왕도 하면 떠오르는 상경용천부로 천도한 것은 756년(문왕 19)이었다. 연해주를 아우르는 동만주의 중심부에 자리 잡은 헤이룽장성 닝안시가 그 무대였다. 그곳은 만주에서 살아가던 여러 세력의 이동로이자 물자 교류의 중심지였다. 상경에 도읍한 발해는 농업이 발전하고 인구도 크게 늘었다.

문왕은 상경을 중심으로 국내외 각지를 연결하는 도로망을 건설하고 사통팔달의 대외 무역로를 열었다. 이처럼 개방적인 도로망은 초기에 적대적이던 당, 신라와 관계가 개선되었기 때문에 열릴 수 있었다. 그러한 평화적 교류를 통해 발해는 선왕(재위 818~830) 때 '해동성국(海東盛國)'이라 불리는 경제 문화 대국이 되었다.

상경은 785년(문왕 49) 동해안에서 가까운 훈춘시의 동경용원부에 왕도의 자리를 잠시 내준다. 훈춘시는 중경이 있던 허룽시와 함께 오늘날 지린성 옌볜조선족자치주에 속하는 도시로, 앞서 살펴본 것처럼 동부여의 왕도 후보지로 거론되기도 한다. 동경은 8년간 왕도의 지위를 누리고 793년에 상경에 그 자리를 돌려주었다. 이후 발해의 왕도는 줄곧 상경이었다.

발해는 당의 4경(장안·서경·동경·북경)을 본떠 상경을 중심으로 한 5경 체제를 운영했다. 5경은 왕도인 상경, 한때 왕도였던 중경·동경 외에 서경압록부와 남경남해부를 포함했다. 서경은 고구려의 국내성이 있던 지린성의 압록강 연변, 남경은 5경 중 유일하게 한반도에 속하는 함경남도 백운산성 지역으로 추정된다.

5경에는 각자의 기능이 있었다. 상경은 정치·교육·문화, 중경은 경제·군사의 중심지였다. 동경은 일본과 신라로 가는 해상 교통, 서경은 당과의 교류, 남경은 신라와의 교류를 주로 맡았다. 상경을 제외한 4경의 위상과 기능은 신라의 5소경과 비슷했다. 발해는 이 같은 5경 체제를 기축으로 넓은 영토를 15부 62주의 행정 구역으로 나눠 관리했다.

만주와 연해주

발해는 한반도의 북부와 중국의 동북 3성, 러시아의 연해주(프리모르스키 변경주)에 걸쳐 한국사상 가장 넓은 영토를 차지한 왕조였다. 그래서 발해는 남북한뿐 아니라 중국과 러시아에서도 연고권을 주장하는 국제적 왕조이다. 본래 동북 3성과 연해주는 합쳐서 만주라고 불렸다. 겨울에도 얼지 않는 항구를 찾아 남진 정책을 펴 온 러시아가 1860년(철종 11) 베이징조약으로 이곳을 차지하면서 연해주는 만주에서 분리되었다. 연해주 남쪽 싱카이호에서 발원해 헤이룽강으로 흘러 들어가는 우수리강이 두 지역의 경계를 이룬다. 오늘날 중국 동북 3성과 연해주를 합친 면적은 한반도의 4배를 훨씬 상회하는 95만여 제곱미터에 이른다. 그 지역의 상당 부분과 한반도 북부를 통치한 발해가 얼마나 큰 나라였는지 짐작할 수 있다.

상경 – 해동성국의 왕도

발해의 왕도 상경은 당의 장안을 모델로 한 계획 도시였다. 신라의 경주와 일본의 헤이조쿄(平城宮)도 마찬가지였다. 장안은 정사각형에 가까운 도성 구조 아래 황제가 거주하는 궁궐이 북쪽에서 남쪽을 굽어보는 형태를 하고 있었다. 유서 깊은 도시 경주는 궁궐인 월성을 남쪽에 둔 채 장안 구조를 도입하는 리모델링 방식을 채택했다. 반면 상경은 처음부터 새로 지은 신도시였으므로 규모만 조금 작을 뿐 장안을 거의 그대로 재현하다시피 했다.

따라서 상경은 장안처럼 궁궐(궁성)과 이를 둘러싸고 있는 내성(황성), 왕도와 바깥의 경계를 이루는 외성으로 이루어져 있었다. 외성의 평면은 동서로 긴 직사각형이면서 북쪽 벽은 밖으로 튀어나와 凸 모양을 이루었다. 남북의 길이는 3.5킬로미터, 동서는 4.5~5킬로미터로 전체 길이는 16킬로미터가 넘었다. 오늘날 서울에 남아 있는 조선 왕조의 도성과 비슷한 규모라고 하겠다.

외성의 성벽은 안팎 양쪽으로 돌을 쌓아 올리고 안쪽에 흙을 채워 넣었다. 돌이 무너져도 흙이 성을 지지하니 적의 공세에 버티기 좋은 구조였다. 높이는 6미터 정도로 추정되고 성벽 밖에는 해자를 둘렀다. 성벽의 모서리에는 성벽 전체를 조망하고 성에 다가오는 적을 먼 거리까지 감시할 수 있는 각루를 세운 흔적이 남아 있다.

내성의 남문과 외성의 남문 사이에는 왕도의 중심 도로가 뻗어 있었고, 그 주위에는 관청과 시장을 배치했다. 중심 도로는 길이 2195미터, 너비 110여 미터에 이르러 마차 12대가 나란히 지나갈 수 있는 규모였다.

발해가 해동성국이라는 말을 듣던 선왕 때의 상경은 풍요롭고 활기 넘치는 왕도였다. 상경 남문 밖에 펼쳐진 시장은 없는 게 없을 만큼 다양한 물품을 자랑했다. 발해를 찾은 중국 상인 장만재(張萬才) 이야기가 이를 잘 보여 준다. 장만재는 발해에서 한몫 챙길 작정으로 옷, 약, 쇠그릇 따위를 잔뜩 사 들고 상경으로 떠났다. 그는 시장에 물건을 진열해 놓고 열심히 호객을 했으나 사람들은 그의 물건을 거들떠보지도 않았다. 옥주의 면(綿), 위성의 철(鐵) 등 발해의 명품은 중국 물건에 비해 조금도 품질이 떨어지지 않았으므로 장만재의 물품이 별 관심을 끌지 못했던 것이다. 장만재는 돈만 날리고 거지꼴이 되어 중국으로 돌아갔다고 한다.

당시 홀한하라고 불리던 상경 북쪽의 무단강에는 나들이 인파가 북적이고, 발해의 국립 대학인 국자감 학생들은 학업에 열중하는 틈틈이 구장에서 격구를 즐겼다. 발해 사람들이 얼마나 격구를 사랑했는지 잘 보여 주는 일화가 있다. 발해 말기에 거란에서 망명한 야율할저라는 사람이 있었다. 그는 사람들이 격구에 정신이 팔려 있는 틈을 타 우수하다고 소문난 발해 말을 훔쳐 달아났다고 한다.

822년(선왕 5) 상경을 방문한 일본인은 「봄날 격구 경기를 보다」라는 시를 지어 발해인의 격구 시합을 묘사하고 있다.

> "공중에서 휘두르는 곤봉 초승달인 듯싶고
> 땅에서 굴러가는 공 유성과도 같구나.
> 요리조리 치고 막고 하면서 골문을 향해 돌진하니
> 떼를 지어 달리는 말발굽 소리 천지를 진동하네."

상경 유적 발굴 헤이룽장성 닝안의 고성(古城)이 발해의 상경 타라는 사실이 확인된 것은 19세기였다. 이후 상경의 옛 모습을 확인하기 위한 발굴은 1930년대부터 여러 차례에 걸쳐 이루어져 왔다. 발굴에 참여한 러시아 청년의 모습에서 발해의 역사에 대한 국제적 관심을 엿볼 수 있다.

석등 상경성 유적에는 절터가 많은데, 거기에는 큰 석등이 남아 있어 발해 때 융성했던 사찰의 모습을 짐작하게 해 준다. 하얼빈 헤이룽장성박물관 소장.

발해 투구 상경용천부 부근의 고분에서 출토되었다. 정효 공주 무덤의 벽화에서도 그 형태를 찾아볼 수 있다. 하얼빈 헤이룽장 성박물관 소장.

발해 기와 꽃잎이 원을 둘러싼 형태는 고구려 양식을 이어받은 것으로 추정된다. 하얼빈 헤이룽장성 박물관 소장.

상경의 외성에는 모두 11개의 성문이 설치되고, 성안에는 이들 성문과 연결된 11개의 도로가 있었다. 외성의 성벽 안을 감아 도는 도로를 제외한 10개의 도로는 종횡으로 뻗어 있었다. 그중에서 폭이 가장 넓은 중심 도로는 장안의 주작대로와 닮았다. 장안의 외성이 그렇듯이 이들 도로는 도시 전체를 바둑판 모양으로 구획해 놓았다. 바둑판의 한 칸에 해당하는 방(坊)은 81개 이상으로 추정되고, 4개의 방이 한 단위로 전(田) 자 모양을 이루고 있었다.

이 같은 방에는 귀족과 상인의 주택도 있고 시장과 사찰도 있었다. 발해의 불교문화를 알려 주는 절터는 성 안팎에서 10여 기가 발견되었다. 그중 남대묘(南大廟)라 불리는 절터에는 발해 때 주조된 석등과 석불이 남아 있었다. 또 상경 안에 있는 토대자촌, 백묘자촌 등에서는 4개의 사리함이 출토되기도 했다.

중심 도로를 지나 내성 안으로 들어가 보자. 외국 사신이 방문하면 내성 안의 관청 가운데 하나인 태상시(太常寺)에서 공연을 준비하곤 했다. 태상시는 조선 시대의 예조처럼 예의와 제사를 관장하는 관청이었다. 고구려 음악을 계승한 발해악은 일본에 전래되어 궁중 음악의 일부가 되

었을 정도로 정평이 나 있었다. 태상시 소속 악사들이 공후, 발해금, 박판 등의 악기를 들고 화려한 선율의 음악을 연주하면 노래패가 힘찬 노래를 부르고 남녀 무용수들이 '답추(踏鎚)'라 불리는 역동적인 군무를 선보이곤 했다. 여기에 발해의 넓은 영토에서 들어오는 산해진미가 곁들여지면 외국 사신들의 여독과 향수는 홀연히 날아가 버리지 않았을까?

내성 북쪽으로 난 도로를 건너 궁성 안으로 들어가 보자. 직사각형인 궁성의 남벽 한가운데 남문인 오봉루가 자리 잡고 있었다. 그 안으로 들어서면 오봉루와 북문을 잇는 직선의 축 위에 다섯 동의 궁전이 도열해 있고, 이들 궁전은 모두 회랑으로 연결되어 있었다. 그 가운데 왕의 공간으로 추정되는 제1궁전과 제2궁전이 오늘날 가장 웅장한 터를 남기고 있다. 왕과 측근들의 휴식 공간으로 보이는 제4궁전 터에서는 온돌이 발견되기도 했다.

궁전들 양쪽에는 각종 침전과 관청이 자리 잡았다. 궁궐의 동쪽에서는 어화원(御花園)이라는 화려한 정원 터가 발견되었다. 화려한 공연과 함께 만찬을 즐긴 외국 사신은 그곳에서 왕을 하례하며 휴식을 즐겼을 것이다.

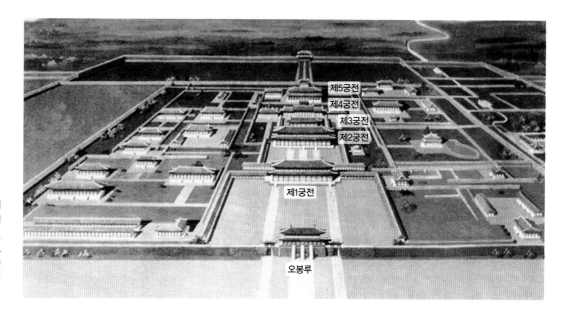

상경의 궁궐 동벽 900미터, 남벽 1050미터, 서벽 940미터, 북벽 1096미터. 전체 둘레는 3986미터로 측정되었다. 동쪽 전각들 너머로 어화원이 조성되어 있었다.

제5궁전
제4궁전
제3궁전
제2궁전
제1궁전
오봉루

2 후삼국의 왕도

9세기 말 신라가 기울어 가자 고구려와 백제의 부활을 노리는 세력들이 등장했다. 궁예와 견훤이 대표 주자였다. 그들은 옛 왕도인 평양이나 부여가 아니라 더 남쪽의 철원과 전주를 새로운 왕도로 삼아 옛 왕조의 부활을 꾀했다. 경주와 더불어 통일 왕도를 놓고 경쟁하던 신생 왕도들의 세계로 안내한다.

전주 – 후백제의 왕도

경상북도 상주의 견훤산성은 상주 출신으로 신라 장군에 오른 견훤이 쌓았다고 전한다. 견훤은 그 성을 근거지로 세력을 확장해 나갔다. 892년(진성여왕 6)에는 마침내 전주를 차지하고 신라에 반기를 들었다. 8년 후 그는 의자왕의 원한을 풀겠다는 명분을 내세워 후백제를 건국한다(『삼국사기』).

견훤이 전주를 왕도로 택한 것은 바다를 중시했기 때문이다. 전주와 인접한 서해안 지역은 남북을 연결하는 항로의 중계지 역할을 했다. 중국 남조 문화가 유입되는 창구이기도 했다. 만경강을 통해 서해와 연결되는 전주는 수륙 교통의 십자로였다.

견훤의 궁궐이 어디에 있었는지에 대해서는 설이 분분하다. 최남선은 1926년에 펴낸 국토 순례기 『심춘순례』에서 물왕멀(완산구 노송동)의 철로 밑에 일자로 남아 있는 것이 후백제 성터라고 기록했다. 물왕멀의 '물'은 무리의 옛말로, 왕이 무리(백성)에게 추대된 곳이라는 뜻이다. 견훤은 물왕멀의 구릉 지대를 중심으로 궁궐을 짓고 성을 쌓아 왕도를 방어했다고 한다. 1942년에 나온 『전주부사(全州府史)』도 물왕멀을 유력한 궁궐 후보지로 보았다. 당시 한 조사관은 후백제 궁궐의 건축 초석으로 사용된 것으로 보이는 석재와 다량의 대형 댓돌을 발견했다고 한다. 2015년에는 물왕멀 인근 중노송동 인봉리에서 성벽 유구가 발견되어 그 일대가 일약 궁궐의 후보지로 떠올랐다.

물왕멀 남동쪽에 자리 잡은 동고산성도 견훤의 궁궐 후보지로 유력하게 거론되곤 했다. 1980년 그곳에서 전주성이라는 글씨가 찍힌 연꽃무늬 기와 조각이 발견되었다. 1990년 발굴 때 드러난 건물 터는 1만 제곱미터(3000여 평)가 넘었다. 대단위 건축이 이루어졌을 가능성이 크다. 그 밖에 조선 시대 전라 감영이 있던 중앙동 일대도 궁궐 후보지의 하나로 꼽혀 왔다.

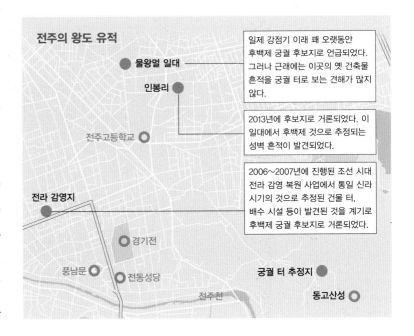

전주의 왕도 유적

- 물왕멀 일대 — 일제 강점기 이래 꽤 오랫동안 후백제 궁궐 후보지로 언급되었다. 그러나 근래에는 이곳의 옛 건축물 흔적을 궁궐 터로 보는 견해가 많지 않다.
- 인봉리 — 2013년에 후보지로 거론되었다. 이 일대에서 후백제 것으로 추정되는 성벽 흔적이 발견되었다.
- 전주고등학교
- 전라 감영지 — 2006~2007년에 진행된 조선 시대 전라 감영 복원 사업에서 통일 신라 시기의 것으로 추정된 건물 터, 배수 시설 등이 발견된 것을 계기로 후백제 궁궐 후보지로 거론되었다.
- 경기전
- 풍남문
- 전동성당
- 전주천
- 궁궐 터 추정지
- 동고산성

견훤은 후고구려를 세운 궁예와 후삼국의 패권을 놓고 겨루었다. 궁예 밑에는 왕건이라는 뛰어난 장수가 있었다. 그는 송도(개성)의 호족 출신으로 서해안의 호족들과 폭넓은 관계를 맺고 있었다. 그가 918년 궁예를 폐하고 고려를 건국하면서 견훤은 훨씬 더 버거운 상대와 맞닥뜨리게 되었다.

견훤과 왕건이 격돌한 전선은 상주와 안동을 잇는 경상북도 서북부에서 형성되었다. 927년 대구에서 벌어진 공산전투는 왕건이 가까스로 목숨을 건져 도망칠 만큼 후백제의 완승으로 끝났다. 그 전투에서 왕건과 옷을 바꿔 입고 희생한 신숭겸을 비롯해 여덟 장수가 목숨을 바쳤다고 해서 훗날 공산은 팔공산으로 이름이 바뀌었다.

3년 후 고창(안동)에서 벌어진 전투에서는 고려군이 후백제군 8000여 명을 죽이는 대승을 거

안동태사묘 고창전투에서 고려의 승리를 이끈 김선 평, 권행, 장정필 세 태사의 위패를 모신 곳. 경상북도 기념물. 경상북도 안동시 태사길 13, 24–1.

두었다. 안동에 전해 내려오는 차전놀이는 고창 전투를 재현한 것으로 유명하다.

935년 고려가 압박해 들어오는 위급한 상황에서 후백제는 왕위 계승을 둘러싼 내분에 휩싸였다. 견훤이 넷째 아들인 금강에게 왕위를 물려주려 하자 장남인 신검이 쿠데타를 일으켰다. 그는 견훤을 전라북도 김제의 금산사에 유폐하고 왕위에 올랐다. 격분한 견훤은 금산사를 탈출해 왕건에게 몸을 맡겼다. 대세가 고려로 기울자 신라의 경순왕도 천년 사직을 왕건에게 바쳤다.

이듬해 왕건은 견훤의 요청에 따라 9만 명에 가까운 대군을 동원해 신검을 공격했다. 고려군은 일선군(경상북도 선산)의 일리천이란 곳에서 이미 내분으로 사기가 떨어진 후백제군을 궤멸시켰다. 신검은 그 옛날 계백 결사대의 원혼이 서려 있는 황산(충청남도 논산시 연산)에서 최후의 저항을 벌였다. 계백의 패전 직후 백제가 무너졌던 것처럼 신검이 황산에서 패하고 아우들과 함께 항복하면서 후백제도 종말을 고했다.

신검의 배신 이후 극심한 정신적, 육체적 고통에 시달리던 견훤은 논산에서 세상을 떠났다. 그의 무덤으로 전해지는 논산의 견훤왕릉은 그의 한을 말해 주듯 오늘도 말없이 멀리 전주를 내려다보고 있다.

철원 – 후고구려의 왕도

견훤이 세운 나라는 백제였고 궁예가 세운 나라는 고구려였다. 후세의 사가들이 이전의 왕조와 구별하기 위해 후백제와 후고구려로 불렀을 뿐이다. 왕건이 세운 고려도 사실 고구려와 똑같은 이름이다. 고구려를 고려라고도 했기 때문이다. 후고구려의 왕도는 강원도 철원으로 알려져 있으나 본래는 개성이었다. 송악(개성)에서 후고구려를 세운 궁예가 철원으로 천도했을 때는 국호가 마진으로 바뀐 뒤였다. 그 후 왕건이 고려를 세우면서 다시 개성으로 왕도를 옮겼다.

궁예의 어린 시절에 관해서는 신라의 왕족으로 태어나 우여곡절 끝에 지금의 강원도 영월에 있던 세달사의 중이 되었다는 말이 전한다. 세달사는 『삼국유사』에 나오는 '조신의 꿈' 이야기로 유명한 곳이다. 세달사에서 조신은 사모하던 여인과 맺어져 가정을 꾸리지만 가난에 허덕이다 헤어지는 꿈을 꾼다. 꿈에서 깬 뒤 깨달음을 얻은 조신은 정토사를 짓고 구도의 삶을 살았다. 세달사를 나온 궁예가 살게 될 삶은 마치 그러한 조신의 꿈을 연상케 하는 것이었다.

궁예는 891년 경기도 안성으로 가서 기훤이라는 반란군 두목의 부하가 되었다. 그는 곧 오만한 기훤을 떠나 원주에서 반란을 일으킨 양길의 밑으로 들어가게 된다. 양길의 명에 따라 강원도 원주 동쪽으로 진출한 궁예는 널리 이름을 떨치게 되었다. 궁예가 명주(강원도 강릉)에 주둔하자 인근 호족들이 와서 그를 추종할 정도였다. 궁예는 여세를 몰아 서쪽으로도 세력을 넓혀 나갔다. 개성의 호족이던 왕건이 궁예의 밑으로 들어간 것도 그 무렵인 896년의 일이었다.

궁예의 세력에 위협을 느낀 양길은 899년 군사를 이끌고 궁예를 정벌하러 나섰다. 그 정보를 접한 궁예는 선제공격을 가했다. 전투는 궁예가 기훤을 떠났던 안성에서 벌어졌다. 궁예는 지금의 죽주산성으로 추정되는 비뇌성에서 승리를 거두고 양길의 군사를 자기편으로 흡수했다. 패주한 양길의 이후 행적은 알려지지 않았다. 이제 강원도, 경기도, 황해도를 아우르는 신라의 북쪽 지역은 온전히 궁예의 천하였다.

궁예가 개성에서 후고구려를 건국한 것은 901년이었다. 그러나 후고구려라는 국호는 오래가지 않고 3년 만에 마진으로 바뀌었다. 905년에 왕도를 철원으로 옮기고 911년에는 국호를 다시 태봉으로 바꿨다. 따라서 엄밀히 말하면 철원은 후고구려의 왕도라기보다는 마진과 태봉의 왕도였던 셈이다.

철원 왕도는 오늘날 비무장 지대의 풍천원 들에 터만 남아 있다. 평지에 흙으로 쌓은 성곽은 외성과 내성의 이중 구조를 갖추었던 것으로 보인다. 외성의 남측 성벽은 비무장 지대 남방 한계선에, 북측 성벽은 북방 한계선에 접해 있다. 내

궁예 벽화 신라의 고승 자장이 창건한 경기도 안성 칠장사 명부전 외벽에 그려져 있다. 궁예가 이곳에서 활쏘기 연습을 했다는 전설이 내려온다.

궁예 미륵 궁예가 비뇌성 전투를 기념하기 위해 경기도 안성시 삼죽면 기솔리 쌍미륵사에 조성했다고 전하는 석불 입상. 오른쪽이 남미륵, 왼쪽이 여미륵이다. 경기도 포천시 구읍리 석불 입상과 더불어 '궁예 미륵'으로 불린다.

철원 궁예 도성지 성벽의 단면 도성의 규모는 외곽성 12.5킬로미터, 내곽성 7.7킬로미터에 이르렀다고 한다. 일제 강점기에 촬영된 사진.

궁예산성 왕건에게 쫓겨난 궁예가 최후의 일전을 벌였다는 이야기가 전한다. 경기도 포천 지장산.

철원의 왕도 유적
비무장 지대
군사 분계선
궁예 도성 터
월정리역(옛날기차역)
백마고지 전적지
한탄강
금학산
보개산(지장산)
명성산성

한탄강 강원도 평강군에서 발원해 경기도 연천에 이르러 임진강으로 흘러든다. 사진은 임꺽정 전설이 어려 있는 한탄강 변의 고석정. 강원도 철원군 동송읍 태봉로 1825.

성과 외성 모두 하단부에는 지역 암반인 현무암을 깔고 그 위에 흙을 주재료로 삼아 성벽을 쌓았다. 사대문으로 이루어졌을 것으로 보이는 성문은 현재 남대문 터만 확인된다. 대부분 허물어지고 일부 성벽만 남은 성터에는 궁예가 목을 적셨다는 우물 어수정의 흔적만 외로이 남아 있다.

궁예는 철원 왕도에 궁궐과 온갖 전각을 호화롭게 짓고 사치를 부렸다. 그는 시간이 갈수록 자신이 살아 있는 미륵불이라는 환각에 빠져들었다. 자신에게는 사람들의 마음속을 꿰뚫어 보는 관심법이 있다면서 주변 사람을 의심하고 추궁했다. 잘못을 간하는 신하, 궁예를 걱정하는 부인이 역심을 품었다는 모함을 받고 처형당했다.

궁예가 일국의 왕이 되는 데 가장 큰 공을 세운 왕건조차 관심법에 걸려 추궁을 당했다. 그는 궁예를 치켜세우고 용서를 비는 기지를 발휘해 겨우 목숨을 구했다. 그리고 얼마 안 있어 신하들의 뜻을 모아 궁예를 몰아내고 스스로 왕위에 올랐다. 국호는 고구려를 뜻하는 고려로 사실상 환원되고, 개성이 다시 왕도가 되었다.

조선 시대 학자 성현은 14년간의 짧은 왕도였

던 철원을 돌아보고 이렇게 읊었다. "지금도 경성의 옛터와 궁궐의 층계가 남아 있어 봄이면 화초가 만발하구나."(『용재총화』) 또 송강 정철은 이렇게 노래했다. "궁왕 대궐터에 오작이 지저귀니 천고흥망을 아는지 모르는지."(「관동별곡」)

철원에는 기암괴석의 절경을 자랑하는 한탄강이 철원평야를 휘감아 돌며 흐른다. 민간전승에 따르면 왕건에게 쫓기던 궁예가 이곳에 이르러 자신의 운명이 다했음을 한탄해서 '한탄강'이라는 이름이 생겼다. 급전직하한 궁예의 운명과 왕도에 가까운 지리적 조건이 결합해 생겨난 이야기일 것이다. 실제로는 큰 여울이 있는 강이라는 뜻으로, 김정호의 『대동지지』에는 '대탄강(大灘江)'이라는 이름으로 등장한다.

'고려의 황도' 개성

개경(개성)은 몽골의 침략을 받아 강화도로 천도한 시기를 제외한 436년 8개월 동안 고려의 왕도였다. 개성의 성곽은 한국의 역대 왕도 중 최대 규모로 25개의 문루가 설치되어 있었다. 제4대 광종(재위 949~975) 때는 독자적 연호를 쓰는 황제국의 수도라는 의미에서 '황도'로 불리기도 했다. 궁성·황성·내성·나성 등은 기본적으로는 성벽을 가리키는 말이지만, 아래 지도에서는 해당 성벽이 둘러싸고 있는 영역을 가리키는 용어로도 사용했다. 따라서 궁궐을 둘러싼 성벽을 뜻하는 궁성도 여기서는 왕이 거주하는 영역인 궁궐과 같은 의미로 쓰였다는 점을 밝혀 둔다.

왕건릉(현릉) 4명의 무인 석상 가운데 3명은 오랫동안 왕건을 위해 싸운 유금필, 신숭겸, 배현경이고 1명은 망국 후 고려에 투항한 발해 태자 대광현이다. 개성시 개풍군 해선리. 북한 국보 문화유물 제179호.

공민왕릉 제31대 공민왕과 그의 왕비 노국대장공주를 합장한 무덤. 두 무덤이 나란히 있는 쌍무덤으로 동쪽이 노국대장공주 무덤(정릉), 서쪽이 공민왕 무덤(현릉)이다. 개성시 개풍군 해선리. 북한 국보 문화유물 제123호.

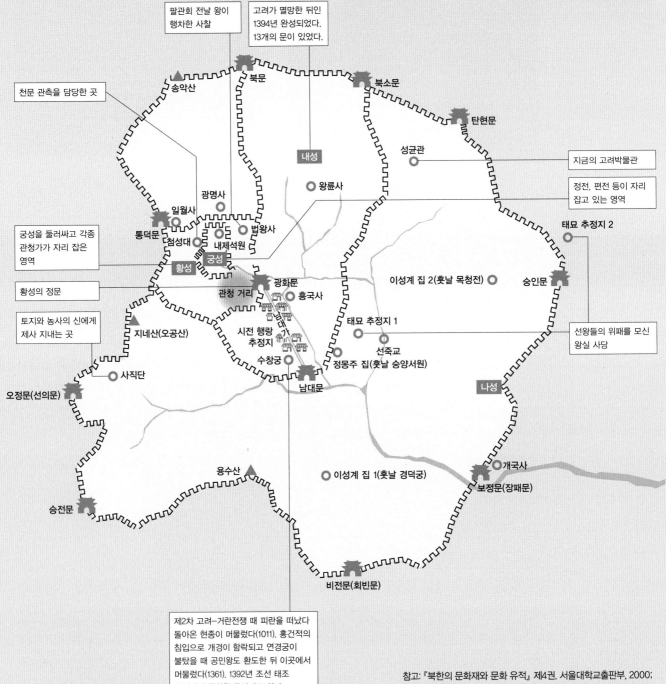

팔관회 전날 왕이 행차한 사찰

고려가 멸망한 뒤인 1394년 완성되었다. 13개의 문이 있었다.

천문 관측을 담당한 곳

송악산

북문

북소문

탄현문

성균관

지금의 고려박물관

내성

정전, 편전 등이 자리 잡고 있는 영역

광명사

왕륜사

태묘 추정지 2

궁성을 둘러싸고 각종 관청가가 자리 잡은 영역

일월사

통덕문

첨성대

내제석원

법왕사

이성계 집 2(훗날 목청전)

숭인문

황성

궁성

황성의 정문

광화문

관청 거리

흥국사

태묘 추정지 1

선왕들의 위패를 모신 왕실 사당

토지와 농사의 신에게 제사 지내는 곳

지네산(오공산)

남대문

시전 행랑 추정지

선죽교

수창궁

정몽주 집(훗날 숭양서원)

사직단

나성

오정문(선의문)

용수산

이성계 집 1(훗날 경덕궁)

개국사

보정문(장패문)

숭전문

비전문(회빈문)

제2차 고려-거란전쟁 때 피란을 떠났다 돌아온 현종이 머물렀다(1011). 홍건적의 침입으로 개경이 함락되고 연경궁이 불탔을 때 공민왕도 환도한 뒤 이곳에서 머물렀다(1361). 1392년 조선 태조 이성계가 즉위한 곳이기도 하다.

참고: 『북한의 문화재와 문화 유적』 제4권. 서울대학교출판부, 2000; 장지연, 「개경과 한양의 도성 구성 비교」, 『서울학연구』 제15호, 2000.

배수 시설 개경에는 배천, 앵계 등 여러 하천이 있었다. 개경의 배수로는 이러한 하천들로 하수가 흘러나가도록 설계되었다.

3 고려의 왕도

개성이 역사상 최초로 왕도 지위를 획득한 것은 901년 궁예가 후고구려를 건국하면서였다. 그보다 5년 앞선 896년, 궁예는 자신의 휘하에 들어온 왕건에게 명해 송악(개성)에 발어참성을 쌓으라고 명령한 바 있었다. 왕도 개성의 건설은 그때 시작된 셈이다.

후고구려의 왕도로 출발한 개성은 10년 만에 철원에 그 지위를 내주었다. 그랬던 개성이 왕도의 지위를 되찾은 것은 왕건이 궁예를 몰아내고 고려를 건국한 918년이었다. 그는 발어참성의 중간쯤을 가로막아 비교적 평탄한 지역인 하반부를 왕도로 삼고 오늘날 '만월대'로 불리는 궁궐과 성곽을 조성했다.

성장형 왕도 개성

고려의 제4대 광종은 두 차례에 걸쳐 중국의 황제처럼 독자적인 연호를 썼다. 중국이 오대십국의 분열을 겪고 있던 재위 초년에는 '광덕'이란 연호를 썼다. 송(宋)이 일어나면서 아직 중국이 혼란스럽던 960년에는 새 연호로 '준풍'을 사용했다. 준풍 때는 개성을 '황도'라 불러 황제 국가의 면모를 과시했다. 송이 오대십국의 분열을 끝내고 중국의 통일 왕조로 자리 잡자 광종은 송의 연호를 쓰고 송에 사대의 예를 갖추었다. 이로써 개성이 명실상부한 황도였던 시기는 막을 내렸지만, 황도라는 이름에 담겼던 자부심의 흔적은 지금도 남아 있다.

개성은 궁성, 황성, 나성의 삼중 구조로 이루어져 있었다. 발해의 상경에서 황성은 곧 내성이었다. 그러나 1123년(인종 1) 송의 사신으로 고려에 온 서긍

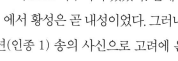

태조 왕건의 청동 조각상 황제 복식을 착용한 나체상 양식이다. 951년(광종 2)경에 제작된 후 고려 왕실 최고의 신성한 상징물로 경배되었다. 고려 멸망 후 1429년(세종 11)에 현릉(태조 왕건의 능) 옆에 매장되었다가 1992년 출토되었다.

은 『고려도경』이라는 책에서 개경의 황성이 내성과 궁성으로 구분된다고 썼다. 그 기록에 따르면 당시의 개성에서 내성은 황성으로부터 궁성을 제외한 영역을 가리켰던 것으로 보인다. 그러나 고려 말 조선 초에 이르면 황성과 완전히 구분되는 별도의 내성이 건설된다. 나성은 너무 넓어 방어하기 어렵다는 이성계의 의견에 따라 왼쪽 지도에 보이는 것처럼 황성 동쪽으로 내성을 쌓았기 때문이다.

개성의 바깥 경계를 형성하는 나성은 하루아침에 건설되지 않았다. 개성은 북쪽의 송악산을 등지고 서쪽의 오공산(지네산), 남쪽의 용수산, 동쪽의 부흥산으로 둘러싸여 있었다. 나성은 그 산들의 능선을 따라 건설되었다. 전체 길이는 23킬로미터에 이르러 한국사의 왕도 가운데 가장 큰 규모를 자랑한다. 이처럼 장대한 나성이 완성된 것은 고려가 건국된 지 100년도 훨씬 더 지난 1029년(현종 20)의 일이었다. 개성은 발해의 상경처럼 완벽한 계획에 따라 일사불란하게 조성된 왕도가 아니라 왕조가 망할 때까지도 개조가 진행되는 성장형 왕도였다.

나성 산책

나성 안에서 가장 눈에 띄는 것은 태묘(종묘)와 사직단의 위치이다. 태묘는 왕실의 사당이고 사직단은 토지와 농사의 신에게 제사를 지내는 제단이다. 왕도 건축의 교본으로 일컬어지는 『주례』「고공기」에 따르면 태묘와 사직단은 궁궐의 좌우에 배치하게 되어 있다.

개성에서도 태묘와 사직단을 궁궐의 좌우에 배치하기는 했다. 그러나 서울의 종묘와 사직단에 비하면 궁궐로부터 꽤 멀리 떨어져 있다. 심지어 태묘가 나성 바깥에 있었다는 설도 있다(앞 지도의 '태묘 추정지 2'). 여기서도 개성이 처음부터 전례에 따라 완전히 계획된 왕도가 아니었음을 알 수 있다. 개성이 오랜 세월 거친 시행착오를 보완한 새로운 왕도가 바로 서울이었다.

동북쪽 북소문 아래에는 성균관이 자리 잡고 있었다. 서울의 성균관과 마찬가지로 공자, 맹자 등 유교의 성현을 제사 지내고 장차 왕조를 이끌고 갈 인재를 유교적 이념에 따라 교육하는 곳이었다. 고려가 멸망한 뒤 조선 왕조가 서울에 새로 성균관을 건립하자 개성의 성균관은 지방 향교의 역할을 담당하게 되었다. 임진왜란 때 불타 허물어진 것을 선조(재위 1567~1608)가 다시 지어 오늘에 이른다.

개성에는 이성계가 살던 집터가 두 군데 있고 정몽주가 살던 집도 있다. 정몽주의 집 바로 서쪽에는 그의 선혈이 어린 선죽교가 얕은 개울 위를 가로지르고 있다. 1392년(공양왕 4) 정몽주는 이성계를 문병하고 나와 선죽교를 건너고 있었다. 이성계는 고려 대신 새 왕조를 세우려는 혁명 세력의 중심이고, 정몽주는 이를 막으려는 고려의 충신이었다.

이성계의 집에서 정몽주를 맞이한 이성계의 아들 이방원은 혁명에 함께하자는 「하여가」를 불렀다. 정몽주는 그 대답으로 끝까지 고려를 지키겠다는 「단심가」를 불렀다. 그러자 이방원의 지시를 받은 조영규는 선죽교에서 철퇴를 휘둘러 정몽주를 살해했다.

내성과 황성 산책

정몽주의 집과 가까운 남대문은 내성의 정문이다. 남대문부터 황성의 정문인 광화문(廣化門)까지는 개성의 중심 대로인 남대가가 뻗어 있었다. 남대가 주변에는 관청가, 시장, 사찰이 즐비했다.

광화문을 통해 황성 안으로 들어가 보자. 양쪽으로 첨성대와 법왕사가 눈에 띈다. 『고려사』에 따르면 고려는 별도의 천문지를 두어 천문을 관측하고 기록했는데, 첨성대가 그곳으로 여겨진다. 경주에 고색창연한 모습으로 남아 있는 첨성대와 달리 개성의 첨성대는 천문 관측 기구를 올려놓았던 축대만이 덩그렇게 남아 있다. 축대는 구조가 견고하고 다듬는 기술이 치밀해서 오랜 세월을 견디며 현대까지 전해질 수 있었다. 비록 천문 관측 기구는 사라졌지만, 축대만으로도 고려 시대의 뛰어난 석조 기술을 엿볼 수 있다.

첨성대 동쪽의 법왕사는 919년(태조 2) 개성에 십찰(열 곳의 큰 절)을 세울 때 으뜸으로 여긴 대사찰로, 경주의 황룡사와 비교된다. 비로자나 삼존불을 주존으로 봉안하고 있었다. 법왕사는 특히 팔관회 때 왕이 행차한 곳으로 유명했다. 팔관회는 연등회와 함께 고려의 가장 큰 축제이자 제례였다. 연등회가 순수한 불교 행사라면 팔관회는 불교와 토속 신앙이 어우러진 국가적 의례였다. 온 백성이 궁궐, 관청, 사찰 등에 모여 술과 음식을 즐기면서 국가의 안녕을 빌었다.

팔관회의 시작은 신라의 진흥왕 때로 알려졌다. 후고구려 시절 개성에서 열린 팔관회는 고구려의 축제인 동맹의 성격도 갖고 있었다. 고구려 유민을 포섭하고 국가의 결속을 도모하기 위해서였다.

고려 시대 들어 팔관회는 더욱 세련되고 장엄한 국가적 축제의 장으로 발전했다. 개경의 팔관회는 대회 전날인 소회일(小會日)과 대회일(大會日)로 나뉘어 진행되었다. 소회일에 왕이 법왕사에 행차해 부처님의 가호를 비는 것으로 모든 행사가 시작되었다. 왕은 궁궐에서 하례를 받고 각종 선물을 받았다. 대회일에는 외국 사신의 조하(朝賀)를 받기도 했다. 그리고 온 나라가 떠들썩하게 가무백희를 즐겼다.

채붕

궁궐 산책

개성의 궁궐(궁성)은 흔히 만월대(滿月臺)라는 낭만적인 이름으로 불린다. 만월대는 본래 궁궐 안에 있던 누대(樓臺) 중 하나였으나 나중에는 궁궐 전체를 가리키게 되었다.

『고려도경』에 따르면 궁궐에는 전문(殿門)이라고 하는 15개의 문루가 있었다. 그중 정문은 남문인 승평문으로, 좌우에 높은 대를 갖추고 세 개의 출입문을 갖추었다. 승평문으로 들어서면 양쪽으로 동락정이라는 정자가 있고, 그 뒤로 넓은 구정(毬庭)이 펼쳐져 있었다. 구정은 궁궐 사람들이 격구를 즐기는 운동장이었다.

구정을 지나면 작은 담장을 통해 승평문과 이어져 있는 신봉문이 나온다. 기단이 정면 32미터, 측면 18.5미터에 이르러 승평문을 능가하는 규모를 자랑하는 문루였다. 신봉문을 지나면 점점 더 높아지는 지대를 따라 세 번째 문루인 창합문에 이르렀다.

창합문을 통과해야 비로소 만월대의 정전인 회경전(會慶殿)을 만날 수 있다. 물론 회경전에도 자체의 문루가 있고, 그 앞에는 33단에 이르는 계단이 있었다. 그 계단을 올라야 정문을 지나 회랑으로 둘러싼 회경전 영역으로 들어갈 수 있었다. 회경전이『고려사』에 처음 등장하는 것은 1029년(현종 20) 4월의 기사이다. 서긍은 회경전이 고려에서 가장 웅장한 전각이라는 말을『고려도경』에 남겼다.

회경전 서쪽에는 축대를 쌓아 조성한 건물 터가 회경전 회랑과 맞닿아 있다. 서긍에 따르면 그 건물은 수만 권의 장서를 갖춘 임천각(臨川閣)이었다. 다른 기록에는 서고를 갖춘 연영서전(延英書殿)이라는 전각이 나오는데, 학자들은 그곳을 임천각과 같은 건물로 보고 있다. 경복궁 근정전 서쪽의 집현전과 회경전 서쪽의 임천각이 비슷한 성격을 가졌다는 사실이 흥미롭다.

회경전 뒤로는 장화전(長和殿)과 원덕전(元德殿)이 이어진다. 경복궁에서 근정전 뒤로 사정전, 강녕전이 이어지는 것과 비슷한 구조로 보인다. 편전이었던 사정전과 비슷하게 장화전도 평소 왕이 측근과 국사를 논의하던 곳이라고 한다. 장화전은『고려도경』에만 나오는 이름이고, 원덕전은 다른 기록에 문덕전이라는 이름으로 등장한다. 원덕전 뒤로는 산호정, 상화정 등의 정자와 각종 조경 시설로 꾸민 금원(禁苑)이 펼쳐져 있었다.

회경전에서 원덕전에 이르는 기축 공간을 중심으로 동쪽과 서쪽에도 아직 온전히 발굴되지

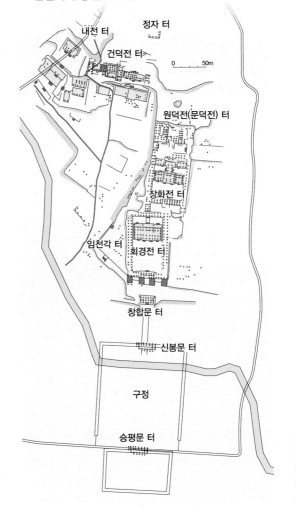

은제도금화형탁잔 서긍이 『고려도경』에서 언급한 고려 탁잔의 형태와 기법이 거의 일치한다. 보물. 국립중앙박물관.

만월대의 중심 건축군

내전 터
정자 터
건덕전 터
0   50m
원덕전(문덕전) 터
장화전 터
임천각 터
회경전 터
창합문 터
신봉문 터
구정
승평문 터

참고:『조선유적유물도감』 제10권, 1991; 남창근,「고려 본궐 만월대 주요전각 위치와 배치체계」,『중앙고고연구』제32호, 2019.

않은 전각들이 들어서 있었다. 동쪽에는 다음 세대의 왕인 세자가 거처하는 세자궁과 큰 연못인 동지(東池), 서쪽에는 제2의 정전으로 불리는 건덕전(乾德殿) 등이 있었다고 한다.

지금도 만월대의 수많은 전각이 땅속에 묻힌 채 발굴을 기다리고 있거니와 만월대처럼 파괴와 재건을 반복한 궁궐도 드물다. 회경전 이전에 고려의 정전은 천덕전(天德殿)이었다. 천덕전을 중심으로 한 초기 궁궐이 불타 버린 것은 제2차 고려-거란전쟁 때인 1011년(현종 2) 1월이었다. 전쟁이 끝난 뒤 궁궐을 복원하면서 전각 이름도 바뀌어 회경전이 역사에 등장하게 된다. 서긍이 목격한 웅장한 고려 궁궐의 모습은 바로 그때 조성된 것이었다.

그러나 회경전의 영광도 100여 년을 넘기지 못했다. 1126년(인종 4)에 일어난 이자겸의 난으로 궁궐이 다시 불타 버렸기 때문이다. 이후 복원된 궁궐에서 회경전은 선경전(宣慶殿)이라는 이름으로 바뀌어 있었다. 그나마 얼마 가지 않아 무신 정변이 일어나면서 1171년(명종 1) 불타 없어지고 말았다.

개성 궁궐의 네 번째 수난은 1231년(고종 18)

에 시작된 고려-몽골전쟁이었다. 이듬해 무신 정권은 아예 왕도를 강화로 옮겼다. 40년 만에 환도가 이루어졌지만, 다시 100년도 못 가 홍건적의 침입으로 개성이 함락되고 궁궐의 주요 전각이 불타 없어졌다(1361).

그날 이후 고려의 국운은 완연히 기울었다. 서소문 안에 있던 수창궁(壽昌宮)은 개혁 군주 공민왕에 의해 중수되기 시작해 1384년(우왕 10) 완공되었다. 그러나 공민왕의 개혁이 완수되지 못하면서 수창궁은 망국의 터전이 되고 말았다. 고려를 멸망시키고 조선을 건국한 이성계가 즉위한 곳은 바로 그 수창궁이었다.

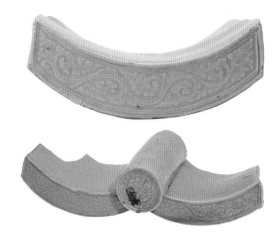

청자 막새기와 궁궐의 기와 중에서 가장 화려한 것은 청자로 만든 기와였다. 『고려사』에는 1157년(의종 11) 양이정(수덕궁의 정자)을 짓고 청자로 기와를 얹었다는 기록이 있다. 위는 암막새. 아래는 수막새와 암막새가 결합한 모습.

황성 옛터 "성은 허물어져 빈터인데 방초만 푸르러." 일제 강점기에 나라 잃은 민초의 마음을 달래 주던 노래 「황성옛터」의 한 구절이다. 여기서 '황성(荒城)'은 황무지가 된 고려의 궁궐 터 만월대를 가리킨다. 개성직할시 송악산 남쪽 기슭에 펼쳐진 만월대의 시대는 1392년 고려가 무너지면서 막을 내리고, 서울이 조선의 왕도로 낙점되어 한반도의 중심으로 떠오르게 된다. 2014년 유수 촬영, 남북역사학자협의회 제공.

태화전 명과 청의 왕도였던 북경성의 궁궐인 자금성의 정전. 높고 큰 것을 특징으로 하는 경(京)의 중심 건물다운 모습을 보여 준다.

京의 변천 과정

경(京)의 유래

중국 상(商) 대의 갑골문에서 '京(경)'은 누각의 모습을 하고 있다. 높은 누대 위에 높은 건물이 올라서 있는 형상이다. 적의 동태를 감시할 수 있는 전망대처럼 보이기도 한다. 인공으로 쌓은 높고 큰 언덕을 표현한 것이라는 설도 있다. 어느 쪽이든 '높고 크다'는 뜻을 내포한다. 진·한(秦漢)의 금문(金文)에서 보이는 京도 갑골문과 큰 차이가 없고, 다만 건물 부분에 가로획을 넣어 창호를 표시하곤 했다. 해서로 진화하는 과정에서 이 같은 가로획은 점차 사라지고 높은 언덕처럼 보이던 아랫부분도 小 모양으로 정돈되어 갔다고 한다. 경은 나아가 매우 큰 수의 단위로도 쓰였다. 중국에서는 10의 7제곱, 24제곱, 36제곱 등을 나타내곤 했다. 오늘날 한자 문화권에서 경은 10의 16제곱, 즉 조의 1만 배를 의미한다.

이제 우리는 왜 경이 한 나라의 수도를 의미하게 되었는지 알 수 있다. 수도는 나라에서 가장 높고 큰 곳이며 고대에는 대체로 높은 지대에 세워졌기 때문이다. 나아가 경이 수도로서 갖는 결정적인 의미는 나라에서 가장 높고 큰 사람이 거주하는 곳이라는 사실일 것이다. 가장 높고 큰 사람을 가리키는 한자는 '王(왕)'이다. 이 글자는 갑골문에서 도끼를 상형한 모양을 하고 있다. 도끼를 손잡이로부터 분리하면 날과 몸통, 손잡이를 끼우는 구멍으로 구성되어 있다. 王이라는 글자는 바로 도끼의 이 세 부분을 가리켰다는 것이다. 한 대의 옥편『설문해자(說文解字)』는 王을 하늘과 땅과 인간을 하나로 꿴 존재로 풀었다. 그러나 이것은 왕이라는 존재가 이미 절대화되고 신비화된 이후의 해석으로 보인다.

왕을 도끼에 비유한다고 할 때 그 도끼가 의미하는 것은 생사여탈권이다. 도끼를 들고 사람의 목숨을 마음대로 빼앗을 수 있는 절대 권력자가 곧 왕이라는 뜻이다. 조선 시대에 왕이 입는 구장복에는 도끼 문양이 들어 있었다. 동아시아에서 왕의 명령을 받고 전장에 나가는 장수는 도끼의 반쪽을 하사받고 출정했다가 돌아오면 이를 다른 반쪽과 맞춰 본 뒤 반납하는 관례가 있었다. 한편 '都(도)'는 물가를 뜻하는 渚(저)와 고을을 뜻하는 邑(읍)을 합친 글자라고 한다. 도시가 물가를 중심으로 형성된다는 것을 나타내는 글자라고 하겠다. 왕국의 서울(京)은 생사여탈권을 가진 가장 높은 자가 거주하는 왕도였다.

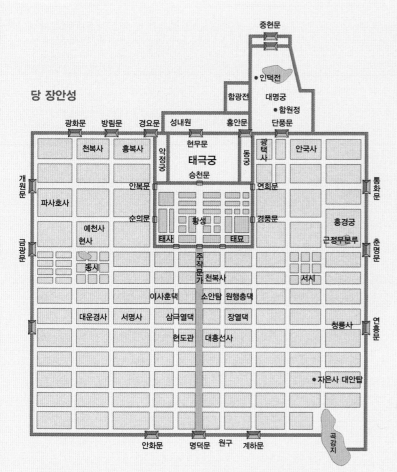

당 장안성

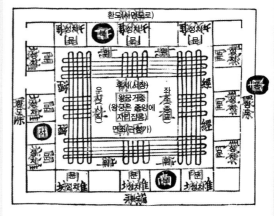

『주례』 『고공기』 전설에 따르면 『주례』는 주공(周公)이 기원전 12세기에 정한 예제들을 기록한 책이다. 한 무제 때 이 씨가 헌왕(獻王)에게 바쳤다고 한다. 『고공기』는 한 성제(成帝, 재위 기원전 33~7) 때 보완되었다.

'높은 누각(京)'에서 출발한 왕도는 3000여 년 전 주(周) 왕조로 소급되는 경전에서 표준 형식을 얻었다. 모두 여섯 책으로 구성된 『주례』는 주 왕실의 제도를 기록한 고전이다. 그 가운데 여섯 번째 책인 「고공기」는 수공업 생산 기술, 생산 관리 제도, 도시 건설 제도 등 과학 기술과 관련된 내용을 다루고 있다. 그중 도시 건설과 관련된 주요 내용은 도시를 격자형으로 구성하고 전조후시, 좌묘우사, 전조후침의 형식을 적용한다는 것이다. 전조후시는 궁궐 앞에 관청, 뒤에 시장을 두는 것을 말한다. 좌묘우사는 궁궐 왼쪽에 종묘, 오른쪽에 사직을 두는 방식이다. 또 전조후침은 궁궐 앞에는 정치를 하는 조정을 두고 뒤에는 군주와 왕실의 침전을 둔다는 뜻이다.

『주례』가 실제로 주 대에 완성된 것인지에 대해서는 이견이 있다. 주 왕실이 무너지고 도래한 춘추 전국 시대에 주를 이상 국가로 추모한 사상가들이 이상적인 제도를 설계하면서 그것을 주에 소급시켰다고 보는 시각도 있다. 춘추 전국의 분열을 극복한 진·한 대에 각종 제도를 완비하면서 그 유래가 『주례』에 있는 것처럼 재편집한 것으로 보기도 한다. 또 그 내용도 명(明) 대까지 지속적으로 보완되었다. 어쨌든 오랜 세월 중국뿐 아니라 한국, 일본 등에서 왕도를 조성할 때 「고공기」에 담긴 내용을 참고한 것은 사실이다.

주 왕조 시절에는 왕이 천자였고 왕도인 호경(鎬京)이 천하의 중심

이었다. 춘추 전국 시대를 거치면서 주가 몰락하고 중국 곳곳에서 왕을 칭하는 지배자들이 나타났다. 그런 왕국들을 정복하고 중국 천하를 다시 통일한 이가 진의 시황제였다. 그는 왕보다 더 높은 황제라는 지위를 창안하고 스스로 그 자리에 오른 뒤 왕을 제후로 격하시켰다. 그에 따라 천자의 수도인 황도와 제후의 수도인 왕도를 구분하는 제도와 형식이 생겨났다. 진에 이은 한·당 등 중국의 역대 왕조는 그와 같은 천자와 제후의 형식을 주변 국가에도 강요했다. 그러다 보니 도성과 궁궐의 규모, 성안에 뻗은 대로의 폭, 종묘에 모시는 신위의 숫자, 하늘에 제사를 지내는 천단의 존재 여부 등 세부 사항에서 황도와 왕도의 차이를 드러내는 규정들이 새로 도입되곤 했다.

중국 역사상 가장 번성한 왕조로 꼽히는 당의 황도는 장안이었다. 오늘날의 산시성 시안에 해당하는 장안은 '13조 고도(古都)'라는 별칭처럼 당에 이르는 열세 개 왕조가 도읍으로 삼은 곳이었다. 주의 호경은 시안 근교에 있었고, 진의 함양(咸陽)은 곧 오늘날 시안 서쪽의 셴양이다. 중국의 고대와 중세를 대표하는 한과 당은 모두 전성기에 장안을 도읍으로 삼았다가 외침 등으로 국세가 기울면 동쪽의 낙양(뤄양)으로 천도하곤 했다. 당이 멸망한 뒤 오대십국의 하나인 후량(後梁)이 북쪽의 개봉(카이펑)에 도읍할 때까지 장안은 변함없는 중국의 중심이었다.

베트남 후에 황성 베트남의 마지막 왕조였던 응우엔 왕조가 베트남 중부의 후에를 황도로 정하고 1804년부터 그곳에 지은 황성. 면적 37만 제곱킬로미터로 자금성의 절반을 약간 넘는다. 1880년 프랑스의 침략을 받을 때까지 베트남의 정치적 중심지였다. 1993년 유네스코 세계 문화유산에 등재되었다.

한국, 베트남, 일본 등은 이 같은 중국의 기준을 부분적으로 받아들이면서도 각자의 전통과 환경에 기초한 독자적 왕도 형태를 창조해 나갔다. 한국의 왕조들은 고조선의 멸망을 전후해 중국 왕조와 교류하면서 서서히 중화 질서를 받아들였다. 고구려와 백제는 중국 왕조와 형식적 사대 관계를 맺으면서도 안으로 왕의 절대적 권위를 확보하기 위한 제도적 장치를 마련했다. 신라는 7세기 태종 무열왕 때 본격적으로 당과 사대 관계를 맺고 당의 제후국으로 위상을 찾아 나갔다. 발해는 당의 종주권을 인정하면서도 왕을 '황상'이라 호칭하는 등 안으로 중국과 대등한 권위를 확립하기 위해 노력했다. 고려에서도 발해와 비슷한 모습을 찾아볼 수 있다. 이 같은 현상을 '외왕내제(外王內帝)'라 한다. 중국에 대해서는 제후인 왕의 형식을 갖추면서 안에서는 황제와 같은 절대적 주권자로 군림하는 것이다.

외왕내제가 더욱 두드러졌던 것은 베트남 왕조들이었다. 베트남은 중국의 잦은 침략에 시달리며 오랫동안 중국의 직접 지배를 받은 역사가 있었다. 중국으로부터 독립한 베트남 왕조들은 발해, 고려보다 훨씬 더 철저하게 국가적 의식을 황제국에 준하는 방식으로 운용했다. 한국과 베트남은 각각 19세기에 황제 국가를 선포하고 서울과 후에를 황성(皇城)으로 격상시켰으나, 곧 새로운 제국주의 질서의 희생양으로 전락했다. 베트남이 먼저 프랑스의 식민지가 되고 한국은 일본의 식민지가 되었다.

한국보다 고대 국가의 형성이 늦었던 일본은 중국의 도성 제도와 왕도 질서를 적극적으로 받아들였다. 그러나 7세기 들어 일본이라는 정체성을 완성한 뒤에는 스스로 천황 국가를 자처하고 교토(京都)를

독자적인 천하의 중심으로 보게 되었다. 한국과 베트남은 근대 들어 중화 질서와 제국주의 체제를 청산하고 서울과 하노이를 공화국의 수도로 변화시켰다. 반면 일본은 영국과 같은 입헌 군주제를 채택하고 천황의 존재를 여전히 인정하고 있다. 19세기 후반 이래 일본의 새로운 수도가 된 도쿄(東京)는 21세기에도 황도로 남아 있다.

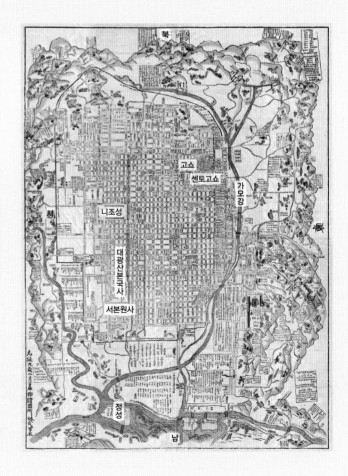

교토 794년 헤이안쿄(平安京)가 건설된 이래 1867년 메이지 유신으로 도쿄 천도가 이루어질 때까지 천황이 거주하던 일본의 왕도. 미야코(都), 교(京)로도 불렸다. 고쇼(御所)가 천황의 궁궐이고 센토고쇼(仙洞御所)는 퇴위한 천황(상황)의 거처이다.

포로 로마노 카피톨리노 언덕 뒤편에서 서남쪽 콜로세움으로 가는 길에 조성된 로마의 공회장. 신전, 공회당(바실리카), 기념비 등이 조성되고 공공 생활을 할 수 있는 기능을 갖추었다. 로마제국 시절에도 정치, 경제, 종교의 중심지 역할을 계속했다.

캐피털(Capitol)의 유래

왕의 지배를 받던 로마는 기원전 509년 공화정으로 전환했다. '공화(共和)'란 라틴어 res publica를 번역한 말로 '공공의 일'을 뜻한다. 사적인 영역을 넘어선 공적인 영역의 일들을 가리킨다. 로마 공화정에서는 평민의 회의체인 민회(comitia)가 공공의 행정을 책임지는 여러 명의 정무관을 선출한다. 정무관 가운데 최고 책임자인 2명의 집정관(consul)은 귀족으로 이루어진 원로원(senatus)의 자문을 받아 도시의 행정을 집행한다. 그러한 공화정이 주로 이루어지던 곳이 카피톨리노 언덕 동남쪽으로 펼쳐져 있는 '로마의 포럼', 즉 포로 로마노(Foro Romano)였다. 로마가 해외로 팽창해 나가면서 카피톨리노 언덕과 포로 로마노는 지중해 세계의 중심지로 자리 잡아 갔다.

수도의 새로운 유형이 나타난 곳은 영국 왕정의 탄압을 받던 비국교도인이 자유로운 삶을 찾아 간 북아메리카였다. 그들은 신천지에서 자신들만의 공동체를 추구하며 살아가다가 모국의 식민 착취에 항거했다. 오랜 전쟁 끝에 영국으로부터 독립을 쟁취하고 새로운 공화국을 세우는 데 앞장선 사람들은 '독립의 아버지'가 되었다.

독립의 아버지들은 신생국 미국의 헌법을 놓고 치열한 논쟁을 벌였다. 13개 주를 하나로 통합해 공화국으로 가자는 공화주의와 13개 주가 자유롭게 협력하는 연방을 만들자는 연방주의가 맞붙었다. 연방주의를 채택한 헌법 초안이 만들어지자 공화주의자들이 이를 비판했다.

그때 공화주의자들은 그 옛날 황제가 되려는 카이사르에 맞서 로마 공화정을 지키려 한 카토와 브루투스를 필명으로 사용했다. 그렇다면 그들과 맞선 연방주의자들의 필명은 카이사르였을까? 그렇지 않다. 그들은 로마 공화정의 창립 멤버였던 푸블리우스의 이름으로 글을 발표했다. 연방주의자는 공화정의 적이 아니라 연방제가 공화정에 더 효율적이라고 생각한 사람들이었다.

이처럼 미국을 만든 사람들은 카이사르가 추구한 제정이 아니라 브루투스가 지키려 한 공화정에서 더 많은 영감을 얻고 있었다. 그것이 워싱턴의 캐피털 힐로 나타나게 된다.

로마 공화정의 집정관이 카피톨리노 언덕에서 취임 선서를 했던 것처럼 미국의 대통령은 캐피털 힐에서 취임한다. 취임식을 마친 대통령은 서쪽으로 뻗은 내셔널 몰로 내려가 백악관으로 들어간다. 헌법 정신에 따라 의회와 협력하며 국민이 맡긴 행정부 수장의 소임을 다하겠다는 뜻이다. 그것이 바로 미국의 국부들이 로마로부터 영감을 얻은 공화정의 정신이었다. 오늘날 미국은 흔히 로마제국과 비교되곤 한다. 로마가 지배하는 세계를 의미하는 '팍스 로마나'에서 따온 '팍스 아메리카'라는 말이 좋은 예이다. 그러나 캐피털 힐이 보여 주는 것처럼 미국의 정신은 로마 '제국'이 아니라 '공화정'에 뿌리박고 있다.

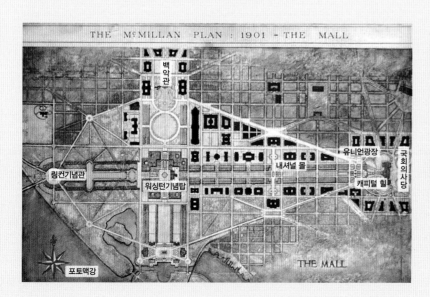

내셔널 몰(왼쪽)과 캐피털 힐 국회의사당이 있는 캐피털 힐부터 링컨기념관까지 동서로 뻗어 있는 공원. 좁게는 캐피털 힐과 워싱턴기념탑 사이의 공간만을 가리키기도 한다. 사진은 1902년 맥밀런위원회가 작성한 계획도. 영어로 수도를 가리키는 캐피털은 capital이지만, 정치의 중심을 가리키는 캐피털은 로마의 카피톨리노 언덕에서 유래한 Capitol로 표기한다.

II 모든 길은 서울로

왕도 한성과 수도 서울의 공존

대한민국의 수도 서울은 여러 개의 역사적 지층 위에 세워졌다. 백제와 조선의 한성, 고려의 남경, 일제 강점기의 경성. 서울의 심

장부에서 민주주의를 외치는 촛불 시민의 물결과 이를 굽어보는 세종 대왕은 이 도시가 지닌 복잡성을 단적으로 보여 준다. 민주

권력의 상징인 국회 의사당과 전제 왕권의 상징인 경복궁의 공존, 초현대적 도시 공간인 강남과 수백 년 묵은 왕릉의 공존. 현대 서

통한다

울의 주인인 민주 시민에게 수백 년 왕도의 전통은 어떤 의미를 지닐까? 수천 년간 진화해 온 왕도의 결정판이라 할 수 있는 고도 한성을 밀착 탐사하면서 그 답을 찾아보도록 하자. 먼저 왕도 전체의 얼개를 '도성'이라는 이름 아래 탐사하고, 왕도의 핵심 공간인 궁궐과 그 주변 공간으로 시야를 넓혀 가고자 한다. 그 과정에서 수도 서울과 구별되는 왕도의 구성 원리와 그것이 실제로 적용된 도성 디자인, 왕도가 변천해 온 모습, 수도 서울이 계승해야 할 것과 버려야 할 것 등을 가늠할 수 있게 되기를 기대한다.

1

도성

왼쪽 고지도는 1673년(현종 14) 김수홍이 펴낸 「조선팔도고금총람도(朝鮮八道古今 總攬圖)」이다. 지리적 정보와 함께 각 지역의 역사를 수록해 고금(古今)을 두루 살필 수 있게 편집되어 있다. 연대와 제작자에 관한 정확한 정보가 기록되어 있어 역사적으 로나 학술적으로나 가치가 큰 지도로 꼽힌다. 이 지도가 이전의 지도들과 구별되는 가 장 큰 특징은 서울을 다른 지역보다 더 크고 상세하게 그렸다는 점이다. 이전 지도들 이 도성이라는 지명만 표기한 것과 달리 도성의 윤곽을 뚜렷이 그리고 궁궐, 종묘사직, 사대문 등 도성 안 시설은 물론 도성 밖 경기 감영까지 표시했다. 서울이 실제와 달리 나라의 한가운데 놓여 있는 것도 눈에 띈다. 도성이 조선 시대 사람들에게 어떤 의미 가 있었는지 이 지도보다 더 잘 보여 주는 유물은 없을 것이다.

「조선팔도고금총람도」 지명 옆에 역사적 사실을 빽빽하게 기록하는 방식으로 제작되었다. 울릉도 윗부분에 우산도(독도)가 표시되어 있고, 여백에 여인국(女人 國) 같은 전설적인 나라들의 이름이 적혀 있다. 목판본 지도. 가로 88센티미터, 세로 127.7센티미터. 보물. 서울역사박물관 소장. 지도 둘레의 장식은 원본에는 없 는 것으로, 경복궁의 정문인 광화문이 도성에서 갖는 상징성을 고려해 그 현판의 무늬를 차용해 구성했다.

⬛ 도성의 구조

서울은 고려 말기에 한양부(漢陽府)라는 행정 구역에 속해 있었다. 한양의 양은 '산의 남쪽, 물의 북쪽'을 뜻한다. 그렇다면 한양은 어떤 산의 남쪽이고 어떤 물의 북쪽일까? 오른쪽 지도에 보이는 것처럼 북한산(北漢山)의 남쪽이요 한강(漢江)의 북쪽이다. 왕도 서울의 지세를 살필 때 북한산과 한강을 빼놓을 수 없는 까닭이다.

태조 이성계는 새 왕조의 수도로 계룡산을 택하고 도성 공사를 진행시켰다. 그러나 왕도는 모름지기 나라의 중앙에 있어야 한다는 하륜(河崙)의 주장을 받아들여 계룡산을 포기하고 새 후보지를 물색했다. 한양부를 돌아보고 귀경한 이성계는 도평의사사에 의견을 물었다. 1394년(태조 3) 8월 24일 도평의사사의 답이 올라왔다.

> "안팎 산수의 형세가 훌륭한 것은 옛날부터 이름난 것이요, 사방으로 통하는 도로의 거리가 고르며 배와 수레도 통할 수 있으니, 여기에 영구히 도읍을 정하는 것이 하늘과 백성의 뜻에 맞을까 합니다." (『조선왕조실록』)

'안팎 산수의 형세'는 북한산에서 출발한다. 백두대간 한가운데서 갈라져 나간 한북정맥의 끝에 북한산이 있다. 인수봉, 백운봉, 만경봉이 삼각을 이루었다 해서 '삼각산'으로도 불리는 산이다. 한북정맥이 북한산에 이르기 전 그로부터 동쪽으로 갈라진 산줄기에서 아차산(峨嵯山)이 솟았다. 그런가 하면 북한산 원효봉에서 서쪽으로 뻗어 간 산줄기는 한강 변에서 덕양산(德陽山)을 이루었다. 백두대간의 또 다른 갈래인 한남정맥에서는 관악산(冠岳山)이 솟아올랐다. 불기운이 강한 산으로 알려져 19세기 말 흥선 대원군은 그 기운을 누르고자 목멱산(木覓山, 남산)에서 구운

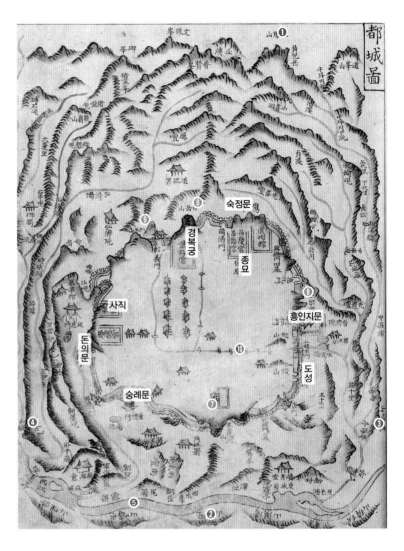

숯을 경복궁 경회루 북쪽 제방에 묻기도 했다.

북한산, 관악산, 아차산, 덕양산을 서울의 외사산(外四山)이라 한다. 외사산에서 흘러내린 크고 작은 물줄기는 한강에 모인다. 백두대간에서 발원한 북한강과 남한강이 한강으로 합쳐 바다로 빠져나가기 전, 마지막으로 힘을 모으는 곳에 서울이 있다. 그 한강을 서울의 외수(外水)라 한다.

북한산이 남쪽으로 줄기를 뻗어 내려간 곳에는 백악산(白岳山, 북악산)이 있다. 서울의 주산(主山)이다. 북악산에서 동쪽으로 뻗은 산줄기는 청계천(淸溪川)에 막혀 끝나기에 앞서 타락산(駝駱山, 낙산)을 올려 세웠다. 북악산에서 서쪽으로 뻗은 산줄기는 인왕산(仁王山)의 우람한 바위 봉우리로 솟아올랐다. 산줄기는 남쪽으로 더 이어

「도성도」18세기 중엽에 편찬된 「광여도(廣輿圖)」에 수록된 지도. 서울의 풍수 지형을 명당(明堂) 개념으로 가장 잘 보여 준다는 평가를 받는다. 채색 필사본. 36.9×28.0센티미터. 규장각한국학연구소 소장. ❶ 북한산 ❷ 관악산 ❸ 아차산 ❹ 덕양산 ❺ 한강 ❻ 백악산(북악산) ❼ 목멱산(남산) 서울의 앞을 살짝 막아 편안하게 해 준다고 해서 '안산(案山)'으로도 불린다. ❽ 타락산(낙산) ❾ 인왕산 ❿ 청계천 태종 때 구불구불한 하천을 곧게 만들었다고 해서 '개천'으로 불렸다.

서울 도성 성벽(인왕산 구간) 태조 때 축조된 후 여러 차례 보수 공사를 거쳤다. 그중에서도 세종 때와 숙종 때 대규모 공사가 이뤄졌다. 세종 때에는 전국에서 32만 명이 넘는 일꾼을 동원해 도성을 고쳐 쌓았다. 숙종 때에는 약 5년에 걸쳐 대대적으로 보수했다. 사적.

져 남산으로 마무리된다. 바로 이 북악산, 남산, 낙산, 인왕산을 서울의 내사산(內四山)이라 한다. 내사산으로부터 흘러내린 물줄기는 그 안쪽에 형성된 분지로 모여들어 청계천을 이룬다. 서에서 동으로 흐르다 한강으로 합류하는 청계천은 서울의 내수(內水)이다.

이성계는 이처럼 빼어난 형세를 지닌 서울에 정도전을 보내 궁궐의 터를 정하게 했다. 남경 시절의 행궁 남쪽이 지세가 평탄하고 탁 트여 여러 용이 손을 모아 읍을 하는 형국이라고 해서 낙점되었다. 이성계는 마음이 급했는지 공사가 시작되지도 않은 1394년 10월 25일 천도를 단행해

한양부 객사에 짐을 풀었다. 경복궁이 완공된 것은 거의 1년이나 지난 이듬해 9월이었다.

한양부는 한성부(漢城府)로 이름이 바뀌었다. 그 이름에 걸맞게 도성을 쌓는 공사도 시작되었다. 정도전은 내사산의 능선을 따라 도성을 쌓기로 하고 실측에 나섰다. 18,627킬로미터에 이르는 도성을 97구간으로 나누고 북악산부터 시계 방향으로 하늘 천(天)부터 조상할 조(弔)에 이르는 천자문을 붙였다. 성벽의 축조에 98일이 걸렸으니 하루에 한 구간씩 쌓아 나간 셈이다. 성벽을 따라 사대문과 사소문을 지어 도성 건설을 완료한 것은 1년 만인 1396년(태조 5) 9월이었다.

궁궐부터 성벽에 이르는 한성부의 건설은 유교 이념에 따라 「논어」에 나오는 '각득기소(各得其所)'의 원리를 적용했다고 한다. 모든 사람이 자신의 자리를 찾아 역할을 다할 때 나라가 조화를 이룬다는 말뜻처럼 도성의 모든 건물과 장소도 왕도(王道)의 구현을 위해 적합한 위치와 의미가 있어야 했다. 한성부는 과연 얼마나 각득기소의 원리에 충실한 왕도였을까?

승천하다 만 계룡(鷄龍)

옛말에 역성혁명을 한 군주는 반드시 왕도를 옮긴다고 했다. 1393년 1월 어명을 받들어 천도 후보지를 살펴본 권중화는 전라도 진동현과 양광도 계룡산을 천거했다. 이성계는 다음 달에 친히 계룡산을 답사하고 그곳을 조선의 왕도로 정했다. 상의문하부사 김주가 도성 건설의 책임을 맡았다. 경기에 뿌리를 둔 공경대부들의 반발이 없을 리 없었다. 3월에 경기좌우도 관찰사 하륜은 "도읍은 마땅히 나라의 중앙에 있어야" 하는데 계룡산은 남쪽에 치우쳐 있고 풍수적으로도 좋지 않은 땅이라는 상소를 올렸다. 이성계는 권중화, 정도전 등에게 고려 산릉의 길흉을 다시 조사하게 한 뒤 하륜의 주장을 받아들였다. 계룡산 왕도 건설은 중단되었다. 그 전후로 계룡산에 정씨 도령이 나타나 조선 왕조를 멸할 것이라는 이야기가 인구에 회자되었다.

계룡산 신도안 계룡산에 실제로 왕도가 건설됐을 때를 상상한 추측도(계룡시 제공). 오른쪽은 계룡산 도성 건설에 쓰인 것으로 여겨지는 석재.

1788년 서울 한성부의 행정 구역은 전통의 오방 개념에 따라 동부·서부·남부·북부·중부의 오부(五部) 체제로 이루어져 있다. 부 밑에는 방(坊), 계(契)가 차례로 편제되었다. 조선의 중심인 한성부에서도 중심을 이루는 지역은 북부와 중부에 걸쳐 있다. 도성 건설의 기준이 되는 궁궐(경복궁), 궁궐 좌우에 포진한 종묘사직(좌묘우사), 궁궐 앞에 도열한 관청가 및 그것과 이어진 시장이 바로 서울 도성의 핵심을 이룬다. 지도는 1788년(정조 12) 무렵 제작된 「도성도(都城圖)」. 조선 후기 도성 지도의 전형이자 가장 회화성이 높은 작품으로 평가받는다. 원본은 군주의 시선에 따라 남쪽의 목멱산을 위쪽에 배치했으나 여기서는 이 책의 다른 지도들과 보조를 맞추기 위해 상하를 반전시켰다.

❶ **고마청(雇馬廳)** 지방관 교체 및 영송(迎送. 맞아들이고 보내는 일)에 따른 비용을 마련하기 위해 설치된 재정 기구. 백성의 부담을 불필요하게 가중해 불만의 대상이 되었다.

❷ **경복궁 후원(청와대)** 2022년 5월 개방된 청와대 권역은 1865~1872년 흥선 대원군에 의해 이루어진 경복궁 중건 당시 궁궐 북쪽에 조성된 후원의 권역과 일치한다. 이는 청와대 개방 후 실시된 기초 조사 결과 확인되었다.

❸ **공상청(供上廳)** 왕의 식사 및 대궐 안의 먹을거리를 공급하는 사옹원 소속으로 궁중에 식재료, 그중에서도 특히 생선과 채소의 공급을 담당한 곳.

❹ **명례궁(明禮宮)** 왕실 재산 관리를 위해 설치된 관청. 고종 때 이곳에 경운궁(덕수궁)이 들어섰다.

❺ **군기시(軍器寺)** 병기 제조를 담당한 곳.

❻ **태평관(太平館)** 명(明) 사신을 접대하기 위해 만든 객관(客館).

❼ **예빈시(禮賓寺)** 국빈을 비롯한 귀한 손님을 접대하는 잔치 및 종친과 고위 관료들에 대한 음식물 공급을 관장한 곳.

❽ **전생서(典牲署)** 국가의 제사 등에 제물로 쓰일 짐승을 기르는 일을 담당한 곳.

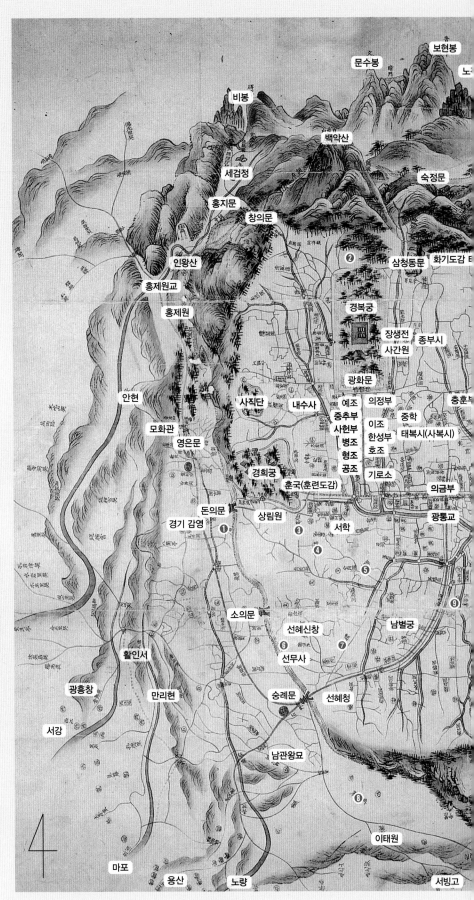

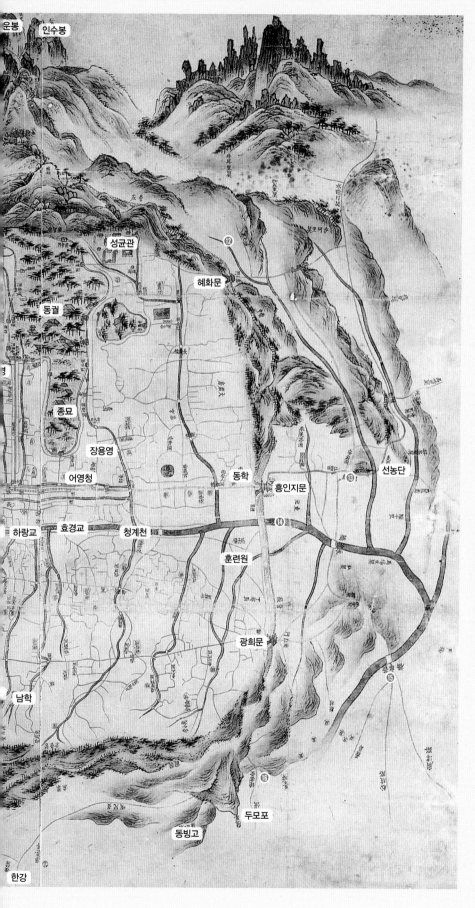

운봉
인수봉

성균관

혜화문

동궐

종묘

장용영

어영청

하랑교 효경교 청계천

동학

흥인지문

선농단

훈련원

광희문

남학

두모포

동빙고

한강

⑨ **장악원(掌樂院)** 궁중에서 연주되는 음악과 무용에 관한 모든 일을 맡아본 관청.

⑩ **영희전(永禧殿)** 조선의 역대 왕 가운데 태조, 세조, 원종(인조의 친아버지, 추존), 숙종, 영조, 순조의 어진(임금의 초상화)을 모시던 전각.

⑪ **의빈부(儀賓府)** 공주·옹주 등과 혼인한 부마에 관한 업무를 담당한 곳.

⑫ **활인서(活人署)** 도성 안에 있는 환자와 오갈 데 없는 사람을 치료하고 먹을거리 등을 주었다. 동소문 밖에 동활인서, 서소문 밖에 서활인서가 있었다.

⑬ **관왕묘(關王廟)** 중국 삼국 시대 촉한의 장수 관우를 받드는 사당. 임진왜란 때 조선에 출병한 명의 장수들에 의해 건립되기 시작해 숭례문 밖(남관왕묘)과 흥인지문 밖(동관왕묘)에 만들어졌다.

⑭ **오간수문(五間水門)** 청계천 물줄기가 도성을 빠져나가는 지점에 설치한 다섯 칸짜리 수문. 몰래 도성을 드나들 때 통로로 활용되곤 했다. 명종 때 임꺽정 무리가 도성에 들어가 전옥서를 부수고 달아날 때에도 이곳을 통했다.

⑮ **전곶교(箭串橋, 살곶이다리)** 세종 때 만들어졌다. 조선 시대 다리로는 가장 길었다. 태조 이성계가 왕자의 난을 일으킨 아들 태종을 향해 쏜 화살이 떨어져 꽂혔다는 전설에서 이름이 유래했다.

⑯ **독서당(讀書堂)** 국가를 짊어질 인재를 기르기 위해 성종 때 만들어진 독서 전문 연구 기관. 처음에는 마포의 한강 쪽 사찰에 두었다고 한다. 연산군 때 폐지됐다가 중종 때 두모포 쪽에 다시 설치되었다.

성곽과 문루

서울 도성의 성곽을 쌓으면서 사이사이에 도성을 출입하는 문루를 세웠다. 동서남북으로 흥인지문·숭례문 등의 사대문을 세우고, 사대문 사이에는 혜화문·남소문 등의 소문들을 배치했다. 이들 문루는 도성의 출입처로, 서울과 전국 각지를 연결해 주는 사통팔달의 상징이었다. 그 가운데 서쪽의 돈의문과 소의문은 일제 강점기에 유실되었다.

흥인지문(동대문) 지반이 낮아 땅을 돋우는 공사를 하고 성문을 쌓았다. 서울의 성문 가운데 문루를 2층으로 만든 것은 흥인지문과 숭례문뿐이다. 보물.

숙정문(북대문) 1396년 건립될 때는 '숙청문'이라 불렸으나 『중종실록』 이후에는 모두 숙정문으로 기록되어 있다. 청와대 경비를 위한 군사 보호 구역에 속해 일반인의 출입이 금지되다가 2006년 이후에 시민들에게 개방되었다.

돈의문(서대문) 1396년 건립되었으나 풍수상의 이유로 여러 차례 자리를 옮기고 이름도 서전문(西箭門)으로 바뀌었다. 훗날 복원되었으나 1915년 도로 확장 명목으로 일제에 의해 철거되었다. 사진은 철거 전 모습.

숭례문(남대문) 서울 도성의 정문. 석축 가운데 홍예문을 두고 그 위에 2층 건물을 얹었다. 현존하는 국내 성문 건물 가운데 규모가 가장 크다. 2층 현판 글씨의 주인은 설이 분분한데, 양녕대군이라는 설이 유력하다(『지봉유설』). 2008년 불탄 것을 헐렸던 좌우 성벽과 함께 복구했다(2013). 국보.

혜화문 아래쪽에 돌로 옹벽을 쌓고 그 위에 누각을 올렸다. 옹벽에는 아치형 출입문을 하나만 뚫었다. 전형적인 소규모 성문의 양식이다.

2 사대문과 사소문

성곽과 문루는 전통 시대의 왕도와 현대의 수도를 가르는 지표 가운데 하나이다. 현대 서울에는 주변과 수도 사이를 차단하는 성곽 따위가 없다. 그렇다고 정치 경제적으로 중요한 시설이 집중되어 있는 서울을 군사적으로 방어할 필요가 없어진 것은 아니다. 눈에 보이는 성곽보다 훨씬 더 삼엄한 방어망이 서울의 땅과 하늘을 감시하고 있다. 위압적인 성곽 사이에서 서울과 지방의 사람과 물자를 이어 주던 팔대문을 동서남북 순서로 돌아보자.

동 – 흥인지문과 혜화문

동대문인 흥인지문(興仁之門)은 1396년 건립되고 한 차례 중수를 거쳐 1869년(고종 6)에 전면 개축되었다. 도성의 성문 가운데 유일하게 이름이 네 글자이다. 서울 동쪽의 지기가 약하므로 기운을 북돋기 위해 이름에 갈 지(之) 자를 더했다고 전하지만 명확한 기록은 남아 있지 않다.

흥인지문은 도성의 성문 가운데 유일하게 반원 모양의 옹성(甕城)을 갖춘 곳이다. 흥인지문이 들어선 곳은 지세가 낮아 군사적으로 약점이 있었다. 이는 서울의 내사산 가운데 동쪽 낙산의 산세가 가장 약한 것과 관련되어 있다. 그래서 옹성을 구축해 방어력을 보강했다고 한다.

그러나 흥인지문은 임진왜란 때 도성의 성문 가운데 가장 먼저 일본군에게 뚫렸다. 일본군 제1군인 고니시 유키나가 부대가 이 문을 지나 서울에 들어섰다. 뒤이어 가토 기요마사 부대는 숭례문을 거쳐 입성했다. 역설적으로, 이 아픈 기억 때문에 두 성문은 20세기 초 일제에 의해 완전히 파괴될 위기에서 벗어날 수 있었다. 당시 일제는 흥인지문과 숭례문을 철거하는 계획을 검토했으나, 자국의 승전 기념물이라는 이유로 계획 단계

에서 이를 철회했다. 흥인지문은 해방 후 몇 차례의 보수를 거쳐 오늘에 이르고 있다.

흥인지문과 숙정문 사이에 있는 동소문은 건립 당시 이름이 홍화문이었다. 1511년(중종 6) 혜화문(惠化門)으로 이름을 바꾸었다. 태종이 숙정문을 폐쇄했을 때는 도성의 실질적인 북대문 역할을 하기도 했다. 경기도 양주, 포천 방면으로 통하는 주요 출입구이자 함경도 쪽으로 연결되는 동북의 관문이었기 때문이다.

일제는 1928년 혜화문을 헐고 아치형 출입문(홍예)만 남겨 두었다. 1938년에는 혜화동과 돈암동 사이에 길을 내면서 그마저 헐어 버렸다. 북서쪽 언덕으로 옮겨 복원한 것은 1994년이었다.

사대문 이름과 오행

사대문의 이름은 모두 정도전이 지었다. 유교에서 말하는 오상(五常, 인·의·예·지·신)을 오행 사상에 따른 방위와 결합해 작명했다. 오행 사상에서 인(仁)은 목(木)에 해당하며 방위상으로는 동쪽에 속한다. 그래서 동대문의 이름이 흥인지문이다. 의(義)는 금(金)이며 서쪽, 예(禮)는 화(火)이며 남쪽에 해당하므로 서대문은 돈의문, 남대문은 숭례문이 되었다. 북대문은 오행의 수(水)에 속하며 원래 지(智) 자가 들어가야 하지만 의미가 상통하는 정(靖) 자로 바꿔 숙정문이라 했다. 오상의 신(信)에 해당하는 오행의 토(土)는 방위상 중앙이므로 서울의 중심지에 있는 종각은 보신각(普信閣)이라는 이름을 얻었다.

서 – 돈의문과 소의문

서대문인 돈의문(敦義門)은 역사의 여러 장면을 지켜보았다. 1624년(인조 2) 이괄의 반란군은 안산(무악재) 전투에서 패한 뒤 돈의문으로 도망치려 했다. 그때 백성이 문을 닫아걸자 반란군은 광희문(光熙門)으로 겨우 빠져나갔다고 한다. 세도 정치의 폐해가 극심했던 1860년(철종 11)에는 돈의문에 서투른 필체로 왕과 주위 인물을 비난하는 벽보가 붙었다. 1895년(고종 32) 8월 20일에는 돈의문을 지나 경복궁으로 달려간 무리가 있었다. 명성 황후를 시해한 일본 낭인들이었다.

서소문의 창건 당시 이름은 소덕문이고, 훗날 소의문(昭義門)으로 이름이 바뀌었다. 소의문은 시신을 성 밖으로 옮기는 통로 역할을 담당해서 '시구문(屍口門)'이라고도 불렸다. 소의문 밖에는 대표적인 민간 시장 중 하나인 칠패(七牌)가 있어 조선 후기 상업 활동의 중심 무대가 되었다. 소의문은 일제 강점기인 1914년 도로 정비 명목으로 철거된 뒤 복원되지 않았고, 그 자리는 주차장으로 변했다.

남 – 숭례문과 남소문

1907년 8월 1일, 남대문인 숭례문(崇禮門) 일대에서 대한제국 군대와 일본군의 시가전이 벌어졌다. 통감부에 의해 군대가 해산되자 육군 참령 박승환은 대대장실에서 자결로 저항했다. 그러자 분노한 군인들이 총기 반납을 거부하고 일본

군과 죽기로 맞섰다. 그들은 용감하게 싸웠으나 압도적인 전력의 일본군에게 패하고, 살아남은 군인 상당수가 의병전쟁에 합류했다. 이후 숭례문은 일제에 의해 좌우 성벽을 헐린 채 도로 한가운데 덩그러니 놓이게 되었다.

해방 후에도 개발이라는 미명 아래 서울 도성 파괴는 계속되었다. 대한제국 시기 이래 성벽이 가장 많이 훼손된 구간이 바로 숭례문 일대였다. 그나마 남아 있던 문루마저 2008년 2월 10일 세상을 놀라게 한 방화 사건의 피해를 보았다. 그때 새까맣게 불타 버릴 때까지 숭례문은 서울에서 가장 오래된 목조 건축물이었다.

1396년 건립된 광희문(光熙門)은 숭례문과 흥인지문 사이에 있어서 남소문으로 인식된다. 그러나 본래 남소문은 따로 있었다. 1457년(세조 3) 도성에서 한강 나루로 곧장 이어지는 문이 필요해 남산 봉수대 동쪽에 문을 내고 남소문이라 했다. 설치한 지 10여 년 만에 폐쇄되고 지금은 '남소문 터'라는 표지석만 있다.

광희문은 소의문처럼 시신을 도성 밖으로 내보내는 문이었다. 한강과 통하는 문이라고 해서 '수구문(水口門)'으로도 불렸다. 일제 강점기인 1928년 문루가 철거되고, 해방 후인 1966년에는 북쪽 성벽도 일부 철거되었다. 1975년에 문을 남쪽으로 15미터 정도 옮겨 복원했다.

광희문 '광희'는 "빛이 멀리까지 사방을 밝힌다(光明遠熙)."라는 뜻이다. 일반 백성이 주로 이용하고, 병자호란 때는 인조가 이 문을 통해 남한산성으로 피란했다. 서울 중구 광희동 2가.

소의문 터 왼쪽으로 서소문로가 지나고 오른쪽 3층 건물 아래 소의문 터를 가리키는 표석이 세워져 있다. 남아 있는 사진으로 판단할 때 1975년에 복원된 광희문과 비슷한 형식이었을 것으로 보인다. 서울 중구 서소문동 58-41.

옛 그림 속 창의문 겸재 정선이 자신이 살던 옥인동과 북악산 사이에서 창의문 안쪽을 바라보고 그린 것으로 추정된다. 서울역사박물관 소장.

북 – 숙정문과 창의문

북대문인 숙정문(肅靖門)은 경복궁에서 남쪽을 굽어보는 왕의 뒤에 자리 잡아 그를 지키는 형국을 하고 있다. 산악 지형에 위치한 이곳은 인적이 드물고 조용하다. 사시사철 문전성시를 이루는 숭례문과 대비되는 공간이다. 게다가 태종은 풍수상의 이유로 1413년(태종 13)부터 숙정문을 닫고 백성의 출입을 금했다. 그 이후로는 가뭄이 심해지면 풍수적으로 음의 기운이 강한 숙정문을 열어 비를 부르고, 양의 기운이 강한 숭례문을 닫았다고 한다. 장마가 심해지면 반대로 했다. 장마가 길어지면 비가 그치기를 기원하는 영제(기청제)를 숙정문에서 거행했다. 음양오행 사상에서 음은 물, 양은 불을 상징하기 때문이다.

숙정문과 가까운 삼청동에는 성제우물, 양푼우물과 영수곡, 운장곡 등이 자리하고 있다. 음양론에서 우물과 계곡은 음기를 상징한다. 물가 곳곳에는 또 병풍바위, 말바위, 부엉바위, 민바위 등이 산재해 있다. 이 같은 바위들은 양기를 상징한다. 우물과 계곡과 바위가 어우러져 음양이 조화를 이루고 풍광이 좋은 삼청동에는 예부터 사람들의 발길이 잦았다.

북소문인 창의문(彰義門)은 사소문 중 온전하게 남아 있는 유일한 문이다. 산속에 숨어 있는 이 문은 숙정문처럼 조선 초기에는 닫혀 있

었다. 태종은 창의문으로 사람들이 드나들면 불길하다는 풍수가의 주장을 받아들여 1416년 이 문을 닫았다. 문이 다시 열린 때는 1506년(중종 1). 1623년 인조반정 때는 능양군(인조)이 이끄는 반정군이 창의문을 부수고 도성 안으로 들어가 반정에 성공했다. 그때 왕위에서 쫓겨난 광해군(재위 1608~1623)의 처지에서 보면 200년 전 풍수가의 우려가 현실이 된 셈이었다. 영조(재위 1724~1776)는 1741년 성문을 다시 고쳐 짓고 인조반정 공신의 명단을 걸게 했다.

창의문 밖에 있는 세검정은 인조반정을 주도한 이귀, 김류 등이 광해군의 폐위를 논하고 칼을 씻었다는 곳이다. 세검정 부근의 개울에서는 선왕의 실록이 완성된 뒤 그 실록의 사초(초고)가 쓰인 종이를 씻어 냈다(『동국여지비고』). 그렇게 사초를 지우고 종이를 재활용하는 것을 '세초(洗草)'라 한다. 부근에는 또 종이를 만드는 국가 기관인 조지서가 있었다. 세검정은 1941년 소실되었다가 1977년 복원되었다.

창의문 오랫동안 폐쇄되어 제 구실을 못한 숙정문을 대신해 양주, 고양 방면으로 향하는 주요 관문 역할을 했다. '자하문(紫霞門)'이라고도 한다. 보물. 서울 종로구 창의문로 118.

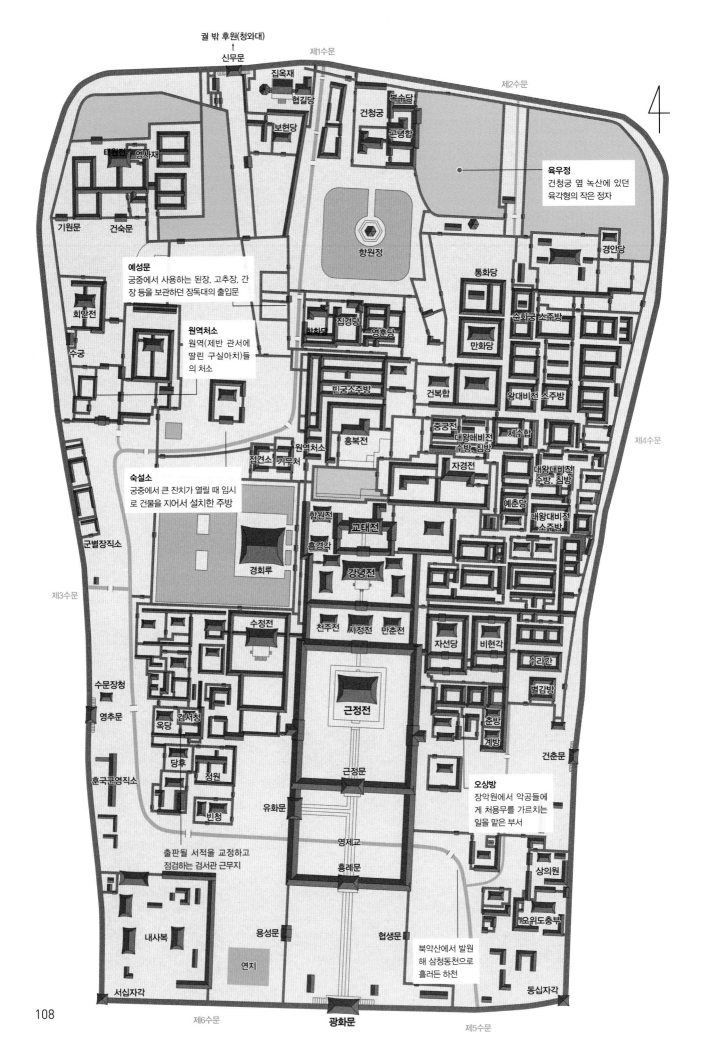

2

궁궐

1915년 중국에서 편찬된 『사원(辭源)』에 따르면 "궁문(宮門) 밖에 두 개의 궐(闕)이 있어 옛날에는 궁궐이라 했다. 그 내용을 말함에는 궁전이라 하고 그 외관을 말함에는 궁궐이라 한다." 궁은 왕과 왕족이 사는 전각을 말하고 궐은 궁을 보호하는 망루를 가리킨다고 할 수 있지만, 뜻을 넓히면 담장(성벽)과 문루도 궐에 포함할 수 있겠다. 궁궐을 '궁성(宮城)'이라고도 하는데, 이는 본래 궁궐을 둘러싼 성벽을 일컫는 말이었다. 조선의 궁궐은 서열과 기능에 따라 법궁, 정궁, 이궁, 별궁, 행궁 등으로 나뉜다. 그중에서도 왕조를 대표하는 법궁은 바로 경복궁이었다.

왼쪽은 19세기 후반 중건된 뒤 오늘날로 이어지고 있는 경복궁의 모습이다. 중건된 경복궁이 초기의 경복궁과 얼마나 같고 다른지는 정확히 알 수 없다. 기본적으로는 근정전-사정전-강녕전-교태전을 잇는 중심축을 북쪽으로 연장해 흥복전을 거쳐 후원까지 연결했다고 한다. 교태전은 세종 때 지었고, 제사 공간인 흥복전·태원전 등과 궁궐 밖 후원(청와대) 등은 중건 이후 조성되었다. 이는 왕조 창건 때부터 왕권의 상징인 경복궁의 공간 구성을 계승하면서 확장해 나간 의미를 지녔다고 하겠다.

경복궁 1394년 공사를 시작하고 1395년 완공했다. 사실상의 설계자는 정도전이었고, 공사에는 20여만 명의 백성이 동원되었다. 정남향보다 약간 동쪽으로 틀어진 '임좌병향(壬坐丙向)'으로 건립되었다. 임진왜란 때 불타 버린 경복궁은 고종 때 새로 지어 오늘에 이른다. 경복궁을 새로 짓는 공사는 1865년(고종 2) 4월 공사를 총괄하는 영건도감을 두고 시작해 1872년 9월 영건도감이 해체됨으로써 완료되었다. 사적.

1 경복궁 – 조선의 법궁

경복궁은 조선의 중앙 집권 체제의 구심점이었다. 왕도에 배치되는 모든 구조물은 경복궁을 중심으로 방위가 결정되고 구축되었다. 그 이름은 정도전이 『시경』의 한 구절인 "이미 술에 취하고 덕에 배불렀으니, 군자 만년에 큰 경복(慶福)이어라."에서 따 왔다. 왕조가 오래도록 복을 누리기를 기원하는 마음을 담은 것이다.

경복궁 주축 – 왕과 왕비의 공간

경복궁의 중심축은 광화문에서 교태전까지 이어지는 일직선 공간이다. 정문인 광화문(光化門)은 하늘에서 내려온 빛처럼 온 백성을 잘 다스린다는 뜻을 담았다. 광화문 양옆을 지키고 있는 해치는 시비, 선악을 판단할 줄 안다는 상상의 동물이다. 남산의 화기로부터 법궁을 지킨다고 알려져 있다. 광화문으로 들어가면 정전인 근정전에 이르기 전에 흥례문(興禮門)이라는 중문을 지난다. 흥례문과 근정전 사이에는 북악산으로부터 흘러나온 금천(禁川)이 서에서 동으로 흐른

다. 이름부터 지엄한 금천이야말로 왕의 공간과 그 바깥을 가르는 진짜 경계선이다.

금천에 놓인 돌다리가 영제교(永濟橋)이다. 세종 때 집현전에서 이름지었다. 영제교의 석축에는 보물을 지키고 잡귀를 물리친다는 천록이 조각되어 있다. 천록은 용이나 봉황처럼 여러 동물의 신체 일부분을 본뜨고 조합해서 만들어 낸 상상의 동물이었다.

근정전(勤政殿)은 경복궁에서 규모가 가장 큰 전각으로, 정치를 부지런히 하는 곳이라는 뜻이다. 국가의 큰 행사가 이루어지는 앞마당에는 왕이 걸어가는 어도가 깔렸고 그 동서에 문반과 무반의 품계석이 놓여 있다. 이 품계석은 흥선 대원군이 경복궁을 중건할 때 간의대의 옥석을 가져다가 설치했다고 한다.

지나치기 쉽지만 정2품과 종2품 사이를 경계로 삼아 품계석 양쪽에 박혀 있는 차일 고리는 흥미로운 물건이다. 근정전 앞 명당 공간인 전정에서 조회 같은 행사를 할 때 천막을 설치하던 고리이다. 품계가 낮아서 햇볕이 내리쬐거나 비가 내릴 때 천막 밖에 서 있어야 했던 관리들의 마음이 어땠을지 궁금하다.

사정전(思政殿)은 왕이 일상생활을 하며 정사를 돌보고 신하들과 함께 경전을 강론하는 편전이다. 동쪽에는 만춘전, 서쪽에는 천추전을 두어 계절에 따른 집무실로 활용했다. 두 전각에는 사정전에 없는 온돌을 설치해 왕이 편안하게 머물

해치(獬豸) '해태'라고도 한다. 몸 전체는 비늘로 덮여 있다. 머리에는 뿔이, 목에는 방울이 달려 있고 겨드랑이에는 깃털이 돋아 있다. 서울특별시의 상징 동물이기도 하다.

영제교(위)와 천록 길이 약 13미터, 폭 약 10미터인 영제교의 석축에 도사린 천록이 금천을 응시하고 있다. 천록의 온몸을 덮고 있는 비늘은 수중 동물인 물고기 몸에서 따온 것이다.

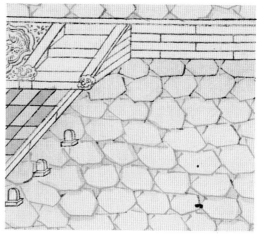

수 있었다. 1518년(중종 13) 5월 15일에 서울을 비롯한 전국에 큰 지진이 일어났을 때는 사정전의 용상이 심하게 흔들려 마치 사람의 손으로 밀고 당기는 것 같았다고 한다(『중종실록』). 이듬해 조광조를 중심으로 개혁을 추진하던 젊은 사림이 기득권 세력에게 숙청당한 기묘사화가 일어났다. 용상까지 흔든 천재지변은 이 같은 정변의 전조였을까?

강녕전(康寧殿)은 왕이 독서와 휴식을 취하는 침전이었다. 간헐적으로 신하들과 면담하는 장소로도 사용되었다. 왕과 왕비는 부부지만 침전을 달리했다. 왕비의 침전은 강녕전 뒤의 교태전(交泰殿)이었다. 천지 음양이 잘 어울려 태평을 이루는 집이라는 뜻이다. 그곳은 내명부(內命婦)를 다스리는 왕비의 정치적 공간이기도 했다. '내명부'란 빈, 귀인, 소의, 숙의 등 궁중에서 품계를 받은 여인들을 가리킨다. 그들은 공적인 업무에서 사사로운 시중에 이르기까지 각각의 직무에 따라 왕과 왕실을 보필했다. 내명부를 제외한 왕의 유모, 왕비의 모, 종친의 처, 문무백관의 처는 '외명부'라고 했다.

교태전은 '중전(中殿)'이라고도 했다. 궁궐 전체의 가운데에 자리한 전각으로, 왕이 정사를 돌보는 공간과 그 뒤의 내밀한 공간을 가르는 곳이었기 때문이다. 왕비를 중전이라고도 하는 것은

이 같은 전각의 이름에서 비롯되었다. 1915년 일제는 경복궁에서 조선물산공진회라는 박람회를 열면서 교태전을 귀빈관으로 사용했다. 2년 후 창덕궁 대조전이 불타 없어지자 경복궁의 교태전을 헐어 그 자재로 대조전을 다시 지었다. 교태전은 1995년에야 복원되어 오늘에 이른다.

교태전 주위는 상궁과 나인이 거처하는 승순당, 보의당, 내순당 등의 행각이 담처럼 둘러싸고 있다. 내순당의 '내순(乃順)'은 순종하며 하늘을 받든다는 뜻으로, 왕과 왕비를 모시는 궁녀의 자세를 표현한 것으로 보인다. 교태전 뒤뜰에는 경회루 연못을 팔 때 나온 흙으로 아미산(峨嵋山)이라는 꽃동산을 조성했다. 아미산은 본래 중국 불교 4대 명산 중 하나인데, 유교 왕조의 궁궐에서 중심 전각에 그런 이름을 쓴 것이 이채롭다. 교태전의 구들과 연결된 4기의 굴뚝도 아미산을 아름답게 장식하고 있다.

장고(醬庫) 경복궁의 궁중 장독을 관리하던 곳이다. 모든 음식의 맛은 장에서 나온다고 할 만큼 우리 음식은 장을 중요하게 여겼다. 2005년에 복원되어 2011년 공개되었다.

경복궁 동축 – 왕실의 공간

경북궁의 동쪽 공간에서 가장 눈에 띄는 전각은 근정전과 사정전 동쪽에 자리 잡은 동궁(東宮)이다. 해가 뜨는 동쪽답게 장차 왕조의 주인으로 떠오르는 세자와 세자빈을 위해 마련한 공간이다. 세자와 세자빈이 거처하는 자선당, 세자가 업무를 보는 비현각을 중심으로 세자의 교육을 담당하는 세자시강원(춘방), 세자를 호위하는 세자익위사(계방)가 있다. 자선당은 처음에 세종이 세자인 문종(재위 1450~1452)을 위해서 지었다. 그곳에서 단종(재위 1452~1455)이 태어났으나 단종의 모후인 권씨는 산욕열로 이틀 만에 죽었다. 숙부인 수양대군에게 내몰린 단종이 상왕이 되어 머문 곳이고, 대한제국의 마지막 황제 순종(재위 1907~1910)이 즉위하기 전 머문 곳이기도 하다. 그 후 일제는 자선당을 뜯어 일본으로 옮겨가 오쿠라 사설 미술관의 조선관으로 썼는데, 간토 대지진으로 완전히 불타 버렸다.

원길헌(元吉軒)은 교태전의 동쪽으로 이어져 있는 특이한 형식의 전각이다. 『일성록(日省錄)』에 따르면 이곳은 의약을 담당하는 약원(藥員)들이 진료하는 곳이었다.

교태전의 아미산 동쪽에 자리 잡은 자경전(慈慶殿)은 흥선 대원군이 신정 왕후 조 대비를 위해 각별한 마음으로 지은 전각이다. 신정 왕후는 흥선 대원군의 둘째 아들인 고종(재위 1863~1907)을 양자로 들여 왕위에 오를 수 있게 해 준 왕실 어른이었다. 그녀의 만수무강을 기원하는 문양과 꽃나무를 그려 넣은 꽃담이 관람객의 마음을 끈다. 신정 왕후는 여든이 넘는 장수를 누리고 이곳에서 승하했다고 한다.

자경전 앞에는 궁중 음식을 만들던 소주방(燒廚房)이 있었다. 왕의 수라상과 잔치 음식을 차리는 곳으로 줄여서 주방이라고 한다. 소주방 한가운데는 음식을 만들 때 사용한 것으로 보이는 우물이 있다. 중종(재위 1506~1544) 때의 의녀(醫女) 장금을 모델로 한 사극「대장금」에서 장금이 음식을 만들던 곳이다. 강녕전 바로 동쪽에 자리 잡고 있어서 왕에게 신속하게 음식을 올릴 수 있었다. 일제가 1915년 경복궁 안에서 조선물산공

자경전 담장의 나무문(나무 모양의 전통 문양) 나무는 하늘과 땅을 이어 주는 다리를 상징한다. 자경전은 여러 가지 무늬가 아름답게 장식된 꽃담으로 유명하다. 사진의 복숭아 나무문을 비롯해서 매화, 모란, 석류 등 다양한 무늬가 들어가 보는 이의 눈길을 끈다. 자경전은 보물.

진회를 열 때 여러 전각과 함께 헐려 없어졌다. 그로부터 100년 만인 2015년 복원되어 궁중 음식 문화의 복원에 한몫하고 있다.

자경전의 뒤로 돌아 후원 쪽으로 가다 보면 왕의 후궁들이 살던 흥복전(興福殿)이 가장 먼저 나온다. 그 뒤로는 흥복전의 부속 전각인 함화당과 집경당이 향원지(香遠池)라는 아름다운 연못을 배경으로 나란히 서 있다. 향원지는 1873년(고종 10) 건청궁(乾淸宮)을 지을 때 함께 만들었다. 건청궁 앞에 향원지를 파고 그 가운데 섬을 만든 뒤 섬 안에 육모 지붕을 얹은 2층 정자 향원정을 세웠다. 향원정 현판은 고종이 직접 썼는데, '향원'은 향기가 멀리 간다는 뜻이다. 건청궁과 향원정 사이에는 '향기에 취하는' 취향교(醉香橋)가 놓였다.

건청궁은 경복궁 안의 또 다른 궁이기도 한 독특한 공간이다. 고종은 그곳에서 정사를 보거나 미국, 영국, 러시아 등 각국의 공사를 접견했다. 1887년 미국의 에디슨 전기 회사는 건청궁에서 한국사상 최초로 전깃불을 밝혔다. 그때 향원지의 물을 끌어다 발전기를 돌렸는데, 발전기가 작동하면서 연못의 온도가 올라가 물고기가 떼죽음을 당하기도 했다.

건청궁의 구조는 일반 민가와 비슷하게 설계되었다. 고종의 거처인 장안당(長安堂)은 민가의 사랑채, 명성 황후의 거처인 곤녕합(坤寧閤)은

안채, 부속 건물인 복수당(福綏堂)은 별채에 해당한다. 곤녕합의 남쪽 누각인 옥호루(玉壺樓)는 1895년 10월 8일 명성 황후가 시해당한 곳으로 알려졌다. 땅이 편안한 곳이라는 뜻의 '곤녕합'에서 이 땅을 불안과 치욕으로 떨게 하는 비극이 벌어진 셈이다.

건청궁 서쪽에는 집옥재(集玉齋), 협길당(協吉堂), 팔우정(八隅亭)이 나란히 서 있다. 본래 창덕궁에 있다가 1888년 고종이 경복궁으로 옮길 때 따라왔다. 집옥재는 4만여 권의 장서를 자랑하는 고종의 서재였다. 중국풍의 서양식 건물로 지어져 경복궁의 여느 전각들과 확연히 달라 보인다. 고종은 온돌이 설치된 협길당에 머물다 집옥재에서 책을 보거나 외국 사신을 접견하곤 했다. 또 가끔씩은 팔각의 누각인 팔우정에서 망중한을 즐겼다. 팔우정 바로 서쪽의 신무문(神武門)으로 나가면 경복궁이 중건된 뒤 새롭게 조성된 경무대(청와대)가 모습을 드러낸다.

경복궁 서축 – 신하의 공간

경복궁의 정전과 편전을 제외하고 신하들이 나랏일을 보던 곳을 '궐내각사'라 한다. 궁궐 안에 있는 각종 관청을 뜻한다. 신하들은 흥례문 서쪽 행각에 있는 유화문을 통해 궐내각사로 들어갔다. 유화문 옆에는 기별청(奇別廳)이 붙어 있다. 왕명을 출납하는 기관인 승정원에서 처리한 일들을 기별지로 작성해 배포하던 곳이다. 관청으로부터 소식이 왔을 때 기별이 왔다고 하는 것은 이 관청의 이름에서 연유한다.

궐내각사의 면면을 살펴보자. 승정원이 있고 행정을 담당하며 왕의 자문 기구 역할을 하던 홍문관(옥당)이 있다. 영의정·좌의정·우의정 등 대신들의 회의 공간인 빈청(賓廳)도 있었다. 궐내각사의 중추 역할을 하는 곳은 수정전(修政殿)이었다. 임진왜란으로 불타 없어지기 전에는 집현전(集賢殿)으로 불리던 곳으로, 세종이 여기서 훈민정음을 창제했다. 본래 사방에 행각으로 둘러싸인 모습이었으나 지금은 전각만 덩그러니 남아 있다.

오위도총부(五衛都摠府)는 조선의 중앙군인 오위를 지휘 감독하던 최고 군령 기관이었다. 정

무를 보는 신하들과 더불어 왕의 일상생활을 가까이에서 보필하는 내시들은 내반원(內班院)의 관리를 받았다. 왕의 권위를 높여 주는 의복은 침선비들이 상의원(尙衣院)에서 지었다. 왕의 건강을 돌보는 어의가 상주하는 내의원(內醫院), 왕의 말과 수레를 살피는 내사복시(內司僕寺)도 궐내각사의 일원이었다.

경복궁에서 근정전 다음으로 유명한 공간은 경회루(慶會樓)일 것이다. 근정전 서쪽에 인공 연못을 파고 섬을 만든 뒤 그 위에 조성한 멋진 누각이다. 국가의 귀빈을 접대하고 왕과 신하가 우의를 다지고자 할 때 연회를 베푸는 장소로 사용되었다. 경회루를 지은 태종은 "중국 사신에게 잔치하거나 위로하는 장소로 삼고자 한 것이요, 내가 놀거나 편안히 지내자는 곳이 아니"라고 강

조했다. 그러면서 경회루란 이름은 중화를 사모한다는 '모화루(慕華樓)'와 뜻이 같다고도 했다(『태종실록』). 명과 사대 관계를 맺는 것이 절실했던 당시의 사정을 읽을 수 있다.

세종 때는 경회루에 흥미로운 손님이 초대된 기록도 있다. 정월 초하룻날 문무백관이 경회루에 도열한 가운데 무슬림들이 왕 앞에서 코란을 낭송했다. 이처럼 조선에 들어와 살던 무슬림이 궁중 하례 의식에 초대받아 코란 낭송이나 기도를 하면서 왕의 만수무강을 축원하는 일은 종종 있었다. 이를 '회회조회(回回朝會)'라 했는데 '회회'는 무슬림을 가리키는 한자 표기이다.

그 밖에도 경복궁의 서쪽 권역에는 함원전(含元殿)과 흠경각(欽敬閣)이 있다. 함원전은 불교 행사가 자주 열리던 곳이고, 흠경각은 천문을 관측하고 시간을 알리는 천문 기구들이 있던 곳이다. 함원전이 유교 왕조 조선에서 특이한 곳이라면, 흠경각은 제후국 조선에서 특이한 곳이라고 할 수 있다. 중화적 세계관에서 천문 관측은 천자만이 할 수 있는 일이었기 때문이다. 천자의 제후

를 자임한 조선의 군주는 천자가 하사하는 역법을 받아 천체의 운행과 시간의 흐름을 가늠하면 되었다. 그러나 세종은 그에 만족하지 않고 조선의 시점에서 천문을 관측해 조선의 표준 시간을 정하고 표준 역법을 만들겠다고 마음먹었다. 그래서 장영실 등에게 명해 대소 간의, 혼의, 혼상, 앙부일구, 일성정시의, 규표, 금루 등 각종 천문기구를 만들었다. 그리고 이들을 경회루 후원에두고 학자들의 천문 관측과 연구를 독려했다.

흠경각은 이 같은 천문 기구들을 좀 더 효율적으로 활용하기 위해 만든 전각이었다. '흠경'이란 흠모하고 공경한다는 뜻이다. 하늘을 공경해 사람들에게 필요한 시간을 공손히 알려 준다는 의미로 해석할 수 있는 말이다. 흠경각이 완성된 1438년(세종 20)의 『세종실록』 기사에는 다음과 같은 말이 나온다.

"제왕은 정사를 하면서 세상에 절후를 알려 줘야 하는 것이고, 이 절후를 알려 주는 방법으로 천문기구를 만들어야 한다."

조선의 천문 기구들

앙부일구는 세계에서 유일한 오목 해시계, 일성정시의는 해시계와 별시계의 기능을 겸비한 기구, 간의는 천체의 운행과 그 위치를 측정하는 기구, 규표는 그림자의 길이로 태양의 시차를 관측한 기구였다. 이들은 조선의 천문 지리적 환경을 고려해 만들어졌다. 조선의 과학자들은 명과 이슬람의 천문 기구를 참조하되 천문 관측의 원리만 받아들여 독창적인 조선의 기구들을 만들었다.

간의

규표

앙부일구

일성정시의

경복궁과 자금성

동아시아 도성 건축의 교과서로 일컬어지는 『주례』「고공기」에는 '오문삼조(五門三朝)'라는 말이 있다. 천자의 궁궐을 설계할 때 다섯 개의 문을 통과하도록 하고, 궁궐을 세 영역으로 나누라는 뜻이다. 제후의 궁궐에는 문이 세 개인 '삼문삼조'를 적용했다. 자금성의 오문은 대청문·천안문·단문·오문(午門)·태화문이 꼽히고, 삼조는 오른쪽 그림처럼 외조(外朝)·치조(治朝)·연조(燕朝)로 이루어져 있다.

삼조 가운데 외조는 궁궐 밖의 영역을 가리킨다. 공식적이고 상징적인 의례들이 거행되는 공간이다. 여기서 잠시 자금성을 둘러싸고 있는 북경성의 구조를 살필 필요가 있다. 흔히 천안문을 자금성의 정문으로 알고 있지만, 지도에서 보듯 천안문은 궁궐 밖에 있고 외조 영역으로 분류된다. 사실 궁궐인 자금성의 정문은 오문이고 천안문은 자금성을 둘러싼 황성의 정문이다. 따라서 베이징의 천안문을 서울의 광화문과 같은 성격의 문루로 보기는 어렵다. 경복궁의 정문인 광화문에 대응하는 자금성의 문루는 오문이다.

외조 다음의 치조는 군주가 문무백관을 거느리고 국정을 논하는 공간이다. 자금성의 치조에 해당하는 태화전, 중화전, 보화전의 세 전각을 전삼전(前三殿)이라 한다. 태화전은 경복궁의 근정전에 해당하는 정전이고, 보화전은 사정전에 해당하는 편전이다. 그 사이에서 정자 모양을 하고 있는 중화전은 군주가 신하나 외국 사신과 함께 휴식을 취하고 담화를 나누는 공간이다.

삼조 가운데 마지막에 해당하는 연조는 황실 가족이 거주하고 황제의 사생활이 이루어지는 공간이다. 자금성의 연조에 해당하는 건청궁, 교태전, 곤녕궁을 후삼전(後三殿)이라 한다. 건청궁은 경복궁의 강녕전에 해당하는 황제의 침전이고, 교태전과 곤녕궁은 황후가 머무는 공간이다.

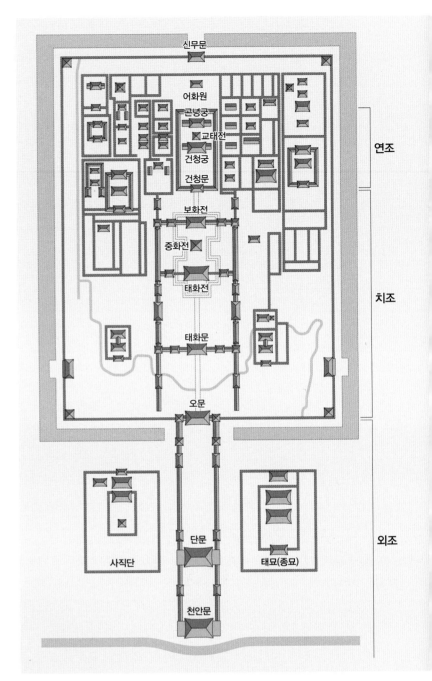

곤녕궁 뒤의 후원인 어화원을 지나 인공 산인 경산(景山)으로 나가는 북문은 경복궁의 북문과 이름이 같은 신무문이다.

그렇다면 제후국을 자임한 조선의 경복궁에는 오문삼조가 아닌 삼문삼조의 원칙이 적용되었을까? 역사적, 지리적 조건이 다르므로 획일적으로 보기는 어렵다. 일단 경복궁 밖에는 황성이나 내성이 없으므로 외조 영역을 설정하기가 어렵다.

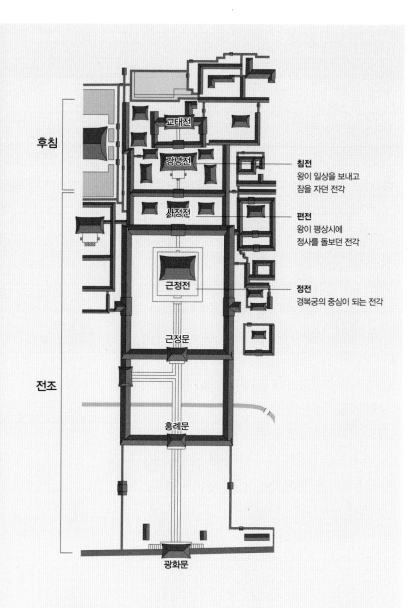

후침

교태전

강녕전

침전
왕이 일상을 보내고
잠을 자던 전각

사정전

편전
왕이 평상시에
정사를 돌보던 전각

근정전

정전
경복궁의 중심이 되는 전각

근정문

전조

홍례문

광화문

자금성과 경복궁의 공간 구조 비교
경복궁은 동서 약 500미터, 남북 약 700미터이고 자금성은 동서 약 760미터, 남북 약 960미터
이다. 넓이는 경복궁이 약 43만 2000제곱미터, 자금성이 72만 제곱미터이다.

경복궁에는 왜 해자가 없을까?

베이징의 자금성은 성벽 주위에 깊이 6미터, 너비 52미터의 통자하(筒子河)라는 해자를 둘렀다. 해자를 만들면서 파낸 흙으로는 자금성을 내려다볼 수 있는 경산을 조성했다. 도쿄의 고쿄(皇居, 천황의 궁궐) 역시 크고 아름다운 해자에 둘러싸여 있다. 반면 경복궁에는 해자가 없다.

조선 왕조가 해자의 필요성을 몰랐던 것은 아니다. 왕도 서울의 총설계사 정도전도 물론 궁궐의 방어를 위해서는 해자가 있어야 한다고 생각했다. 그는 따로 해자를 파는 대신 동과 서에서 흘러내리는 삼청동천과 백운동천이 남쪽으로 합류하는 요지에 경복궁을 건설했다. 경복궁에는 자연 해자가 있었던 셈이다. 조선 시대에 경복궁 주변은 물론 지금의 서촌과 북촌 일대에는 인왕산과 북악산에서 발원한 작은 하천들이 골목 골목을 누비며 청계천으로 흘러내리고 있었다. 도시 개발과 도로 확장에 밀려 그 하천들이 대부분 복개되는 바람에 오늘날 볼 수 없는 것이 안타깝다.

고쿄의 해자 고쿄의 전신인 에도성은 에도 막부(1603~1868)의 본영으로 교토의 고쇼(御所)에 있던 천황을 능가하는 권력의 중심이었다. 1868년 막부가 타도되자 메이지 천황은 교토를 떠나 도쿄의 에도성으로 옮겼다.

자금성의 외조에서 하는 의식, 예컨대 종묘사직의 제사 따위는 경복궁 밖에서 치러진다. 궁궐 내의 공간은 대체로 자금성의 치조와 연조에 대응한다. 이를 설명하는 조선의 용례로는 '전조후침(前朝後寢)'이라는 말이 있다. 치조에 해당하는 정전과 편전이 전조, 연조에 해당하는 왕과 왕비의 침전이 후침인 셈이다.

자금성은 베이징의 넓은 평야에 조성되고 경복궁은 산세가 수려한 서울에 건설되었다. 두 궁궐이 판박이처럼 똑같다면 그게 더 이상한 일일 것이다. 게다가 경복궁이 자금성보다 먼저 건설되었기 때문에 자금성을 모델로 삼을 수도 없었다. 물론 자금성과 경복궁은 궁극적으로 닮은꼴이다. 왕조를 통치하는 군주의 공간으로 만들어진, 동아시아 왕도의 전통과 문화를 공유하는 건축물이기 때문이다.

경복궁은 거대한 동물 조각 공원이라고 해도 좋을 만큼 곳곳에 수많은 동물상이 자리 잡고 있다. 오늘날 경복궁에 남아 있는 동물상은 100점이 넘고 그 가운데 절반이 넘는 동물상이 정전인 근정전을 둘러싸고 있다. 근정전 월대에는 동서남북의 출입구를 기본 축으로 삼아 각 방위의 수호신인 청룡, 백호, 주작, 현무의 사신(四神)과 십이지신, 해치 등이 배치되어 있다. 그다음으로 많은 곳은 경회루이다. 연못에는 청동 용이 잠겨 있고 주변 돌다리에는 용, 기린, 이, 추우 등 상상의 동물이 조각되어 있다. 이 동물들은 상서로운 짐승이라는 뜻의 '서수(瑞獸)'로 일컬어진다. 서수는 왕권의 신성함을 상징하거나 궁궐에 상서로운 기운을 불어넣고 재앙을 물리치는 신통함을 발휘하는 것으로 믿어졌다(김민규, 「경회루 연못 출토 청동 용靑銅龍과 경복궁 서수상瑞獸像의 상징 연구」, 「고궁문화」, 제7호, 2012 참조).

현무 북쪽을 지키는 사신. 거북과 뱀이 뭉친 모습으로 형상화했다. 근정전 북쪽.

닭 방향과 시간을 맡아 지키고 보호하는 열두 동물(십이지신)의 하나. 근정전 서쪽.

쥐 십이지신의 하나. 근정전 북쪽.

양 십이지신의 하나. 근정전 서쪽.

백호 서쪽을 지키는 사신. 근정전 서쪽.

사자 악귀를 쫓아내고 인간을 보호하는 동물. 근정전 네 모서리.

원숭이 십이지신의 하나. 근정전 서쪽.

봉황 신성한 왕권의 상징. 용머리 와상을 양쪽에 거느리고 근정전 답도(踏道) 한가운데 자리 잡고 있다.

주작 남쪽을 지키는 사신. 붉은 봉황을 형상화했다. 근정전 남쪽.

해치 가족 시비와 선악을 판단할 줄 안다고 하는 상상의 동물. 사자와 비슷하지만 머리에 뿔이 있다. 근정전 남쪽 양 모서리.

코끼리 행복과 장수, 행운을 상징하는 동물. 경회루 북쪽 석교.

이(螭) 용의 자식. 암컷 용 등으로 인식되는 서수. 비늘이 없고 꼬리 끝이 두 갈래로 나뉘어 동그랗게 말려 있다. 경회루 중앙 석교.

추우(騶虞) 검은 무늬가 있는 백호로, 살아 있는 생물을 먹지 않고 믿음이 지극할 때 감응해 나타나는 의로운 동물. 세자의 가마에 그려졌다. 경회루 중앙 석교.

청룡 동쪽을 지키는 사신. 근정전 동쪽.

용 고종의 서재였던 집옥재의 취두(鷲頭, 전통 건물의 용마루 양쪽 끝머리에 얹는 장식 기와)에서 주변을 감시하고 있다.

청동 용 1997년 경회루 연못 준설 때 석함의 파편과 함께 발견되었다. 1865년 제작해 연못에 가라앉혔던 한 쌍 중 한 마리로 여겨진다. 경복궁 중건의 기록인 「경복궁영건일기」에 따르면 물을 머금어 회록(回祿), 화덕진군(火德眞君) 따위 불장난하는 신들로부터 궁궐을 지켜 달라는 의미를 갖고 있다.

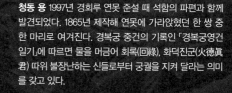

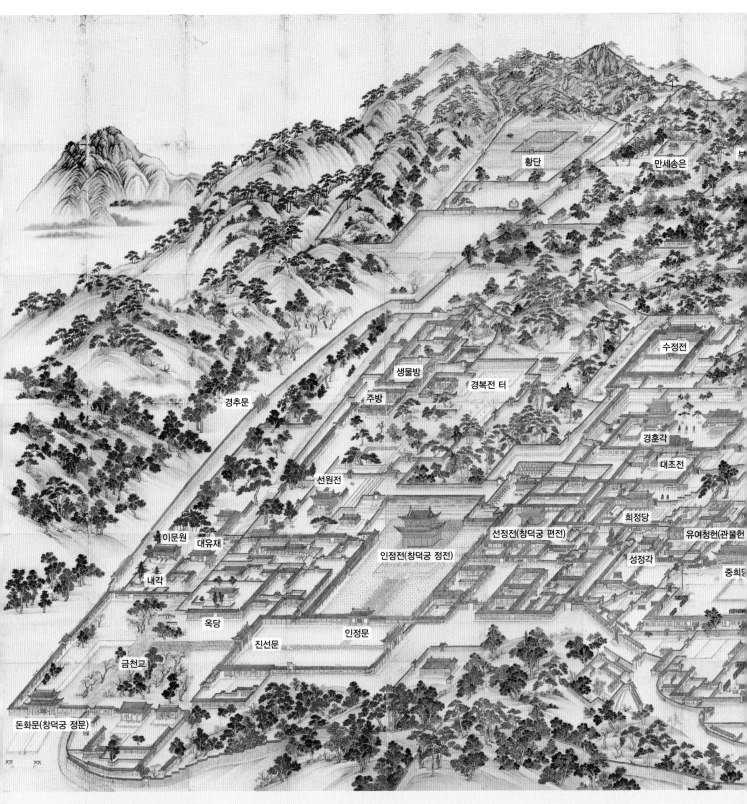

황단

만세송은

부

수정전

생물방

경복전 터

주방

경훈각

경추문

대조전

선원전

희정당

유여청헌(관물헌

이문원

대유재

선정전(창덕궁 편전)

성정각

중희당

내각

인정전(창덕궁 정전)

옥당

인정문

진선문

금천교

돈화문(창덕궁 정문)

한눈에 보는 창덕궁과 창경궁

창덕궁과 창경궁의 전경을 세밀하게 그린 19세기 전반기의 궁중 회화 작품 「동궐도」. 경복궁의 동쪽에 있는 궁궐이라는 뜻에서 '동궐(東闕)'이라고 했다. 천·지·인으로 명명된 세 점의 「동궐도」가 제작되었을 것으로 추정된다. 그러나 현재는 고려대학교와 동아대학교의 박물관에 각각 보관된 두 점이 전해지고 나머지 한 본은 행방이 묘연하다. 두 점 모두 비단에 채색한 16권의 화첩으로 구성되었다. 가로 584센티미터, 세로 273센티미터. 1989년 8월 1일 국보로 지정되었다.

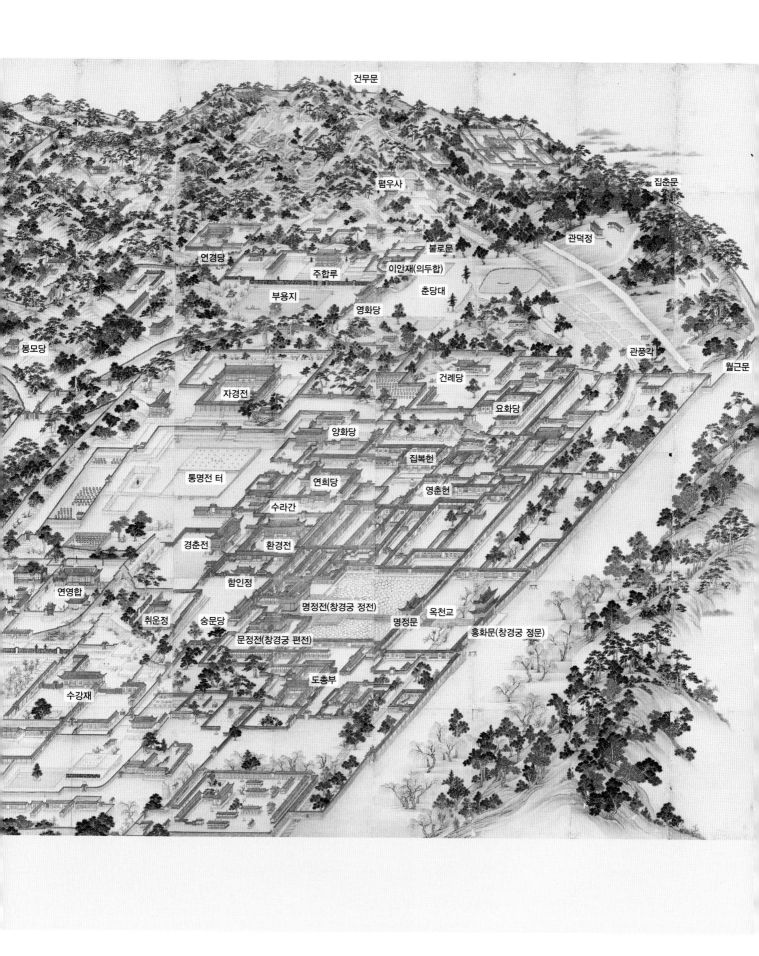

건무문

폄우사

집춘문

연경당

주합루

이안재(의두합)

관덕정

불로문

부용지

춘당대

영화당

봉모당

관풍각

건례당

월근문

자경전

요화당

양화당

집복헌

통명전 터

연희당

영춘헌

수라간

경춘전

환경전

연영합

함인정

명정전(창경궁 정전)

옥천교

취운정

숭문당

명정문

문정전(창경궁 편전)

홍화문(창경궁 정문)

도총부

수강재

❷ 동궐 – 창덕궁과 창경궁

창덕궁(昌德宮)은 1405년(태종 5), 창경궁(昌慶宮)은 한참 후대인 1483년(성종 14) 완공되었다. 창덕궁에서 부족한 생활 주거 공간을 창경궁이 보완했다. 두 궁궐은 경복궁의 이궁이었으나 초기부터 법궁처럼 사용되었다. 두 궁궐을 합쳐 동궐이라 부르기 시작한 것은 조선 후기였다.

1592년(선조 25) 임진왜란이 일어나 두 궁궐은 경복궁과 함께 불타 버렸다. 선조는 성종(재위 1469~1494)의 형인 월산대군의 사저(덕수궁)를 임시 궁궐로 사용했다. 광해군 때에는 경복궁을 내버려 둔 채 창덕궁을 다시 지어 실질적인 법궁으로 삼았다.

창덕궁과 창경궁은 각각 독립된 궁궐이지만 담장 하나를 사이에 두고 이어져 있다. 후원은 두 궁궐이 공유한다. 둘 사이의 담장이 지금 같은 형태로 확인되는 것은 일러야 1930년대부터이다. 조선 시대에는 그런 담장이 없었다는 뜻이다. 특이한 것은 남향하는 조선의 여느 궁궐과 달리 창경궁은 동쪽을 바라보고 있다는 점이다. 그 이유에 대해서는 여러 설이 있다. 그중 하나는 창경궁이 창덕궁을 보완하는 궁궐이므로 창덕궁에 기댄 모양을 취해 동향으로 자리 잡았다는 것이다. 그러나 창경궁도 하나의 궁궐로서 모자람이 없었다. 남쪽으로는 종묘가 이어져 있다.

일제 강점기에는 창경궁에 동물원과 식물원을 만들고 일부 전각을 철거해 서양식 정원을 조성했다. 이름도 창경원(昌慶苑)으로 바꿨다. 창경궁이 옛 모습을 되찾은 것은 1986년의 일이었다. 동물원과 식물원을 경기도 과천으로 옮기고 일본식 건물을 철거한 다음 문정전 등 사라졌던 전각들을 복원했다. 일제가 지금의 율곡로를 개설하면서 끊어 놓았던 창경궁과 종묘 사이도 2022년 다시 연결되었다.

여러 차례의 훼손에도 조선 후기 동궐의 모습을 되찾을 수 있었던 것은 19세기에 그려진 「동궐도」 덕분이다. 「동궐도」는 초대형 그림이지만 어느 한 부분도 적당히 지나치지 않고 세밀하게 묘사했다. 수염 한 올까지 놓치지 않고 화폭에 담아내는 어진(왕의 초상화)을 연상시킨다.

「동궐도」는 하늘에서 내려다보는 듯한 조감도이다. 화면을 평행 사선 구도에 따라 구성하고 부감법을 사용했다. 이러한 전통 화법과 더불어 18세기 무렵 청을 통해 전해진 서양 화법의 하나인 평행 투시 도법을 구사해 궁궐을 묘사했다. 대상을 표현하는 붓놀림과 채색이 정교해 각 전각과 시설의 세세한 부분까지 확인할 수 있다.

동궐은 동서남북으로 산과 성벽이 감싸 안은 넓은 궁궐로, 크고 작은 전각·문루·정자·연못 등이 촘촘이 배치되어 있다. 「동궐도」는 그 모든 것

하늘에서 본 동궐 일대 경복궁과 동궐 주변을 아우른 종로구는 현대 도시 서울에서 고도 한성의 옛 모습이 가장 많이 남아 있는 곳이다. 경복궁 정문인 광화문부터 창덕궁 정문인 돈화문까지는 1.4킬로미터, 걸어서 20여분 거리이다. 국토지리정보원의 국토정보플랫폼 국토정보맵에서 내려받은 정사영상 자료에 지명을 표기했다.

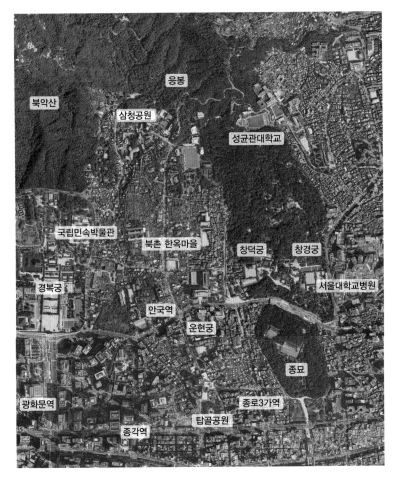

주합루 정조가 즉위한 1776년 왕의 저작과 글씨를 보관할 목적으로 창덕궁 후원에 지은 2층 누각. 정조 시기 문예 부흥의 산실이었다. 1층에는 왕립 도서관이자 연구 기관인 규장각을 두었다. 김홍도의 그림으로 전해진다.

을 크게는 주변의 산수까지 정밀하게 담아내고 작게는 나무 위 까치집까지 놓치지 않았다. 해시계, 풍향계 등 궁궐에 설치된 각종 기구도 당대 그대로의 모습으로 그림 속에 남아 있다. 전각의 질서 정연한 배치, 문루의 꾸밈새, 주변 경관의 자연스러움 등이 어우러지며 궁궐의 위용과 조선 건축의 아름다움을 생생하게 보여 준다.

「동궐도」는 훗날 동궐을 다시 짓거나 복원할 때 설계도 역할을 했다. 전쟁과 반란이 끊이지 않았던 조선 시대에 궁궐은 적잖은 화재와 파괴를 겪었다. 특히 일제에 의해 치욕스럽게 변형된 창경궁을 19세기 모습대로 복원할 때 「동궐도」는 결정적인 자료가 되어 주었다.

정밀성뿐 아니라 예술성에서도 「동궐도」는 조선 시대 최고의 회화 작품 중 하나로 손꼽힌다. 누구의 작품일까? 이 정도 규모의 대작을 어느 천재가 혼자 그렸을 가능성은 희박하다. 어명을 받은 도화서의 화원들이 여러 부분을 나누어 그렸을 것으로 추정된다. 마치 한 사람이 그린 것처럼 일관된 화풍으로 미루어 볼 때, 여러 해에 걸친 공동의 구상과 협업의 과정이 있었을 것으로

보인다.

안타깝게도 이 멋진 작업을 해낸 화원들의 이름은 남아 있지 않다. 그림 속에도 없고 다른 역사 기록에도 없다. 궁궐도는 외부에 유출되면 안 되는 기밀문서였다. 정밀한 궁궐도가 적대 세력에 유출되면 왕의 목숨이 위태로울 수도 있었다. 그렇기 때문에 궁궐 그리기 작업은 비밀스럽게 진행되었을 것이다. 「동궐도」는 아름답고도 위험한 그림이었다.

「동궐도」를 그린 동기는 무엇이었을까? 기록이 남아 있지 않아 정확한 이유는 알 수 없다. 예전의 화재 사건과 연관되었을 가능성이 우선 거론된다. 조선 시대에 궁궐이 불타고 다시 지어지는 일은 다반사였다. 그런 일이 또 일어날 것에 대비해 동궐 전체의 모습을 자세히 그려 후세에 전하려 했을 수 있다.

그림에 나타난 여러 전각의 모습을 종합하면 제작 시기는 1828년(순조 28)과 1830년 사이로 여겨진다. 「동궐도」에는 1828년에 세워진 창덕궁 연경당이 그려져 있고 1830년 화재로 사라진 창경궁의 환경전, 경춘전 등이 포함되어 있다. 1824년에 불타 없어진 창덕궁 경복전은 「동궐도」에 불탄 자리만 표시되어 있다.

그 시기는 효명 세자가 순조(재위 1800~1834)의 대리청정을 하던 때이다. 그렇다면 효명 세자가 「동궐도」 제작에 어떤 형태로든 관여했을 것으로 짐작할 수 있다. 「동궐도」의 후원 부분을 살피면 정조(재위 1776~1800)가 세운 학문의 산실인 주합루(宙合樓) 동북쪽 옆에 이안재(易安齋)가 보인다. 효명 세자가 자주 머물면서 정조의 손자답게 학문에 몰두하던 서재였다. 북두성(斗)에 기대어 서울의 번화함을 바라본다는 뜻에서 '의두합(倚斗閤)'이라고도 불린다. 효명 세자는 그곳에 앉아서 번화한 동궐을 비단 위에 어떻게 잘 담아낼까 고민하지 않았을까?

봉모당 향나무 현존하는 궁궐의 나무들 가운데 최고령(약 700년)으로 꼽힌다. 천연기념물. 봉모당은 1857년(철종 8) 이 자리로 옮겼다.

돈화문~황단

황단

금천

생물방

주방

경복전 터

선원전

선정전

이문원

봉모당 향나무

예문관

인정전

조사간

대유재

내의원

선전관청

수문장청

내각

옥당

진선문

인정문

금호문

금천교

숙장문

결속색

정색

돈화문

창덕궁 산책

1405년 10월 11일 개경에서 서울로 환도한 태종이 잠을 청한 곳은 영의정부사를 역임한 조준의 집이었다. 경복궁이 있었으나 왕자의 난 때 피를 뿌린 곳으로 돌아가고 싶지 않았고, 동쪽에 짓고 있던 이궁은 아직 완성되지 않았기 때문이다. 10월 19일 이궁인 창덕궁이 완성되고 이튿날 준공 축하연이 열렸다.

그때 태종이 문을 열고 들어간 창덕궁의 정문은 돈화문(敦化門)이다. 신하들은 서쪽의 금호문으로 입궐했다. 경복궁이나 자금성에 익숙해진 눈에는 이 돈화문부터 조금 낯설다. 경복궁의 광화문도 그렇고 자금성의 오문도 그렇고 다른 궁궐의 정문은 해당 궁궐 남쪽의 정중앙에 위풍당당하게 서 있다. 광화문 안으로 들어가면 정전인 근정전, 사정전, 강녕전 등 주요 전각이 일직선으로 도열해 있다. 자금성도 마찬가지이다. 그러나 돈화문은 창덕궁의 남쪽에 있기는 하지만 정중앙이 아니라 서쪽으로 치우쳐 있다. 돈화문 안으로 들어가면 북쪽 정면으로 정전이 나타나지도 않고 그 뒤로 전각들이 일직선으로 도열해 있지도 않다. 동쪽으로 꺾어 금천교(錦川橋)를 지났다가 다시 북쪽으로 꺾어야 정전인 인정전(仁政殿)이 나온다.

왜 이렇게 궁궐을 지그재그로 만들어 놓았을까? 그것은 주변 지형과 조화를 이루기 위해서였다. 창덕궁이 유네스코 세계문화유산에 등재된 이유 중 하나는 이처럼 동아시아에서 전통으로 내려오던 전례에 연연하지 않고 독창적으로 만들어 낸 궁궐 구조였다.

돈화문 안으로 들어서면 북악산 자락인 응봉에서 흘러내린 금천(禁川)과 만난다. 창덕궁의 금천은 창경궁의 금천과 만나 흥인지문 남쪽에 있는 오간수문을 통해 성 밖으로 흘러나간다. 금천 위에 놓인 금천교는 서울에서 가장 오래된 홍예석교(虹霓石橋, 무지개 돌다리)이다. 주변에는 괴목(槐木, 회화나무)이 조성되어 있다. 고대 중국에서는 재상들이 궁궐의 괴목 아래에서 정사를 보았다고 해서 궁궐을 '괴신(槐宸)'이라고도 불렀다.

금천교는 길이와 폭이 각각 약 13미터인데, 이 폭이 바로 왕의 행차가 지나갈 수 있는 규모였다.

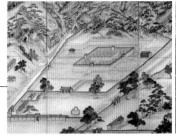

황단(왼쪽)과 그 자리에서 자라는 다래나무 주위로 담장을 두른 중앙에 정사각형의 황단(대보단)을 조성했다. 지금은 허물어진 황단 자리에 동궐보다 더 오래된 다래나무가 숲을 이루고 있다.

인정전 '어진 정치(인정)'를 펼치라는 의미를 담고 있다. 1405년에 건립되었다. 임진왜란 때 불탄 것을 1610년(광해군 2)에 다시 지었으나, 1803년(순조 3)에 다시 불타 버렸다. 이듬해에 복원되어 오늘에 이른다. 국보.

이문원 측우대 1782년(정조 6) 정조의 명으로 이문원 앞에 설치되었다. 조선 시대 왕실 유물에 많이 쓰인 대리석 재질과 잘 다듬어 새긴 글씨는 최고의 장인이 제작했음을 보여 준다. 높이 31센티미터. 지름 18센티미터. 국보. 국립고궁박물관 소장.

서울에 도로나 다리를 놓을 때는 그 기준에 따라 폭을 맞추었다. 금천교를 건너 중문인 진선문(進善門)을 지나 북쪽을 바라보면 인정전이 어진 모습을 드러낸다. 조선 전기부터 왕의 즉위식을 비롯한 중요한 의식이 인정전에서 열렸다. 그러한 의식을 치르기 위해 동행각에는 악기를 보관하는 악기고가, 서행각에는 제향에 쓸 향을 보관하는 향실이 있었다.

인정전에는 두 단의 월대가 있는데, 경복궁 근정전의 월대와 같은 돌난간은 없다. 서울 궁궐의 전각 가운데 월대에 돌난간을 둔 것은 근정전뿐이다. 월대 앞에는 근정전처럼 어도(御道) 양쪽으로 품계석이 늘어서 있다. 앞서 본 것처럼 근정전의 품계석은 19세기 후반 흥선 대원군의 경복궁 중건 때 간의대의 옥석을 가져다 세운 것이었다. 인정전의 품계석은 그보다 빠른 1777년(정조 1) 정조가 조정의 문란해진 위계질서를 바로잡겠다면서 세웠다. 당시 청에 다녀온 연행사들을 통해 자금성에 품계석이 세워져 있는 사실이 알려졌는데, 그것을 참고했을

가능성도 있다. 품석, 품패석 등으로 불린 자금성의 품계석은 처음에는 돌로 되어 있었으나 19세기에는 청동으로 만들어 세웠다고 한다. 정조 이전의 조선 시대를 다룬 사극에서는 종종 인정전 앞에 품계석이 없는 장면을 볼 수 있는데, 이는 나름대로 고증을 거친 결과라고 하겠다.

인정전 서쪽으로 고개를 돌려 보면 금천을 경계로 양쪽에 궐내각사가 미로처럼 펼쳐져 있다. 금천 서쪽에 동서로 길게 뻗은 행랑에는 '내각(內閣)'이라 쓴 평대문이 있다. 내각은 왕실 도서관이자 학술과 정책의 연구 기관인 규장각(奎章閣)의 궁궐 안 시설들을 말한다. 강화도에서 각종 의궤 등의 문헌을 보관하던 외규장각은 곧 규장각의 외각이다.

내각은 본부인 이문원(摛文院)을 비롯해 서고 시설인 봉모당(奉謨堂), 주합루 등으로 이루어져 있었다. 주합루는 후원의 부용지 뒤에서 멋진 자태를 뽐내고 있어 오늘날 규장각 하면 이 누각을 떠올리게 된다. 내각과 함께 있는 대유재와 소유재는 왕이 북쪽의 황단(皇壇)에서 제사를 지낼 때 잠시 머물던 집이다.

금천 동쪽 행랑에는 '옥당(玉堂)'이라 쓴 평대문이 보인다. 옥당은 삼사(三司)의 하나로 홍문관이라고도 한다. 진선문 남쪽 행각에는 결속색과 정색이 있다. 결속색은 병조에 속한 관아로 왕이 행차할 때 사람들이 떠드는 것을 금하는 일을 맡았다. 정색은 '정빗'이라고도 한다. 본래 이름은 무비사(武備司)로, 궁궐 군인들의 장비를 관장하던 관청이었다.

내각 북쪽으로 한참 올라간 담장 너머에는 넓은 터를 닦아 높이 쌓은 황단이 있었다. '대보단(大報壇)'이라고도 했다. 숙종(재위 1674~1720)이 임진왜란 때 원군을 보낸 명의 만력제를 제사 지내기 위해 만들었다. 영조 때에는 명 태조와 숭정제도 같이 모셨다.

창덕궁의 편전인 선정전(宣政殿)은 인정전의 동쪽에 있다. 이 전각의 지붕에는 청자 기와를 올렸다. 고려 시대에 청자 기와를 올렸다는 양이정의 전통이 조선 시대까지 이어져 오고 있음을 알수 있다. 1482년(성종 13) 가을, 성종은 선정전에서 자신의 계비였던 폐비 윤씨를 사사하라는 어명을 내렸다. 폐비 윤씨의 아들이 연산군(재위 1494~1506)이다. 훗날 왕위에 오른 연산군은 선정전에서 성종의 명을 받았던 정창손, 심회, 윤필상 등은 물론 사약을 가지고 간 심부름꾼들까지 무참하게 처형했다. 이미 죽은 한명회 등은 부관참시했다. 훗날 중종반정으로 연산군이 쫓겨난 뒤 왕으로 즉위한 중종의 계비는 여걸로 소문난 문정 왕후였다. 그녀는 중종이 죽은 뒤 선정전에서 아들 명종(재위 1545~1567)을 대리해 수렴청정을 펼쳤다.

경복궁의 강녕전에 해당하는 침전이었다가 편전으로 바뀐 희정당(熙政堂)은 선정전의 동쪽에 있다. 연산군 시기에 있던 숭문당과 수문당이 불타 없어지자 그 자리에 지은 전각이다. 인조반정 때 다시 불이 났으나 복원되었다. 현재의 희정당은 1920년 경복궁의 여러 전각을 헐어다가 다시 지은 것이다. 희정당 남쪽에는 1684년(숙종 10)에 세워진 제정각(齊政閣)이 있었다. 그곳은 천체 관측 기구인 선기옥형(璇璣玉衡)을 두고 왕이 천체를 관측하는 장소였다.

희정당 북쪽의 대조전(大造殿)은 경복궁의 교태전에 해당하는 왕비의 침전이었다. 1917년 교태전을 뜯어다가 대조전을 다시 지었으므로 단지 교태전에 해당하는 정도가 아니라 교태전과 한 몸이라고 해야겠다. 이 전각에서 성종, 인조(재위 1623~1649), 효종(재위 1649~1659)이 승하하고 효명 세자가 태어났다. 대조전 월대 남쪽 아래에는 물을 담아 두고 화재에 대한 경각심을 일깨우는 쇠솥 두 개가 놓여 있다. 이 쇠솥을 드

므라고 한다.

대조전 뒤로는 일제가 경복궁 함원전을 뜯어다 지은 함원전이 동쪽에, 청기와를 덮은 누각이 서쪽에 자리 잡고 있다. 누각의 1층인 경훈각에는 온돌을 깔고 2층인 징광루에는 마루를 두어 왕이 계절에 따라 이용했다고 한다. 그 뒤로는 대비전인 수정전(壽靜殿)이 자리 잡고 있다.

대조전 동쪽의 부속 전각인 흥복헌(興福軒)은 복을 일으킨다는 뜻과는 달리 비극적인 역사의 무대였다. 경술국치를 앞두고 대한제국 마지막 어전회의가 열린 곳이고, 순종이 운명한 곳이기 때문이다. 1910년 8월 22일 어전회의의 안건은 '한일병합조약에 대한 순종의 전권 위임 승인권'이었다. 이 회의에서 전권을 위임받은 이완용은 회의가 끝나기 무섭게 데라우치 통감 관저로 달

대조전과 드므 왕비가 거처하는 내전 중 으뜸가는 전각. 월대 양쪽 모서리에 드므가 있다. '드므'는 넓적하게 생긴 큰 독을 뜻한다.

흥복헌 대조전 동쪽에 자리 잡은 작은 전각. 순종이 1926년 4월 25일 이곳에서 세상을 떠났다.

희정당 밝은 정치를 펼치는 곳이라는 뜻이다. 1917년 불타 버린 것을 3년 후 다시 지은 전각으로, 전통 건축 방식과 근대 양식이 혼재되어 있다. 앞면 11칸, 옆면 4칸. 보물.

려가 문서에 서명했다. 애초에 조약 공포일을 8월 26일로 정했지만, 다음 날이 순종의 즉위 기념일이었기 때문에 8월 29일로 바뀌었다.

창덕궁의 세자궁은 희정당 동쪽의 중희당, 성정각, 관물헌 영역이다. 관물헌 동쪽에는 효명 세자의 주요 거처였던 연영합이 보인다. 연영합 앞에 놓인 구리 학과 괴석은 세자의 고상한 예술적 취향을 말해 준다. 그가 학문을 연마하던 관물헌은 갑신정변의 무대이기도 했다. 1884년(고종 21) 김옥균 등은 그곳을 작전 본부로 삼고 고종을 모셔다 놓았다. 그러나 청군이 공격해 오자 고종은 김옥균의 만류를 뿌리치고 관물헌을 떠났다. 그날 갑신정변은 삼일천하로 막을 내렸다.

세자궁의 동남쪽, 창덕궁과 창경궁의 경계를 이루는 곳에는 1847년(헌종 13) 민가 형식으로 지은 낙선재(樂善齋)가 있다. 왕이 책을 읽고 쉬던 집이자 국상을 당한 왕후가 소복을 입고 은거하던 집으로, 「동궐도」에는 없는 공간이다. 낙선재 옆으로는 석복헌과 수강재가 길게 이어지는 공간을 형성하고 있다. 석복헌과 수강재는 낙선재에 딸린 비빈의 처소였으므로 이 건물들까지 아울러 '낙선재'라 부르기도 한다. 세 건물은 행랑과 꽃담으로 구분된다. 꽃담 너머로는 취운정 등의 정자가 있고 그 뒤로 후원이 펼쳐진다.

낙선재는 갑신정변 직후 고종의 정무 공간으로 사용되기도 했다. 일제에 국권을 빼앗긴 이후에는 순종이 머물렀고, 그의 동생인 영친왕과 부인인 이방자 여사가 이곳에서 살다가 생을 마쳤다. 고종의 외동딸인 덕혜옹주는 수강재에서 살다가 1989년 세상을 떠났다.

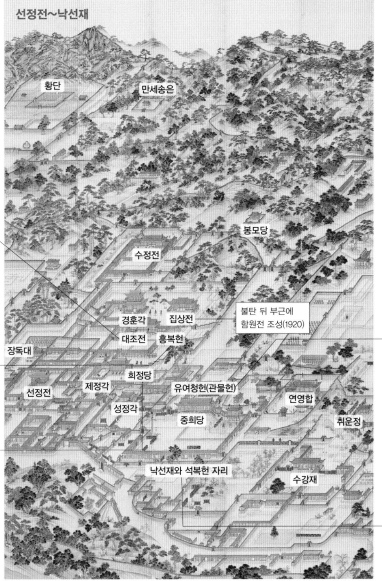

선정전~낙선재

황단

만세송은

봉모당

수정전

장독대

경훈각   집상전
대조전   흥복헌

불탄 뒤 부근에
함원전 조성(1920)

선정전   제정각   희정당
        성정각   유여청헌(관물헌)   연영합
               중희당   취운정

낙선재와 석복헌 자리

수강재

관물헌 '관물'은 북송 학자 소옹(邵雍)이 한 말로, 만물을 보고 그 이치를 깊이 연구한다는 뜻이다. 「동궐도」에는 '유여청헌'으로 표기되어 있다.

낙선재 내부 '낙선'은 『맹자』에 있는 말로 선을 즐긴다는 뜻이다. 보물.

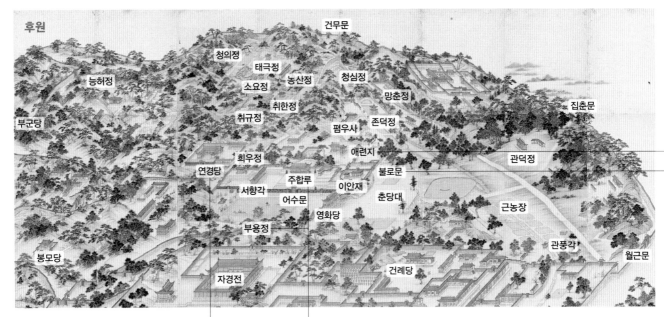

후원

건무문
청의정
태극정
농산정
청심정
소요정
능허정
취한정
망춘정
집춘문
취규정
펌우사
존덕정
부군당
애련지
관덕정
희우정
연경당
불로문
서향각
주합루
이안재
춘당대
근농장
봉모당
어수문
영화당
관풍각
부용정
월근문
자경전
건례당

연경당(왼쪽) 고즈넉한 안채 전경. '연경(演慶)'은 경사가 널리 퍼진다는 뜻이다. 보물.

부용정과 주합루 부용지를 사이에 두고 마주 보고 있다. 부용정(사진 왼쪽)의 '부용'은 연꽃을 뜻하고 주합루의 '주합'은 우주와 하나가 된다는 뜻이다. 둘 다 보물로 지정되었다.

희정당 동쪽에서 창경궁과 경계를 이루며 북쪽으로 난 길을 5분 정도 걸어 올라가면 조선 시대 궁궐 조경의 백미인 후원이 나온다. 산과 계곡, 냇물이 모두 제 모습대로 각종 시설과 어우러지게 조성된 인공 정원이다.

창덕궁과 창경궁이 공유하는 후원은 그 시작인 부용지(芙蓉池)부터 압권이다. 1795년 화성에 다녀온 정조는 연꽃이 흐드러진 부용지에서 신하들과 낚시를 즐겼다고 한다. 부용지 남쪽에는 부용정, 북쪽에는 주합루가 서로 마주 보고 서 있다. 부용정에서는 왕이 과거에 급제한 선비들에게 주연을 베풀었다. 내각의 일부인 주합루는 2층 누각으로, 1층에 왕실 도서관인 규장각을 두었다. 박제가, 이덕무, 유득공 등 내로라하는 실학자들이 그곳에서 근무했다. 규장각은 세종 때의

집현전 같은 왕립 학문 연구 기관으로 자리 잡으면서 규모가 커져 1781년 궐내각사 영역으로 옮겼다. 주합루 앞에는 왕과 신하를 물과 물고기에 비유한 어수문(魚水門)이 있다. 주합루에 오르려면 왕은 어수문을 지나고 신하들은 그 옆의 작은 문을 지나야 했다. 어수문 동쪽의 영화당(暎花堂)에서는 왕이 참석한 가운데 과거 시험을 치러 왕과 함께 주합루로 오를 인재를 선발했다. 『춘향전』의 이몽룡도 여기서 과거 시험을 치렀다.

주합루 뒤로 돌아가면 동쪽으로 애련지(愛蓮池), 서쪽으로 연경당(演慶堂)과 만난다. 애련지 동쪽의 불로문(不老門)은 다른 문과 달리 통돌로 만들어진 문으로, 이곳을 지나면 늙지 말고 장수하라는 염원을 담았다. 창덕궁의 상징 가운데 하나인데 뜻밖에도 서울 지하철 경복궁역에 모조

흐르는 물은 삼백 척 멀리 날고
흘러 떨어지는 물은 구천에서 오네.
이것을 보니 흰 무지개가 일고
온 골짜기에 우렛소리 가득하네.

애련지(오른쪽) 1692년(숙종 18)에 연못 가운데 섬을 쌓고 정자를 지었다. 연꽃을 특히 좋아한 숙종이 정자에 '애련'이라는 이름을 붙여 연못도 애련지가 되었다.

불로문 왕의 무병장수를 기원하는 문. 앞에 불로지라는 연못이 있었다고 한다.

품이 설치되어 있다. 한편, 양반가 모양의 연경당은 효명 세자가 사대부의 생활을 알기 위해 순조에게 요청해 지었다고 한다.

애련지 북쪽으로는 존덕정(尊德亭), 폄우사(砭愚榭) 등 왕실 가족이 휴식을 취하던 정자가 산재해 있다. 그 일대의 중심 정자인 존덕정에서 눈에 띄는 것은 만천명월주인옹(萬川明月主人翁)이라는 글씨가 쓰여 있는 현판이다. '만천명월'이란 만 개의 개울을 비추는 둥근 달을 뜻하고 '주인옹'은 이 글씨를 쓴 정조를 가리킨다. 정조 자신이 세상 만물을 밝게 비추는 달이라는 뜻으로, 세상의 모든 이치가 왕인 자신으로부터 나온다는 자신감과 책임감을 담고 있는 말이다. 폄우사의 '폄우'는 어리석은 자에게 돌침을 놓아 깨우친다는 뜻이고 '사'는 정자를 뜻한다. 왕이 스스로 경계하고자 지은 이름이었다.

존덕정 북쪽으로 청심정, 취규정 등을 지나 궁궐의 북쪽 끝에 이르면 초가지붕을 한 청의정이 나온다. 청의정 앞에는 왕과 신하가 벗처럼 어울려 시를 지으며 놀았다는 소요정이 있으니, 그 놀이를 '유상곡수연'이라 했다. 소요정 앞에는 소요암이 있고, 그곳에 응봉에서 흘러온 석간수가 솟아나는 샘이 있다. 그 샘을 옥류천이라 하고 물이 흘러내리는 계곡을 옥류동이라 한다. 소요암에는 1690년(숙종 16) 숙종이 쓴 오언시가 새김글자로 남아 있다.

「동궐도」에서 불로문 동쪽을 살피면 옥류천이 흘러내리는 개울가에 11배미의 논이 그려져 있는 것을 발견할 수 있다. 왕이 궁궐 안에서 농사를 경험할 수 있도록 조성한 근농장(勤農場)이다. 정조는 어느 해 봄 남쪽의 관풍각에서 근농장을 바라보며 「관풍춘경」이라는 시를 지었다. 그는 매년 경칩 뒤에 선농단(先農壇)에 나가 제사를 지내고 근농장에서 몸소 쟁기로 논밭을 갈았다. 관풍각 옆에는 농사짓는 관리가 사용하던 두 칸짜리 초가가 있었으나 지금은 없어졌다.

후원의 서쪽으로 시선을 돌리면 숲이 우거진 신비로운 구역이 나타난다. 그 구역의 가장 높은 곳에는 허공에 오른다는 뜻을 가진 능허정(凌虛亭)이 외롭게 서 있다. 「동궐도」에서 이 정자의 뒷담을 따라 시선을 옮기다 보면 부군당(府君堂)이라는 신당을 발견할 수 있다. 창덕궁의 수호신을 모시던 신당으로, 앞마당에는 활엽수 한 그루가 서 있다. 부군당은 동궐뿐 아니라 각 마을의 관청 부근에도 자리 잡고 있어 '부근당'으로 불리곤 했다. 사람들은 그곳에서 마을의 수호신에게 복을 빌었다. 왕실은 왕실대로 창덕궁 후원의 부군당에서 봄과 가을에 제사를 지내고, 3년마다 대규모 당굿을 올렸다.

부군당 안쪽으로는 산신령에게 제사를 지내던 산단(山壇)이 있고 그 주변에도 민간 신앙의 색채가 짙은 전각들이 그려져 있다. 유교 왕조였던 조선도 이처럼 궁궐 내밀한 곳에 민간 신앙의 제단을 차려 놓고 국가 차원의 제사를 지냈다. 능허정에서 오른 허공은 세속을 초월한 민간 신앙의 선경(仙境)이 아니었을까?

옥천교 1483년(성종 14)에 조성된 다리. 궁궐 내 교각으로는 유일하게 보물로 지정되었다.

자격루 1536년(중종 31) 제작된 물시계. 물통 부분만 남아 있다. 국보.

홍화문~관천대

경춘전
환경전
함인정
취운정
명정전
명정문
옥천교
홍화문
십선루
도총부
금루각 터
금루관직소
금루서원방
관천대

「동궐도」 속 까치집 동궐에서 관찰되는 새는 원앙, 황조롱이, 청둥오리, 왜가리 등 100여 종에 이른다. 그중에서도 까치는 오랜 세월 이곳에서 서식지를 확보해 온 대표적인 텃새로 꼽힌다.

창경궁 산책

창경궁 자리에는 본래 수강궁(壽康宮)이라는 별궁이 있었다. 1418년 태종이 세종에게 양위하자 상왕이 된 태종을 위해 지은 궁궐이다. 세월이 흐르면서 쓰는 사람이 없어 폐허가 되다시피 했는데, 그 자리에 창경궁을 지은 것은 성종 때였다. 성종은 자신이 모시던 세 명의 대비가 거처할 곳을 마련하기 위해 창경궁을 지었다. 세 명의 대비는 세조(재위 1455~1468)의 왕비이자 성종의 할머니인 정희 왕후, 성종의 어머니인 소혜 왕후, 예종(재위 1468~1469)의 왕비이자 성종의 작은 어머니인 안순 왕후를 말한다.

본래 창덕궁의 부족한 기능을 보완하는 별궁으로 지어졌기 때문에 창경궁은 정형화된 궁궐 양식으로부터 비교적 자유로웠다. 정문인 홍화문(弘化門)과 정전인 명정전(明政殿)만 보아도 알 수 있다. 홍화문은 서울 5대 궁궐의 정문 가운데 유일하게 동쪽을 바라보고 있다. 홍화문과 함께 중심축을 이루는 명정전도 마찬가지이다. 그에 따라 창경궁은 창덕궁에 뒤로 기댄 것 같은 형상을 하게 되었다.

창덕궁 후원의 소요정 앞을 흘러 내려온 옥류천은 홍화문과 명정문 사이에서 옥천이 되어 흐른다. 옥천은 경복궁에서 궁궐의 안팎을 가르는 역할을 하는 금천에 해당한다. 그 위에 놓인 옥천교(玉川橋)는 다른 어느 궁궐의 다리보다도 더 아름다운 자태를 지닌 것으로 유명하다.

옥천교 주변에는 매실나무, 살구나무 등을 심어 놓았다. 이곳은 「동궐도」의 감상 포인트 중 하나이다. 옥천교 바로 옆 살구나무에 까치집을 그려 놓았기 때문이다. 까치가 좋은 소식을 전하며 짖는 소리가 들리는 것 같다.

오늘날 동쪽으로 서울대학교 병원을 바라보고 서 있는 홍화문은 탕평 군주 영조와 인연이 깊다. 그는 자주 홍화문 앞뜰에 나가 백성을 만났다. 그 모습은 『조선왕조실록』에서 확인할 수 있다. 어느 날 홍화문 앞에서 백성을 만나고 온 영조는 이렇게 말했다.

"오늘 홍화문에 나아가 나의 백성들이 굶주려 누르스름한 얼굴빛과 갈가리 해진 옷을 입은 몰골을 보았다. 먼 지방에서 가난하고 의지할 데 없어 구렁에 뒹구는 모양을 직접 보는 듯했다(『영조실록』)."

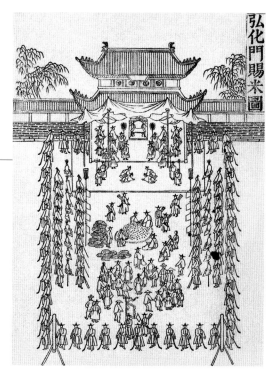

弘化門賜米圖

형평성에 크게 어긋나는 군역 부담 문제를 개
선하고자 균역법 제정을 추진하는 과정에서도
영조는 홍화문 앞으로 나갔다. 1750년(영조 26)
영조는 그곳에서 여러 차례 백성으로부터 균역
법에 대한 의견을 청취했다. 당시 일반 백성은 군
대에 가는 대신 베를 1년에 2필씩 냈는데 이를
'군포'라 한다. 문제는 부유한 계층이 군포를 면
제받고 있었다는 점이다. 영조는 2필을 1필로 줄
여 일반 백성의 부담을 덜어 주었다. 그 대신 줄
어든 군포 수입을 충당하기 위해 부유층에게 군
포를 부과하고 균역청을 두어 각종 잡세와 토지
세를 징수하게 했다.

영조의 손자인 정조 때에도 홍화문과 관련해
눈길을 끄는 일이 있었다. 정조는 1795년 어머니
혜경궁 홍씨의 회갑을 기념해 홍화문 밖에 사는
백성들에게 쌀을 나누어 주었다. 이 장면은 궁중
기록화인 「홍화문사미도」에 자세하게 그려져 있
다. '홍화'는 널리 덕을 펼쳐 백성을 감화시킨다
는 뜻인데, 「홍화문사미도」는 그러한 뜻을 잘 보
여 주는 그림이 아닐 수 없다.

명정전은 '밝은 정치를 펼치는 곳'이라는 뜻이
다. 5대 궁궐의 정전 중에서 가장 오랫동안 옛 모
습을 보존하고 있는 전각이다. 경복궁의 근정전,
창덕궁의 인정전 등 여느 궁궐의 정전이 중층 전
각으로 규모가 큰 것과 달리 소규모의 단층 전각
이라는 것도 명정전의 특징이다. 그러나 명정전
도 어디까지나 정전인 만큼 때에 따라 왕이 참여
하는 국가적 행사의 장소가 되었다. 역대 왕들은
명정전에서 신하들의 새해 인사를 받기도 하고
외국 사신을 맞이하기도 했다.

「동궐도」에서 명정전 남쪽에 보이는 도총부
는 '오위도총부'를 줄여 부른 곳으로, 1781년 창
덕궁 이문원에서 옮겨 왔다. 초기에는 조선의 중
앙군인 오위를 지휘 감독하던 최고 군령 기관이
었다. 그러나 임진왜란 발발 후 훈련도감 등 중앙
군영이 잇따라 설치되자 도총부는 유명무실해졌
다. 그 후로는 궁궐 호위를 맡는 기관으로 명목을
유지하다가 1882년 군제 개혁으로 폐지되었다.

도총부의 정문인 솟을삼문 너머 서쪽으로는
자동 물시계인 자격루를 관리하던 곳이 있었다.
금루(禁漏)라고도 했던 자격루는 금루각에 비치
하고 관원들이 누수간, 금루관직소, 금루서원방
세 곳에 상주하며 관리했다. 그 가운데 금루각은
1828년(순조 28) 장마로 무너졌는데, 그 초석들
이 「동궐도」에 그려져 있다. 이 같은 사실도 「동
궐도」가 1828년 이후에 제작되었음을 짐작하게
해 주는 근거가 된다.

명정전 남쪽에는 창경궁의 편전인 문정전(文政殿)이 남향으로 자리 잡고 서 있다. 문정전 앞 마당은 1762년(영조 38) 조선 왕실의 역사에서 가장 비극적인 사건 중 하나인 임오화변이 일어난 곳이다. 사도 세자가 큰 뒤주에 갇혀 9일 만에 세상을 떠난 사건이 그것이다.

문정전은 종종 혼전(魂殿)으로 사용되었다. 혼전은 왕이나 왕비의 국상 중 장례를 마치고 종묘에 배향할 때까지 신위를 모시던 곳이다. 임오화변은 문정전이 영조의 왕비인 정성 왕후의 혼전으로 사용되고 있을 때 일어났다. 영조가 그곳을 지날 때 정성 왕후의 혼령이 와서 세자를 죽이라고 속삭였다(『영조실록』). 영조가 세자에게 칼을 던져 주고 자결하라 명하자, 열 살 먹은 어린 세손(훗날의 정조)이 버선발로 달려와 피눈물을 흘리며 아버지를 살려 달라 울부짖었다.

"왕이 세자에게 명해 땅에 엎드려 관을 벗게 하고, 맨발로 머리를 땅에 조아리게 하고 이어서 차마 들을 수 없는 전교를 내려 자결할 것을 재촉하니, 세자가 조아린 이마에서 피가 나왔다. 세손이 들어와 관과 포를 벗어던지고 세자의 뒤에 엎드리니, 왕이 안아서 시강원으로 보내고……." (『영조실록』)

그날의 비극은 세자빈이자 정조의 어머니인 혜경궁 홍씨의 궁중 일기 『한중록』에 한층 더 비통한 문장으로 기록되어 있다.

문정전 서쪽에는 또 하나의 편전인 숭문당(崇文堂)이 문정전을 등진 채 넓은 마당을 바라보고 있다. '숭문'은 학문을 숭상한다는 뜻이다. 역대 왕들은 문정전보다는 숭문당에서 더 자주 신하들과 정사를 논했다고 한다. 특히 영조가 애용했다. 성균관 학생들을 접견해 시험을 보기도 하고 잔치를 베풀어 그들을 격려하기도 했다. 창덕궁의 희정당처럼 왕이 좀 더 편한 분위기에서 국정을 돌보고 경연을 하는 공간이었다고 할 수 있다. 참고로 덧붙이면 창덕궁 희정당도 본래 이름은 숭문당이었다. 공식 편전인 문정전이 혼전으로 사용될 때 숭문당은 망자를 위해 곡하는 곳으로 쓰였다.

문정전 정전인 명정전과 동향으로 나란히 서 있으면 정전이 둘이 된다고 생각해 명정전 앞에 남향으로 배치했다(『광해군일기』).

뒤주 쌀 등의 곡식을 담아두는 세간의 하나. 『한중록』에 따르면 나경언의 고변과 사도 세자의 생모인 영빈의 종용으로 영조는 세자를 뒤주에 가뒀다. 세자는 9일 만에 숨을 거두었다고 한다.

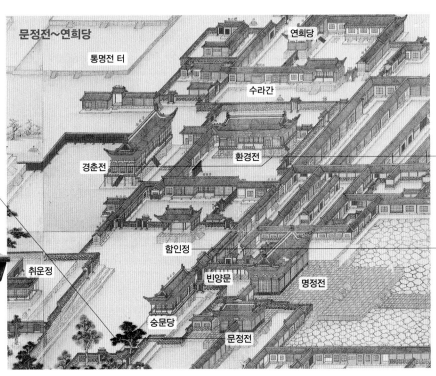

문정전~연희당

통명전 터 / 연희당 / 수라간 / 환경전 / 경춘전 / 취운정 / 함인정 / 빈양문 / 명정전 / 숭문당 / 문정전

함인정(涵仁亭)은 어짊에 흠뻑 젖는 정자라는 뜻으로, 숭문당 앞 넓은 마당을 북쪽에서 내려다보고 있다. 남향으로 늘 햇볕을 흠뻑 받고 있는 모습이 그 이름에 걸맞아 보인다. 게다가 숭문당과 공유하는 넓은 마당도 있어 왕들이 즐겨 사용했다. 왕들은 이곳에서 과거에 합격한 인재들을 만나고, 신하들과 경연을 열어『중용』·『시경』 따위 고전을 강독했다. 특히 영조와 정조 때 많이 활용되었다고 한다. 영조 때에는 국상을 치를 때 신위를 모시는 혼전이 되기도 했다(『궁궐지』).

함인정은 동쪽에서 볼 때 정전인 명정전 뒤에 위치한다. 그 자리에는 원래 왕실 연회를 베푸는 인양전(仁陽殿)이 있었다. 인양전은 임진왜란 때 불타 없어진 것을 1616년(광해군 8)에 복구했으나, 이괄의 난 때 다시 불탔다(1624). 1633년 인조는 광해군이 지은 인경궁의 전각들을 철거했는데, 그때 헐어 온 부재들로 인양전 터에 지은 건물이 바로 함인정이다.「동궐도」에 보이는 함인정은 남쪽 뜰을 제외하고 삼면이 다른 전각으로 막힌 모습이지만, 지금은 사방이 트여 있다.

함인정 뒤로 넘어가면 왕과 왕실의 생활 공간이 펼쳐진다. 기쁘고 경사스러운 집을 뜻하는 환경전(歡慶殿)은 왕의 침전이다. 그러나 이름이 무색하게도 환경전은 조선 왕실 역사상 대표적인 의문사의 현장으로 거론되고 있다. 소현 세자가 그 주인공이다. 소현 세자는 병자호란 때 청에 볼모로 끌려가 8년간 억류되었다. 그때 그는 독일인 신부 등과 친교를 맺으면서 서구 문물을 접하고 이를 바탕으로 조선을 발전시킬 구상을 다듬었다. 청과 서양을 오랑캐로 멸시하던 인조와 일부 사대부는 그를 못마땅하게 여겼다. 1645년 2월 소현 세자는 백성의 눈물 어린 환호를 받으며 귀국했다. 그러나 불과 두 달 후 환경전에서 갑자기 세상을 떠났다. 당시 그는 "온몸이 전부 검은 빛이었고 이목구비의 일곱 구멍에서는 모두 선혈이 흘러나왔다."(『인조실록』). 독극물에 의한 죽음이 의심되는 증상이 아닐 수 없다. 1544년 중종이 세상을 떠난 곳도 환경전이었다. 그때 내의녀였던 장금이 중종을 돌보았을 수도 있다. 중종은 장금을 신뢰해 진료를 맡겼고, 대비전과 중궁전에서도 장금이 진료했다고 전한다.

환경전 서쪽에 있는 경춘전(景春殿)은 원래 대비전이었으나 대비가 아닌 왕비나 세자빈도 사용했다. 숙종 때 장희빈과 악연을 맺은 인현 왕후도 경춘전에서 기거했다. 혜경궁 홍씨는 그곳에서 정조를 낳았으니 '햇볕 따뜻한 봄'이라는 경춘의 뜻에 어울리는 일이었다. 혜경궁 홍씨가 정조를 잉태했을 때 사도 세자는 침실로 용이 들어와 여의주를 가지고 노는 태몽을 꾸었다. 그는 꿈에서 보았던 용을 흰 비단에 그려 경춘전 동쪽 벽에 걸어 두었다. 훗날 정조는 이 그림을 보며 아버지를 애타게 그리워했다고 한다.

환경전 뒤의 연희당(延禧堂)은 정조가 혜경궁 홍씨의 회갑에 생신상을 올린 곳이다. 연희당 앞의 수라간에서 상을 차리느라 분주히 움직이던 궁인들의 모습이 보이는 듯하다.

환경전(사진 오른쪽)과 경춘전 두 전각 모두 창경궁 창건 때 정면 7칸, 측면 4칸으로 지어졌다. 1830년(순조 30)에 발생한 큰불에 휩싸여 잿더미가 되었다가 4년 후 중건되었다.

함인정 현판 추기 환갑을 넘긴 영조가 어느 가을 제삿날 밤에 지은 글이다. 명이 망한 지 100년 넘게 지났음에도 여전히 명의 마지막 연호 '숭정(崇禎)'을 쓴 끝부분이 청에 대한 조선의 시각을 잘 보여 준다.

왕의 침전인 환경전 서북쪽에는 왕비의 침전인 통명전(通明殿)이 자리 잡고 있었다. 「동궐도」를 그릴 때는 불에 탔는지 터만 그려져 있으나, 1834년(순조 34) 창경궁을 중건할 때 복원되었다. 이곳에는 인현 왕후와 장희빈의 이야기가 전해진다. 숙종의 빈이자 경종(재위 1720~1724)의 생모인 장희빈은 1689년(숙종 15) 인현 왕후가 숙종에 의해 쫓겨나면서 일약 일국의 왕비로 올라선다. 그러나 5년 뒤 숙종이 다시 인현 왕후를 불러들이고 장희빈을 후궁으로 강등시키자 희빈은 분을 참지 못했다. 그녀는 죽은 새, 쥐, 붕어 각 일곱 마리를 버드나무 고리에 담아 인현 왕후가 거처하던 통명전 주변에 묻었다(『숙종실록』). 그 저주가 통했다고는 할 수 없지만, 인현 왕후는 1701년(숙종 27) 34세의 나이로 세상을 떠났다. 얼마 후 장희빈의 저주 사건은 백일하에 드러났다. 결국, 장희빈은 사약을 받고 비극적인 일생을 마감하고 말았다.

통명전 동쪽의 양화당(養和堂)은 통명전에서 생활하던 내명부 수장들이 접대 공간으로 사용한 건물로 추정된다. 병자호란이 끝나고 남한산성에서 환도한 인조가 잠깐 머물기도 했다. 양화당 동쪽에는 넓은 단을 쌓고 남서쪽 모서리에 돌거북 한 마리를 얹어 두었다.

양화당 동쪽의 집복헌(集福軒)과 영춘헌(迎春軒)은 후궁들의 처소였다. 사도 세자와 순조는 '봄을 맞이하는' 영춘헌에서 태어났다. 아궁이가 측면이 아닌 정면에 있는 독특한 전각이다. 정조는 사도 세자를 그리워하며 영춘헌에서 자주 머물다가 1800년 6월 그곳에서 승하했다. 정조 이후의 왕들도 영춘헌을 애용했다. 헌종(재위 1834~1849)은 영춘헌에서 국사를 돌보고 경서를 강독하는가 하면 몸이 아플 때도 그곳에 머물면서 치료를 받았다. 고종도 영춘헌에서 책을 읽고 신하들을 불러 정사를 돌보았다.

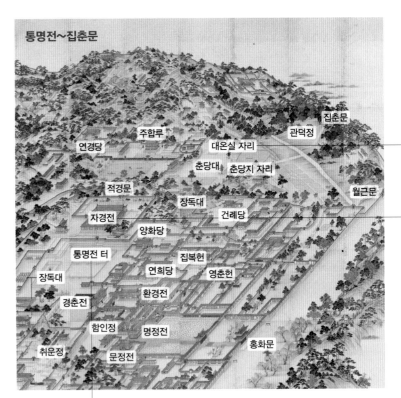

통명전~집춘문

주합루 · 연경당 · 집춘문 · 관덕정 · 대온실 자리 · 춘당대 · 춘당지 자리 · 적경문 · 월근문 · 장독대 · 건례당 · 자경전 · 양화당 · 통명전 터 · 집복헌 · 영춘헌 · 장독대 · 연희당 · 경춘전 · 환경전 · 함인정 · 명정전 · 홍화문 · 취운정 · 문정전

통명전 터의 뒤편에 자리한 자경전(慈慶殿)은 대비의 침전이다. 정조가 사도 세자의 사당이 바라보이는 이곳에 혜경궁 홍씨를 모시기 위해 지었다. 당시에는 '자경당'이었다가 이름이 바뀌었다. 자경전의 규모는 정전에 못지않게 컸다고 한다. 전각의 사방으로 담장을 쌓고 담장 안에는 두 개의 단을 쌓아 나무와 꽃으로 꾸몄다. 자경전의 북문인 적경문을 나서면 소나무 숲 뒤로 창덕궁과 공유하는 후원이 펼쳐진다.

「동궐도」를 보면 통명전 터 남쪽과 서쪽, 자경전의 동쪽, 창덕궁 선정전 서북쪽에 장독대가 그려져 있다. 통명전 터 남쪽의 장독대는 대나무 울타리로 둘러싸여 있고, 울타리 안에는 초가로 된

통명전 '통명'은 통달해 밝다는 뜻으로 순조가 현판 글씨를 썼다. 월대 위에 기단을 조성하고 그 위에 건물을 올렸다. 마당에는 박석을 깔았다. 보물.

대온실 일본 왕실 식물원 책임자 후쿠바 하야토가 설계하고 프랑스 회사가 시공한 한국 최초의 서양식 온실이다. 1909년에 완공되었기 때문에 「동궐도」에는 없다. 안에는 창덕궁 향나무, 통영 비진도 팔손이나무, 부안 중계리 꽝꽝나무 등 현지에서 옮겨온 천연기념물이 전시되었다. 국가등록문화재.

자경전 터 일제 강점기에 장서각을 지어 박물관으로 사용되던 자경전은 1980년대에 창경궁 복원 계획으로 해체되고 지금은 터만 남아 있다.

소금 창고도 보인다. 그와 달리 자경전과 선정전 쪽에 있는 장독대는 돌담으로 둘러싸여 있고 그 안의 소금 창고는 기와로 지붕을 이었다. 두 장독대를 사용하는 사람의 신분이 달랐음을 짐작하게 한다.

자경전 북쪽으로 나가 창덕궁과 공유하는 후원으로 다시 들어가 보자. 「동궐도」에서 보았던 논배미들은 오늘날 온데간데없이 사라지고 그 자리에 춘당지(春塘池)라는 아름다운 연못이 펼

쳐져 있다. 이 연못은 1909년 창경궁을 유원지로 조성할 때 만들고 부근의 춘당대에서 이름을 가져왔다. 춘당지의 북쪽에서는 왕이 활을 쏘던 정자인 관덕정(觀德亭)을 만날 수 있다. 관덕정 뒤편으로는 가을 단풍이 아름다운 숲이 조성되어 있다. 그 앞에서 군사 훈련을 하기도 하고 무과 시험을 치르기도 했다. 정조는 「관덕풍림」이라는 시에서 그 풍경을 묘사하고 있다.

과녁판을 울릴 때면 화살이 정곡을 맞히는데
구름과 안개로 장막이 선경 숲을 에워쌌네.
삼청동의 물색은 이와 같이 뛰어나서
즐겨 제군과 함께 취하기를 금치 않노라.

관덕정 북쪽 담장에 난 집춘문(集春門)으로 나가면 공자의 사당인 문묘(성균관)에 이른다. 왕과 세자는 이 문을 통해 문묘로 갔다. 성균관 유생들이 궁궐로 과거 시험을 보러 올 때도 이 문을 이용했다. 일제가 창경궁을 창경원으로 바꾸자 집춘문은 잠기고 그 밖은 주택가로 변모했다. 이후 100년간 굳게 잠겨 있던 집춘문은 2008년 복원 공사를 거쳐 시민에게 개방되고 문묘로 가는 길도 복원되었다.

춘당지 창경궁이 창경원이던 시절, 밤 벚꽃놀이 명소로 유명했다. 관람용 케이블카와 각종 편의 시설이 설치되기도 했으나, 창경궁 복원 사업이 진행되면서 모두 철거되었다.

❸ 서궐 – 경희궁과 덕수궁

덕수궁(德壽宮)과 경희궁(慶熙宮)을 가리키는 서궐(西闕)의 탄생은 임진왜란으로 거슬러 올라간다. 덕수궁은 본래 임진왜란 때 선조가 잠시 기거하던 월산대군 집터였다. 당시 그곳은 '정릉동 행궁'으로 불렸다. 선조에 이어 즉위한 광해군이 이 행궁을 떠나면서 '경운궁(慶運宮)'이라는 이름을 붙여 주었다.

광해군은 창덕궁을 복구해 놓고도 그곳을 불길하게 여겼다. 그는 경기도 파주의 교하에 새 궁궐을 짓고 천도하려 했으나 신하들의 반대로 포기했다. 그 대신 1617년(광해군 9) 인왕산 아래 인경궁(仁慶宮)을 짓기 시작했다. 공사가 한창일 때 광해군의 이복동생인 정원군의 옛집에 왕기가 서렸다는 설이 돌았다. 이에 혹한 광해군은 반대를 무릅쓰고 그곳에도 궁궐을 짓기 시작했다.

그것이 지금의 경희궁인 경덕궁(慶德宮)이다.

경덕궁은 인경궁보다 규모가 조금 더 작았다. 광해군은 인경궁을 창덕궁, 경덕궁을 창경궁에 해당하는 궁궐로 생각하고 있었다. 그러나 그는 두 궁궐을 제대로 써 보지도 못하고 인조반정으로 왕위에서 쫓겨나야 했다. 인경궁 공사도 중단되었다. 인조반정을 주도한 인조는 경덕궁 옛터의 주인인 정원군의 아들이었다.

인조는 반정 과정과 즉위 직후 일어난 이괄의 난으로 동궐의 주요 전각이 소실되는 바람에 경덕궁에서 정사를 돌보았다. 인조 뒤에도 경덕궁은 여러 왕의 거처로 이용되다가 1760년(영조 36) 경희궁으로 이름이 바뀌었다. 인조의 아버지 정원군은 원종(元宗)으로 추존되었는데, 그의 시호가 경덕(敬德)이었다. 그것이 경덕궁의 '경덕'과 한자는 달라도 음은 같았기 때문에 궁궐의 이름을 바꾼 것이다.

경희궁의 옛 모습 경희궁의 전경을 그린 「서궐도안」. 채색하지 않고 먹으로만 그린 밑그림 형태이다. 경희궁에 큰불이 난 1829년 이전에 그린 것으로 짐작된다. 보물.

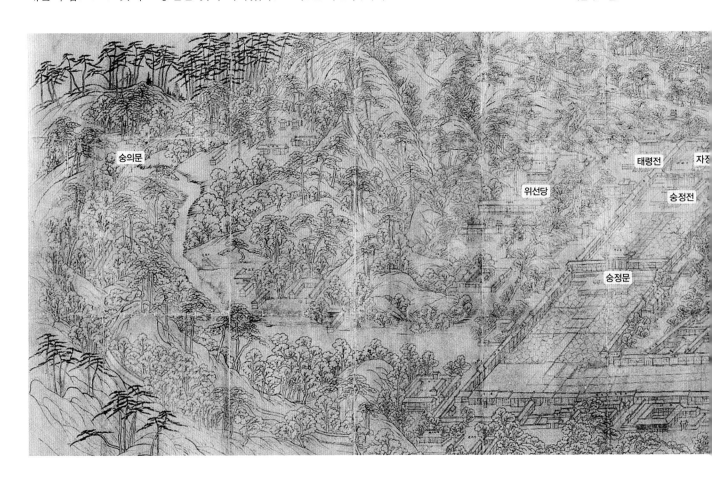

인조가 서인과 함께 반정을 일으킨 이유 중 하나는 광해군이 반인륜적 범죄를 저질렀다는 것이었다. 그가 계모인 인목 대비를 가두고 의붓동생인 영창 대군을 살해했기 때문이다. 그때 인목 대비가 갇혀 있던 곳이 경운궁, 즉 지금의 덕수궁이었다. 광해군이 경운궁을 서궁(西宮)이라 했기 때문에 이 사건을 '서궁 유폐'라 한다.

경운궁이 정치의 중심으로 부활한 계기는 1896년(고종 33)에 일어난 아관파천이었다. 바로 전해에 명성 황후 시해 사건이 일어나자 고종은 일본과 친일 세력을 피해 경운궁에서 가까운 정동의 러시아 공사관으로 몸을 피했다. 그곳에서 1년간 머물면서 정국 구상을 다듬은 뒤 경복궁이 아닌 경운궁으로 환궁했다. 그리고 1897년, 지금의 소공동에 세워진 환구단에서 대한제국을 선포하고 황제 자리에 올랐다. 이로써 서궁 유폐 사건의 무대였던 경운궁은 대한제국의 요람으로 변신했다.

황제 자리에 오른 지 10년 만인 1907년(광무 11), 고종은 을사늑약으로 빼앗긴 국권을 되찾기 위해 헤이그 만국평화회의에 밀사를 보냈다가 일제에 의해 황제 자리에서 쫓겨났다. 바로 그때 상황(上皇)으로 밀려난 고종의 장수를 빈다는 의미에서 경운궁의 이름은 덕수궁으로 바뀌었다.

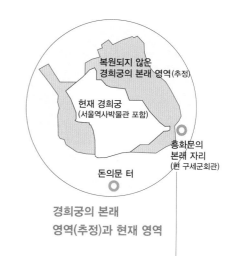

경희궁의 본래
영역(추정)과 현재 영역

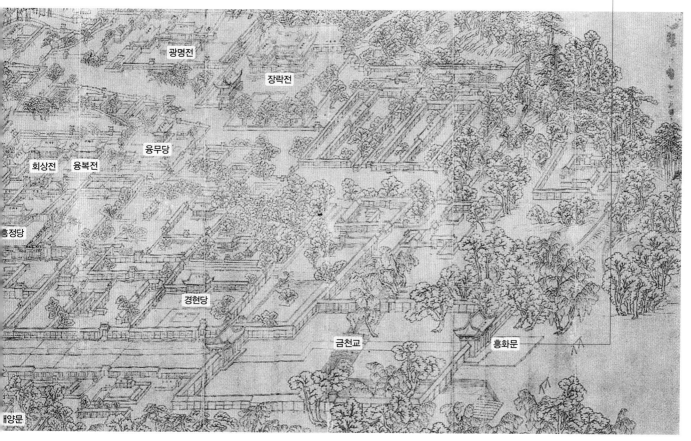

경희궁 산책

서울의 5대 궁궐 가운데 경희궁만큼 시련과 변화를 많이 겪은 궁궐도 없다. 앞에서 본 것처럼 현재 남아 있는 경희궁 공간은 서울역사박물관을 합쳐도 본래 궁궐의 절반에 불과하다. 흥선대원군이 1865년 경복궁을 중건하면서 경희궁 전각들을 대량으로 뜯어간 것이 시련의 시작이었다. 경복궁 중건 이전의 경희궁을 상상하면서 지금의 경희궁과 그 주변을 돌아보자.

오른쪽 지도를 보면 경희궁의 정문인 흥화문(興化門)은 오늘날 새문안로에 우뚝 서 있는 구세군회관 자리에 있었다. 특이하게도 정문이 궁궐의 동남쪽 모서리에 자리 잡고 있었던 셈이다. 흥화문 동쪽에는 가난한 백성을 진료하는 의료 기관인 혜중국이 있었다. 1896년부터 10여 년간은 그 자리에 군인을 양성하는 무관 학교가 들어서기도 했다. 대한제국의 군대가 해산되면서 무관 학교도 폐지되고 그 자리에는 다시 일본인 관리들의 관사가 들어섰다.

흥화문도 모진 시련을 겪었다. 조선총독부는 장충단공원 동쪽 신라호텔 영빈관 자리에 이토 히로부미(伊藤博文)를 추모하는 박문사(博文寺)를 만들더니 흥화문을 떼어 가 그 사찰의 문으로 썼다. 흥화문은 1988년에야 경희궁으로 돌아오면서 궁궐 남쪽의 개양문 자리로 옮겼다. 그나마 경희궁의 전각이 대부분 사라진 와중에도 크게 훼손되지 않고 남아 있는 게 다행이라고 해야 할까? 흥화문의 현판 글씨는 뛰어난 명필로 유명했다. 현판 글씨가 밤에도 주위를 환하게 비춰 준다고 해서 경희궁은 '야주개 대궐'이라 불렸다.

본래의 흥화문이 동남쪽에 있었기 때문에 이 문으로 들어가 처음 만나는 전각은 경현당(景賢堂)을 비롯한 동궁, 즉 세자궁이었다. 경현당은 세자가 공식 행사를 치를 때 사용하는 공간이었다. 동궁에서 서북쪽으로 직진하면 경희궁의 정

경복궁 중건 이전의 경희궁

경희궁의 전각 가운데 숭정전, 회상전, 흥정당 등 소수를 제외한 대다수는 19세기 말 경복궁 중건 과정에서 경복궁으로 옮겨 갔다.

전인 숭정전(崇政殿)이 좌우의 전각을 거느리고 서 있었다. 조선 중기의 건축 양식을 대표하는 이 전각도 흥화문처럼 굴곡진 근대사 속에 우여곡절을 겪어야 했다.

숭정전 뒤에는 편전인 자정전(資政殿)이 있고, 그 뒤로는 1744년(영조 20)에 새로 그려진 영조의 초상을 모신 태령전(泰寧殿)이 있었다. 숭정전 앞에 있는 흥정당(興政堂)은 왕이 신하를 접견하는 또 하나의 편전이었다.

흥정당 북쪽로는 왕의 침전인 융복전(隆福殿)과 왕비가 거처하는 회상전(會祥殿)을 나란히 배

흥화문(왼쪽) 1616년(광해군 8) 건립. 본래 개양문이 있던 자리에 서 있다. 통상 궁궐 정문이 중층의 누문인 것과 달리 간소한 단층이다. 서울특별시 유형문화재.

구세군회관 1928년 흥화문이 있던 자리에 건립된 한국 구세군의 본관. 좌우 대칭의 안정된 외관이 잘 보존되어 근대 건축의 좋은 사례로 평가된다.

황학정 1898년에 지어진 정자. 일제 강점기인 1922년에 사직공원 뒷산으로 옮겨졌다. 현재 황학정이 있는 곳은 조선 후기 활터 중 하나인 등과정(登科亭)이 있던 자리이다. 서울특별시 유형문화재.

숭정전 앞면 5칸, 옆면 4칸. 주심포 양식의 건물로 정전다운 품격을 갖추고 있다. 경희궁에서 가장 크고 화려하게 지어진 전각이었을 것으로 보인다. 서울특별시 유형문화재.

치했다. 회상전과 마당을 공유하는 집경당(集慶堂)도 침전이었다. 숙종은 회상전에서 태어나 융복전에서 죽었다.

태령전 뒤편에는 서암(왕암)이라는 바위가 있다. 이 바위에는 암천(巖泉)이 있어 지금도 샘물이 흘러나온다. 서암에 왕기가 서렸다고 해서 광해군이 이곳에 경희궁을 지었다는 이야기도 있다. 바로 그 서암 일대가 인조의 아버지인 정원군(원종)의 집터였다.

회상전 뒤에는 궁궐의 연회를 베푸는 광명전(光明殿)과 대비들을 모시는 장락전(長樂殿)이 있었다. 주변에는 용비(龍飛)와 봉상(鳳翔)으로 불리는 누각을 세우고 연못을 조성했다. 그 앞에 자리 잡았던 황학정(黃鶴亭)은 창경궁의 관덕정처럼 활쏘기를 위해 만들어진 정자였다. 지금은 사직공원 뒤편으로 옮겨져 있다.

19세기 말 흥선 대원군이 경복궁을 중건하면서 경희궁의 전각을 대거 옮겨 가자 경희궁은 빈 터가 되었다. 1883년(고종 20)부터 그곳에 뽕나무를 심어 누에를 길렀다. 당시 사람들은 그런 경희궁을 '뽕나무 궁궐'이라고 불렀다.

뽕나무밭으로 변한 경희궁은 터만 잘 고르면 군대의 연병장처럼 사용할 수 있어 관병식을 열기에 적절한 장소가 되었다. 그에 따라 고종은 1899년 하인리히 폰 프로이센 왕자의 국빈 방문 때 군사 1000여 명을 동원해 경희궁 터에서 관병식을 거행했다. 고종 즉위 40주년인 1902년을 '황제국 인정의 해'로 삼고 대대적인 행사를 계획했는데, 그중 하나가 경희궁의 제2차 관병식이었다. 그러나 그해 여름 콜레라가 창궐해 관병식을 비롯한 기념식은 다음 해로 연기되었다. 다음 해에는 고종의 아들 이은이 천연두에 걸려 다시 1년 연기되었다. 그러다가 1904년 러일전쟁이 일어나 모든 행사가 취소되고 말았다.

1908년 일제 통감부는 황제 칙령을 통해 경복궁, 덕수궁, 창덕궁만 황실 재산인 궁으로 분류하고 경희궁은 국유지로 지정했다. 1926년에는 경희궁의 정전인 숭정전이 동국대학교에 있던 조계사로 이전되었다가 정각원이라는 법당이 되었다. 나중에 경희궁으로 다시 이전하려고 해도 너무 낡아서 불가능했다고 한다. 지금의 경희궁 숭정전은 『서궐도안』 등의 자료를 바탕으로 원래의 숭정전을 모방해서 1994년에 복원한 것이다. 1928년에는 숙종이 태어난 회상전도 뜯어서 사찰의 공양간으로 사용했다.

텅 빈 일제 강점기의 경희궁 터에 들어선 것은 경성중학교와 관사였다. 남아 있던 전각들은 경성중학교 부설 교원 양성 기관으로 사용되었다. 경성중학교는 식민지 교육의 산실로, 이후 경성사범학교 등 제국주의 교육 기관의 시발점이 된 곳이었다. 해방 후 경희궁 터에는 경성중학교 대신 서울고등학교가 들어섰다가 1980년 강남으로 이전했다. 그때 경희궁이 서울시 소유로 전환되면서 여러 차례의 복원 사업을 통해 서서히 옛 모습을 찾아가고 있다.

대한제국 말기의 덕수궁

1938년에 출간된 오다 쇼고(小田省吾)의 『덕수궁사(德壽宮史)』에 수록된 평면도를 기초로 재구성했다. 본래 1910년 2월 제작된 평면도는 일제 강점기에 크게 훼손되기 이전의 덕수궁 배치를 살펴볼 수 있는 의미 있는 자료이다. 여기 표현된 전각들 가운데 현존하는 것은 빨간색으로 번호가 매겨진 10개뿐이다. 석조전은 평면도가 제작된 이후인 1910년 말 완공되었다.

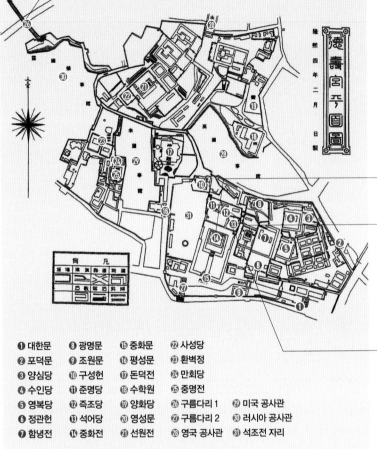

덕수궁 운교 궁 안팎을 연결하는 육교를 놓은 것은 조선 역사에서 처음 있는 일이었다.

중화전 내부 이곳에서 대한제국 황제가 하례를 받거나 국가 행사를 거행했다. 중화문과 함께 보물로 지정되었다.

즉조당과 준명당 즉조당(오른쪽)의 '즉조'는 군주가 즉위한 곳이라는 뜻이고, 준명당은 외국 사신을 접견하는 내전이었다. 1904년 함께 중건했다.

석어당 고려 때와 같은 2층 양식이다. 1층은 정면 8칸, 측면 3칸이고, 2층은 정면 6칸, 측면 1칸이며 팔작지붕을 하고 있다.

❶ 대한문　❽ 광명문　⓯ 중화문　㉒ 사성당
❷ 포덕문　❾ 조원문　⓰ 평성문　㉓ 환벽정
❸ 양심당　❿ 구성헌　⓱ 돈덕전　㉔ 만회당
❹ 수인당　⓫ 준명당　⓲ 수학원　㉕ 중명전
❺ 영복당　⓬ 즉조당　⓳ 양화당　㉖ 구름다리 1　㉙ 미국 공사관
❻ 정관헌　⓭ 석어당　⓴ 영성문　㉗ 구름다리 2　㉚ 러시아 공사관
❼ 함녕전　⓮ 중화전　㉑ 선원전　㉘ 영국 공사관　㉛ 석조전 자리

덕수궁 산책

덕수궁은 대한제국의 요람답게 20세기 말 황제의 궁궐로 재조성되었다. 1910년에 제작된 위의 「덕수궁평면도」를 보면 북쪽의 선원전(㉑), 서쪽의 중명전(㉕) 등 지금은 덕수궁 바깥에 해당하는 전각들이 궁궐에 포함되어 있다. 당시 덕수궁의 영역이 얼마나 확장되었는지 알 수 있다.

오늘날 덕수궁의 정문인 대한문(❶)은 경희궁의 흥화문처럼 궁궐의 동남쪽에 치우쳐 있다. 그러나 원래는 정남쪽에 인화문이라는 정문이 있었다. 인화문에 들어서면 정면에 중화문(⓯)

이 나오고 그 뒤에 정전인 중화전(⓮)이 자리 잡은 구조였다. 이 같은 구조는 1902년(광무 6) 궁궐을 크게 중건하면서 완성되었다. 그때 대한문의 전신인 대안문(大安門)을 세워 새로 정문으로 삼았다. 대안문이 대한문(大漢門)으로 바뀐 것은 1906년 4월이고, 본래 서울광장 쪽으로 더 나가 있던 대한문이 궁궐 안쪽으로 옮겨진 것은 일제 강점기인 1914년이었다.

대한제국의 정전인 중화전은 그 영화를 오래 누리지 못했다. 1905년(광무 9) 11월 을사늑약으로 고종은 통감부의 간섭을 받는 반쪽 황제가

석조전 덕수궁에 지어진 최초의 서양식 석조 건물이다. 18세기 신고전주의 양식을 따랐다. 한국전쟁 이후 1972년까지 국립중앙박물관으로 활용되었다.

돈덕전 편액 돈덕전은 석조전 북쪽에 있었던 서양식 건물이다. 일제 강점기에 헐렸던 것을 2020년대 들어 복원했다.

되었다. 설상가상으로 1907년의 헤이그 밀사 사건이 빌미가 되어 퇴위를 강요받고 그해 7월 중화전에서 순종에게 대리청정을 맡기는 의식을 치렀다. 8월에 순종이 정식으로 황제에 즉위한 것은 궁궐 서쪽 미국 공사관 바로 옆에 서양식으로 지은 돈덕전(⓱)이었다.

중화전 동쪽의 함녕전(❼)은 고종이 침전으로 사용하던 곳으로, 1897년(광무 1)에 지었다. 양위를 강제당한 고종은 12년 동안 이곳에서 살다가 세상을 떠났다. 그의 사망이 3.1운동의 도화선이 되었다는 것은 널리 알려진 사실이다. 고종은 김홍륙이라는 러시아 통역관이 커피에 아편을 타 독살하려 했다는 말이 있을 만큼 커피를 즐겼다. 1900년 함녕전 북쪽에 연회 장소로 지어진 정관헌(❻)은 한국사상 최초의 커피숍이라는 말을 듣는 곳이다.

중화전 북쪽의 즉조당(⓬)과 석어당(⓭)은 근대 건축의 분위기가 물씬한 덕수궁에서는 비교적 전통적 특징을 많이 지니고 있다. 두 전각은 임진왜란으로 피란 갔던 선조가 서울로 돌아와 임시로 정무를 본 곳이다. 선조가 죽자 광해군이 서청(西廳)에서 즉위했다는 기사가 있는데, 서청은 즉조당으로 추정된다. 반정에 성공한 인조

도 그곳에서 즉위했다. 그 후 즉조당은 역대 군주가 어려웠던 시기를 되돌아보고 경각심을 갖는 장소로 활용되었다. 영조는 1773년(영조 49) 선조 기일을 맞아 사도 세자와 함께 즉조당에 들러 추모했다. 고종도 1876년(고종 13)과 1893년 세자를 거느리고 즉조당에 가서 선조의 고난을 회상했다. 석어당은 광해군이 인목 대비를 유폐한 집이었다. 두 전각은 1904년에 불에 타 다시 지은 모습으로 남아 있다.

한식과 서양식이 절충된 정관헌과 달리 완전한 서양식으로 지어진 전각도 있었다. 오늘날 덕수궁을 대표하는 건물이 된 석조전(⓱)은 대한제국이 일본에게 완전히 국권을 빼앗긴 1910년에 완공되었다. 집무 공간과 생활 공간이 분리된 전통 궁궐 양식을 파괴하고 양자를 합쳐 놓은 신개념의 전각이었다. 국제적인 건물 양식답게 해방 후 통일 임시 정부의 수립을 논의하는 미소공동위원회가 석조전에서 열렸다. 1947년에는 5.10 총선을 주관할 국제연합 한국위원회도 이곳에 둥지를 틀었다. 지금은 덕수궁대한제국역사관으로 운영되고 있고, 서관에는 국립현대미술관 분관(덕수궁 미술관)이 자리 잡고 있다.

덕수궁의 또 하나의 명물은 덕수궁과 경희궁을 편하게 오가기 위한 운교(雲橋), 즉 구름다리였다. 대한제국 시절인 1902년 10월에 축조된 일종의 육교로,「덕수궁 평면도」에 보이는 '구름다리 1(㉖)'이 그것이다. 지금보다 서북쪽으로 더 확장되어 있었던 덕수궁에서 새문안로를 건너 경희궁으로 가도록 놓여 있었다. 무지개 모양이라서 '홍교(虹橋, 무지개다리)'라고도 하고, 황제가 지나는 길이라서 '어로'라고도 했다. 또 돈의문과 가까워 '서대문 다리'로 불리기도 했다. 1908년『대한매일신보』에는 이 구름다리에 관한 기사가 실려 있었다. 지금은 남아 있지 않은데, 언제 왜 철거되었는지는 불분명하다.

덕수궁 돌담길을 따라 돌아볼 수 있는 정동은 왕도 서울이 황도를 거쳐 식민지의 경성, 대한민국의 수도로 변모하는 과정을 함께한 근대 서울의 산실이다. 근대 교육에 앞장섰던 선교사 언더우드, 스크랜튼, 아펜젤러가 세운 학당들이 곳곳에 자리 잡고 있다.

지금의 이화여자고등학교 100주년 기념관 근처에 자리 잡고 있던 손탁호텔(Sontag Hotel)은 근대적 전제 국가를 지향한 고종의 행보와 관련해 주목되는 곳이다. 앙투아네트 손탁은 프랑스 출신 독일인으로 1885년 주조선 러시아 공사 베베르가 부임할 때 함께 들어왔다. 이듬해 경복궁의 양식 조리사로 임명된 손탁은 명성 황후를 알현하고 고종과도 인연을 맺었다. 아관파천 뒤에는 고종의 신임을 받아 밀사 임무를 수행하기도 했다. 1902년 고종은 황실 소유의 가옥과 대지에 25개의 객실을 갖춘 2층짜리 서양식 호텔을 지은 뒤 손탁에게 운영을 맡겼다.

손탁호텔은 그 후 숱한 비화를 낳으며 근대사의 숨겨진 무대로 활용되었다. 한국을 사랑한 끝에 죽어서도 한국에 묻히고 싶다는 소원을 끝내 이룬 선교사 헐버트, 일제에 맞서 한국의 독립을 지지했던 『대한매일신보』 사장 베델도 이곳에서 사람들을 만나고 반일 활동을 전개했다. 1905년 을사늑약이 체결될 때에는 일본의 특파 대사였던 이토 히로부미가 머물면서 조약 체결을 진두지휘한 곳이기도 하다.

손탁호텔이 워낙 유명한 탓인지 많은 사람이 이곳을 한국 최초의 호텔로 알고 있다. 그러나 한국에서 호텔의 역사가 시작된 것은 1888년 개항지인 인천에 서양식 호텔인 대불호텔이 들어서면서였다. 1901년에는 덕수궁 앞에 팔레호텔이 들어서기도 했다.

중명전(重明殿)은 정동의 한 골목길에 자리 잡은 붉은 벽돌 건물이다. 처음에는 왕실 도서관으

러시아 공사관 1890년(고종 27)에 지은 구 러시아 공사관의 터와 3층 전망탑. 러시아 공사관은 한국전쟁으로 건물이 심하게 파괴되어 탑과 지하 2층만 남아 있었으나, 1973년에 복구되었다.

중명전 본래 서양 선교사들의 거주지에 속해 있다가 1897년 덕수궁이 확장되면서 궁궐로 편입되었다. 사적.

로 지어졌다가 1904년 큰불로 많은 전각이 불탄 후에는 편전으로 쓰였던 곳이다. 당시에는 덕수궁 영역이 중명전 자리까지 확장되었으나 지금의 중명전은 궁궐 밖에 있다. 일본은 러일전쟁에서 승리한 뒤 중명전에서 대한제국 관료들을 협박해 을사늑약을 체결했다. 고종이 을사늑약의 부당함을 알리기 위해 헤이그 만국평화회의에 밀사를 파견하기로 결정한 장소도 중명전이었다. 오늘날 중명전은 을사늑약과 헤이그 특사에 관한 자료 전시관으로 남아 있다.

덕수궁을 황제의 궁궐로 만들어 준 결정적인 장소는 서울광장을 사이에 두고 덕수궁과 마주 보는 환구단(圜丘壇)이었다. 황제가 하늘에 제사를 지내는 곳이다. 중국에 사대하던 과거와 단절하고 자주적인 황제국이 된다는 뜻에서 종래 중국 사신을 접대하던 남별궁 터에 단을 만들어 조성했다. 베이징으로 치면 자금성 남쪽으로 4킬로미터 남짓 떨어져 있는 천단(天壇)에 해당한다. 천단은 자금성의 3배가 훌쩍 넘는 어마어마한 크기를 자랑하지만, 고종의 황제 즉위식을 위해 만

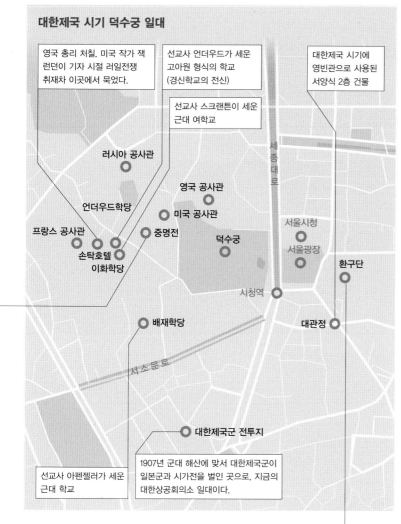

대한제국 시기 덕수궁 일대

영국 총리 처칠, 미국 작가 잭 런던이 기자 시절 러일전쟁 취재차 이곳에서 묵었다.

선교사 언더우드가 세운 고아원 형식의 학교 (경신학교의 전신)

대한제국 시기에 영빈관으로 사용된 서양식 2층 건물

선교사 스크랜튼이 세운 근대 여학교

러시아 공사관

영국 공사관

언더우드학당

미국 공사관

프랑스 공사관

중명전

서울시청

손탁호텔

덕수궁

서울광장

이화학당

환구단

시청역

배재학당

대관정

서소문로

대한제국군 전투지

1907년 군대 해산에 맞서 대한제국군이 일본군과 시가전을 벌인 곳으로, 지금의 대한상공회의소 일대이다.

선교사 아펜젤러가 세운 근대 학교

일제 강점기의 환구단
사진 아랫부분에 적힌 '조선총독부 시정 3주년 기념'이라는 문구가 1913년 일제에 의해 헐리기 직전 시기의 환구단이라는 것을 말해 준다. 왼쪽의 3층 건물이 황궁우이다.

현대의 환구단
여러 신의 위패를 봉안하던 황궁우와 그 옆에 세운 석고단이 남아 있다. 일제 강점기에 헐린 환구단은 아직 복원되지 못했다.

들어진 환구단을 그렇게 키울 여력은 당시의 조선에 없었다.

환구단은 천단이 그렇듯 천원지방(天圓地方)을 상징하는 형태로 조성되었다. '천원지방'은 하늘은 둥글고 땅은 네모졌다는 동양의 전통적 우주관을 나타내는 말이다. 황제가 올라가는 가운데 제단은 하늘을 상징해 둥글게 짓고 제단을 둘러싼 영역은 땅을 상징해 사각형의 울타리를 둘렀다.

아관파천 1년 만에 덕수궁으로 환궁한 고종은 그해(1897) 10월 환구단에서 대한제국을 선포하고 스스로 황제에 오르는 제천 의식을 봉행했다. 2년 뒤에는 대한제국의 정치 체제를 전제 군주제로 명시한 「대한국국제」를 제정 공포하고 황제의 복장과 각급 관리의 관복을 새롭게 제정했다. 이처럼 야심 차게 출발한 대한제국이었지만 그 장래는 밝지 않았다. 러시아와 일본을 선두로 한 열강이 이 신생 황제국에 대한 이권을 놓고 이전투구를 벌이고 있었기 때문이다. 결국, 대한제국은 불과 13년 만인 1910년 8월 29일 비참하게 역사의 무대에서 퇴장하고 말았다.

일제는 '조선 최대의 철도 호텔'인 조선호텔을 짓기 위해 환구단을 철거하면서 일부 전각만 남겼다. 지금은 조선호텔의 후신인 웨스틴조선호텔 뜰에 환구단의 부속 전각인 황궁우(皇穹宇)와 석고(돌로 만든 북), 3개의 아치가 있는 석조 대문이 보존되어 있다. 황궁우는 화강암 기단 위에 3층 8각 지붕을 얹어 지은 전각으로, 역대 황제의 신위를 봉안했다. 황궁우 옆에 석고단을 세운 것은 1902년 고종 즉위 40주년을 기념하기 위해서였다. 석고의 몸통에 부착된 용무늬는 대한제국 시기의 걸작으로 평가받고 있다. 석조 대문은 1960년대에 호텔을 재건축할 때 유실되었는데, 2007년 서울 강북구 우이동의 시내버스 차고지 입구에 있던 것을 발견해서 옮겨 왔다.

황궁우 1899년에 만들어진 3층의 8각 건물. 화강암 기단 위에 건물을 세우고 돌난간을 둘렀으며, 내부 바닥에는 벽돌을 깔았다. 건물 1층과 2층은 서로 뚫려 있는 통층 구조로, 중앙에 태조의 신위를 봉안하고 있다. 3층은 각 면에 3개의 창을 냈고, 중앙 상부에는 원추형 지붕을 설치했다.

3

왕도의 중심과 주변

왼쪽은 17세기 후반 이래 상품 화폐 경제가 발달하면서 활기를 띠던 서울의 다채로운 생활상을 묘사한 그림이다. 그림을 자세히 보면 인물의 복식, 건물의 양식, 거리의 풍경 등에서 당대 중국의 특징이 드러나기도 한다. 18세기를 전후해 활발히 유입된 중국 문물의 영향일 것이다. 그러나 혼례식, 장원 급제자와 귀부인의 행렬 등에서 보이는 풍속과 사람들이 사용하는 도구는 조선의 것이 분명하다. 화려한 중국 도시의 모습을 일부 빌려 와 조선 사회가 꿈꾼 활기 넘치는 도시 생활의 모습을 화폭에 담은 것이리라. 그림처럼 생동감 넘치는 모습은 조선 후기 관청가와 시장, 주택가와 거리, 도성 안팎의 산과 강과 들에서 펼쳐지고 있었다.

「태평성시도(太平城市圖)」 부분 조선 후기에 만들어진 작자 미상의 8폭 병풍. 도시에서 벌어지는 다채로운 생활상과 각계각층의 인물 군상을 흥미롭게 묘사하고 있다. 중국에서 청명 절기의 도시 생활 풍경을 그린 풍속화의 한 장르인 「청명상하도(淸明上河圖)」로부터 영향을 받은 것으로 보인다. 18세기 들어 청과 교류하면서 새롭게 들어온 중국의 문물과 생활 문화가 적극적으로 반영되었다는 것도 눈에 띄는 특징이다. 가로 49.1센티미터, 세로 113.6센티미터. 비단에 채색.

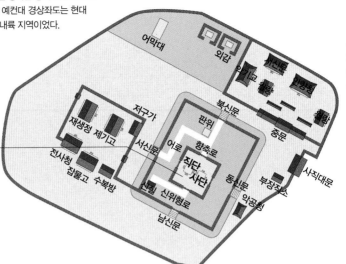

광화문

사직단과 종묘

현대 서울의 지도를 보면 사직단이 경복궁의 왼쪽에 있고 종묘가 오른쪽에 있다. 그런데도 '좌묘우사'라고 하는 것은 북쪽을 등지고 남쪽을 향하는 왕의 시선으로 보았기 때문이다. 이 같은 원칙은 전국적으로 적용되었다. 예컨대 경상좌도는 현대 지도로 볼 때 오른쪽 동해안 지역이고 경상우도는 왼쪽 내륙 지역이었다.

사직단 어도 의례가 있을 때 왕이 드나든 길. 사직단에는 왕이 다니는 길과 신(神)이 다니는 길이 별도로 있었다.

사직단 사단은 땅의 신에게, 직단은 곡식의 신에게 제사를 지내는 곳이다. 서울의 사직단은 정확하게 남북을 향하지 않고 동남–북서로 약간 틀어져 있다. 사적.

1 종묘사직

종묘(宗廟)와 사직단(社稷壇)은 조선 시대의 대표적 단묘 시설이다. '단묘'는 제사를 지내는 각종 제단과 사당을 가리킨다. 묘는 무덤 묘(墓)와 발음이 같지만, 글자도 다르고 뜻도 다르다. 단은 제사를 위해 흙이나 돌로 쌓은 터로만 되어 있으나, 묘는 제사의 대상을 모신 지상의 시설물(사당)이 있다는 점에서 형태적으로 구분된다.

『신증동국여지승람』에 소개된 단묘의 종류는 사직단, 선농단, 종묘, 문묘 등 다양하다. 그중에서도 사직단과 종묘는 도성에서 가장 중요한 제사 시설로, "종묘사직을 보존하소서."라는 말처럼 그 자체가 왕권을 상징하는 곳이다.

왕의 시선에서 왼쪽에 있는 종묘부터 보자. 역대 왕들의 신위를 모신 정전(正殿)과 영녕전(永寧殿)을 중심으로 부속 건물들이 자리 잡고 있다. 정전의 좌우에는 공신당과 칠사당을 배치해 대칭을 이루게 했다. 정전 밖의 좌우에도 재궁과 악공청이 대칭을 이루며 자리 잡고 있다.

종묘에서 눈에 띄는 건물 중 하나는 공민왕의 신당이다. 조선 왕조의 종묘에 왜 고려 왕의 사당이 있을까? 일제 강점기에 편찬된 『종묘지』에는 다음과 같은 전설이 전한다. 종묘를 지을 때 북쪽에서 회오리바람이 불어오더니 어떤 물건이 묘정에 떨어졌다. 주워 보니 공민왕 영정이라 이를 놀랍게 여겨 신당을 지었다는 것이다. 그러나 19세기 이전의 종묘에 공민왕 신당이 있었는지는 불확실하다. 조선 초기에 공민왕이 종묘에 모셔질 만큼 높은 평가를 받았는지도 확인하기 어렵다. 후대에 공민왕이 개혁 군주로 평가되면서 종묘에 그의 신당이 들어서게 된 것으로 보인다.

한편, 사직단 건축에는 음양오행의 원리가 잘 드러나 있다. 중앙에 사직 대제를 올리는 사단과 직단을 배치해 음양을 이루게 하고, 각 단의 4면 중앙에 섬돌로 계단을 놓아 오행을 배치했다. 단의 주위는 유원(壝垣)이라는 낮은 담으로 두르고 그 바깥으로 주원(周垣)을 쌓아 이중의 담을 만들었다. 유원 둘레에는 네 개의 유문(壝門), 주원 둘레에는 네 개의 신문(神門)을 배치했다. 중심과 네 방위를 가진 오행 구성이다. 그 밖에도 대문과 신실(신위를 모신 방) 등의 시설을 두고 소나무를 주종으로 하는 조경수를 심었다.

생문
오위도총부
동십자각

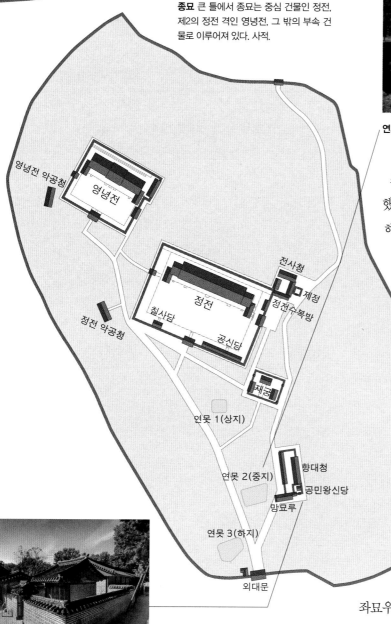

종묘 큰 틀에서 종묘는 중심 건물인 정전, 제2의 정전 격인 영녕전, 그 밖의 부속 건물로 이루어져 있다. 사적.

영녕전 악공청

영녕전

전사청

제정

정전

정전수복방

정전 악공청

칠사당

공신당

제궁

연못 1(상지)

연못 2(중지)

향대청

공민왕신당

망묘루

연못 3(하지)

외대문

연지(蓮池) 불의 기운을 막는 역할을 한다고 여겨진 못.

공민왕 신당 내부에는 공민왕과 그의 왕비인 노국대장공주가 한자리에 있는 영정과 공민왕이 그린 것으로 전하는 「준마도(駿馬圖)」가 봉안되어 있다.

조선 시대에는 신분의 상하 관계가 뚜렷했다. 음양론으로 볼 때 상은 좌, 하는 우에 해당한다. 왕과 신하, 신하와 백성, 남성과 여성도 음양론에 근거해 각각 양과 음으로 자리매김했다. 정승 중에서도 좌의정이 우의정보다 앞서고, 궁궐 조회 때에도 양인 문신이 좌측, 음인 무신이 우측에 도열한다. 물론 그때의 좌우도 왕의 시선에서 본 방향이다.

음양론은 상하 질서와 신분 관계뿐 아니라 도성을 건설할 때에도 적용되었다. 궁궐을 중심으로 왕의 시선에서 왼쪽에 종묘를 짓고 오른쪽에 사직단을 지은 것은 종묘가 양, 사직단이 음으로 여겨졌기 때문이다. 이처럼 좌묘우사의 원칙은 오랜 옛날부터 내려온 음양론에 뿌리를 두고 있다.

그러나 음양은 고정불변의 존재가 아니다. 그것은 유동적이다. 성리학을 집대성한 주자는 음양이 서로 상대적이면서 상보적이라고 주장했다. 양이 음이 되고 음이 양으로 변화한다는 것이다. 고려의 신하였던 이성계가 조선의 왕이 된 것이 좋은 예라고 하겠다. 이성계는 음양론에 따라 종묘와 사직단을 세우면서도 자신의 왕조만은 끝까지 양지에 남기를 바랐을까?

궁궐 좌우에 종묘와 사직단을 배치한 이유도 음양론에서 찾을 수 있다. 음양론은 인간을 비롯한 우주 만물이 음과 양의 짝을 이루면서 구성된다는 이론이다. 상하, 좌우, 전후, 남녀 등이 모두 음양이다. 태극무늬에서도 알 수 있는 것처럼 음양은 서로 대비되는 지점에 자리 잡고 있다. 양이 왼쪽이고 음이 오른쪽이다. 방위로 보면 양은 동쪽, 음은 서쪽이다.

종묘 – 죽은 자를 모시는 살아 있는 공간

유교의 예법에 따르면 일반 사대부는 집안의 사당에 4대조까지 모신다. 4대조 이전의 조상 신위는 사당에서 비운다는 뜻이다. 다만 특별히 국가에 공을 세운 조상은 '불천위'라 해서 그 신위를 사당에 계속 모실 수 있다.

그렇다면 왕실 사당인 종묘는 어떨까? 중국에서 유래한 관례에 따르면 황제국의 종묘는 칠묘제, 조선 같은 제후국의 종묘는 오묘제를 행했다. 칠묘제는 재위 중인 황제의 직전 선황제 6명과 시조의 신위를 모시고, 오묘제는 직전 선왕 4명과 시조의 신위를 모시는 방식이다.

조선이 오묘제를 시행했다면 종묘에는 다섯 분의 신위만 모시면 될 텐데 왜 정전과 영녕전이라는 두 개의 사당 건물이 필요했을까? 그리고 이 건물들은 왜 저렇게 긴 것일까? 여기에는 조상의 신위를 불태워 없애는 것이 두려웠던 왕들의 고민이 깔려 있었다.

1395년 종묘 정전이 완성되었을 때는 태조의 네 조상(목조·익조·도조·환조)을 왕으로 추존해 그 신위를 모셨다. 1408년(태종 8) 태조가 승하해 그의 신위를 모시면서 말 그대로 오묘제가 시작되었다. 그런데 10년 후 제2대 정종이 죽자 그때 막 즉위한 세종에게 고민이 생겼다. 정종의 신위를 모시면 오묘제의 원칙에 따라 가장 앞선 목조의 신위를 비워야 할 터였다. 그러나 세종은 그럴 엄두가 나지 않았다. 그래서 정전 옆에 영녕전을 짓고 정전에서 비워야 할 신위를 그곳에 모시기로 했다. 이 방식을 일러 '별묘제'라 한다. 이것이 오늘날의 종묘가 정전과 영녕전으로 구성된 이유이다.

정전과 영녕전은 임진왜란 때 불탄 이후로 세 번의 증축을 거치면서 가로로 점점 더 길어졌다. 증축할수록 건물의 구조가 유기적으로 변하니 마치 살아 움직이는 느낌이다. 그래서인지 죽

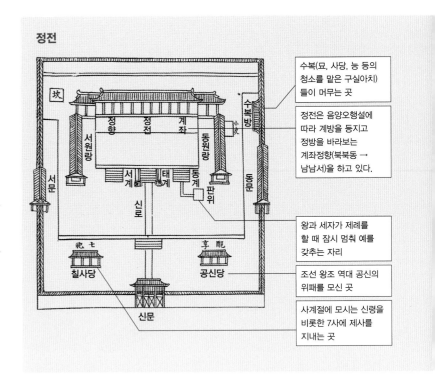

정전

수복(묘, 사당, 능 등의 청소를 맡은 구실아치)들이 머무는 곳

정전은 음양오행설에 따라 계방을 등지고 정방을 바라보는 계좌정향(북북동 → 남남서)을 하고 있다.

왕과 세자가 제례를 할 때 잠시 멈춰 예를 갖추는 자리

조선 왕조 역대 공신의 위패를 모신 곳

사계절에 모시는 신령을 비롯한 7사에 제사를 지내는 곳

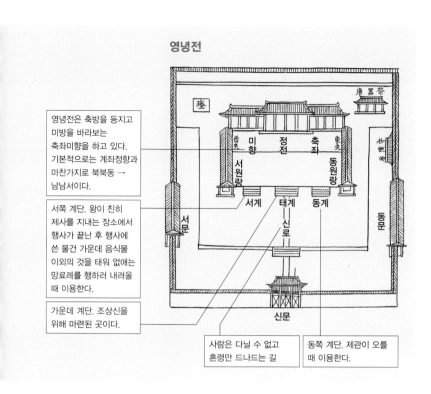

영녕전

영녕전은 축방을 등지고 미방을 바라보는 축좌미향을 하고 있다. 기본적으로는 계좌정향과 마찬가지로 북북동 → 남남서이다.

서쪽 계단. 왕이 친히 제사를 지내는 장소에서 행사가 끝난 후 행사에 쓴 물건 가운데 음식물 이외의 것을 태워 없애는 망료례를 행하러 내려올 때 이용한다.

가운데 계단. 조상신을 위해 마련된 곳이다.

사람은 다닐 수 없고 혼령만 드나드는 길

동쪽 계단. 제관이 오를 때 이용한다.

음의 공간인데도 오히려 역동적인 삶의 모습이 느껴진다. 종묘의 마지막 증축이 이루어진 것은 1834년(순조 34)이었다. 7칸으로 시작한 정전은 19칸까지 늘어나 19명의 왕과 그들의 왕비의 신위를 모시고 있다. 영녕전도 처음에는 6칸이었지만 점점 늘어나 16칸이 되었다. 영녕전에는 태조의 추존된 네 조상을 중앙으로 하고 단종, 장조(사도 세자) 등의 신위를 모셨다.

영녕전이야 정전에서 빠지는 신위를 모시기로 한 곳이니까 계속 길어지는 게 이해가 된다. 그러나 정전은 왜 그렇게 길어졌을까? 그것은 '세실(世室)' 때문이었다. 세실은 공덕이 높은 왕의 신위를 옮기지 않고 대대로 모시는 방을 말한다. 그곳에 남아 있는 신위가 곧 불천위이다. 오묘제든 칠묘제든 처음에는 시조의 신위만 불천위로 설정된다. 그러나 세월이 흘러 신위를 영녕전으로 옮기고자 할 때는 그 왕의 업적을 평가해 세실로 삼을지를 결정했다. 이처럼 세실 개념을 종묘 운영에 적용하게 된 것은 1457년(세조 3)의 일이었다.

고종이 1897년 황제국을 선포한 뒤 종묘는 칠묘제의 적용을 받게 되었다. 순종 때인 1908년(융희 2) 시조인 태조와 여섯 선왕을 황제로 추존해 그 신위를 종묘에 모셨다. 태조를 제외한 여섯 황제는 순종 바로 앞의 정조·순조·문조(효명 세자)·헌종·철종·고종이었다. 그들 이전의 선왕 가운데 오늘날까지도 정전에 남아 있는 태종·세종·세조·성종 등의 신위는 세실로 보면 된다. 훗날 순종의 신위가 정전에 모셔진 뒤에도 영녕전으로 옮겨 가지 않고 남은 정조의 신위 역시 세실이라 하겠다.

종묘 정전 프랑스 건축가 프랑크 케리가 "이 같이 장엄한 공간은 세계 어디에서도 찾아보기 힘들다."라고 극찬할 만큼 건축학적으로 중요한 의미를 가진 건물이다. 가로 길이 101미터. 모두 49위에 이르는 조선 시대 왕과 왕비의 신위를 모시고 있다. 국보. 1995년 유네스코 세계문화유산으로 등재되었다.

이제 종묘 대제에 참가해 보자. 유교 왕조인 조선에서 국가의 운영 원리로 가장 중요하게 여긴 것이 예(禮)와 악(樂)이었다. 신분 질서가 엄격한 사회에서 그 질서를 각종 예법으로 확인하는 것이 예라면, 그러한 질서가 초래하는 긴장을 위아래가 함께 풀고 조화를 모색하는 것이 악이다. 다시 말해 예는 구분의 원리, 악은 통합의 원리라 할 수 있다.

예의 원리를 제도화한 예제(禮制)는 국가의 정치 질서를 왕실 중심으로 확립하기 위한 '오례'와 왕실 이외의 가족 구성원들이 준수할 '사례'로 나뉜다. 길례·가례·빈례·군례·흉례의 오례 가운데 으뜸인 길례는 제사를 지내는 의식을 말한다. 길례는 또한 제사의 형식에 따라 대사·중사·소사로 구분된다. 종묘와 사직단에서 지내는 제사는 국가의 가장 큰 제사인 대사에 속한다.

종묘 대제는 역대 왕과 왕비의 신위를 모시고 제사를 지내는 의례이다. 2001년 5월 18일 종묘 대제악과 함께 국내 최초로 유네스코 인류구전 및 무형유산걸작에 선정되어 세계무형유산으로 등재되었다. 종묘가 이미 유네스코 세계문화유산이니, 종묘 대제는 세계가 보호하는 건물에서 벌어지는 세계인의 축제인 셈이다.

종묘 대제의 대상인 신위는 망자의 혼이 의지하는 자리이다. 따라서 작은 나무패로 만들어지는 신위는 혼의 상징이다. 신위를 모신 제상에는 고대의 제도를 이어받아 날것만을 올려야 한다. 그러한 날것으로 제사에 쓰이는 음식을 마련하는 곳이 전사청(典祀廳)이다. 전사청 남쪽 뜰에는 제사에 쓰일 제물을 심사하는 희생대와 제상을 차리는 찬막단이 있다. 엄격한 과정을 거쳐 조리된 제사 음식은 모두 63종류의 제기에 담겨 망자의 혼 앞에 바쳐진다.

종묘 대제의 의식은 제사를 올리기 전 헌관(獻官)이 7일간 몸가짐을 깨끗이 하는 데서 시작된다. 헌관이란 나라에서 제사를 지낼 때 임시로 임명하던 제관을 말한다. 큰 제사에서는 왕이 초헌관, 세자가 아헌관, 영의정이 종헌관을 맡았다. 일반 제사에서는 문무 당상관이 헌관을 맡는다.

제사 3일 전, 제사에 쓰일 각종 물품을 설치한다. 이를 '진설(陳設)'이라 한다. 제사는 왕이 신하들을 거느리고 궁을 나오면서 본격적으로 시작되는데, 그러한 의식을 '거가출궁(車駕出宮)'이라 한다. 종묘에서 정전에 이르는 길은 삼도(三道)로 이루어져 있다. 가운데는 죽은 자의 혼이 다니는 신로(神路), 오른쪽은 초헌관인 왕이 걷는 어도(御道), 왼쪽은 아헌관인 세자가 걷는 세자도(世子道)였다. 그 밖의 제관들은 삼도 밖의 흙길을 걸어야 한다.

착준(著尊) 종묘 대제에서 신위에 올리는 술을 담는 항아리 중 하나. 가을·겨울 제사 때 사용되었다. 손잡이 부분에 양의 기운을 상징하는 동물의 머리 모양 장식이 부착되어 있다.

혼은 정전 담장의 한가운데 나 있는 신문(神門)을 통해 정전으로 들어가고, 왕과 세자를 비롯한 제관들은 동문을 통해 들어간다. 서문은 악공과 무희 등이 출입하는 문이다. 신문과 동문은 3문 형태를, 서문은 1문 형태를 취하고 있다. 정전을 중심으로 한 제례 참여 인원의 위치에도 물론 정해진 질서가 있다. 제주인 왕을 중심으로 왼쪽에는 문관, 오른쪽에는 무관이 자리 잡았다.

제단에 오르면 우선 희생 제물의 상태를 살핀다(省牲器). 그런 다음 향을 세 번 피워 올리고 울

창주를 땅에 뿌리며 폐백을 올린다. 이를 '신관(晨祼)'이라 한다. 울창주는 울금향을 넣어 빚은 향기 나는 술. 이 술을 뿌리는 것은 신령의 강림을 바라는 행위이다. 신관에 이어 삶은 고기를 올리는데 이를 '궤식(饋食)'이라 한다.

궤식까지 마치면 신위에 술을 올릴 차례이다. 초헌관이 첫 번째 잔을 올리는 것을 '초헌'이라 한다. 아헌관이 두 번째 잔을 올리는 것이 '아헌', 종헌관이 마지막 세 번째 잔을 올리는 것이 '종헌'이다. 관현악과 무용이 어우러지는 종묘 대제악이 이 모든 과정에 함께한다. 장엄한 음악과 함께 문무(文舞)와 무무(武舞)가 이어지면서 자칫 경직될 수 있는 종묘 대제의 분위기를 한편으로 풀어 주고 한편으로 고조시킨다.

종헌까지 마치면 제관들은 신위에 올린 술을 복주 삼아 마시는데, 이것이 '음복(飮福)'이다. 그와 더불어 제단 위의 행사는 끝나고 왕을 비롯한 제관들은 궁궐로 발걸음을 돌리게 된다. 이 마지막 의식을 '거가환궁(車駕還宮)'이라 한다. 죽은 자를 모신 살아 있는 공간에서 펼쳐진 국가적 축제는 그렇게 막을 내렸다.

종묘와 팡테옹

서양에는 왕가의 신위를 모신 종묘 같은 신전은 없다. 고대 그리스에서는 다신교 신전, 로마제국 이후의 유럽에서는 기독교 유일신을 모시는 성당과 교회가 그 역할을 했다. 팡테옹도 기독교의 교회였으나 프랑스 대혁명 이후 역사적 위인을 모시는 국립묘지로 변화했다. 볼테르, 루소 등 몇몇 대혁명 이전의 인물도 예외적으로 모셔져 있다. 팡테옹 정면에 새겨진 "조국이 위대한 사람들에게 사의를 표한다."라는 문장보다 이 건축물의 성격을 더 잘 보여 주는 것은 없다. 그러면서 여전히 교회의 예배 장소로 사용되기도 하는 복합 공간이다.

종묘는 왕족이 중심이 되고, 팡테옹은 시민이 중심이 되는 묘제 공간이다. 종묘는 왕실의 조상을 경배하고, 팡테옹은 작가·예술가를 비롯한 시민의 영웅들을 추모한다. 종묘와 팡테옹은 인간의 죽음을 보는 방식이 달랐던 동서양이 사자(死者)의 영혼을 각자의 방식으로 모시는 닮은 공간이다.

팡테옹 프랑스 파리에 있는 국립묘지. 1758년에 건물 기초가 세워졌고 프랑스 대혁명이 시작된 1789년에 완성되었다.

「사직노송도(社稷老松圖)」(왼쪽) 「사직서의궤」에는 안향청과 중문 사이에 소나무로 보이는 교목이 한 그루 표시되어 있다. 그 소나무를 그린 겸재 정선의 작품이다. 소나무는 사직단을 처음 세울 때부터 있었던 것으로 추정된다.

신농(神農) 수인, 복희와 더불어 중국 고대 전설에 등장하는 삼황(三皇)의 한 명. 역(易)의 신, 상업의 신으로도 일컬어진다.

사직단 – 농자천하지대본의 제단

종묘가 조선 왕조의 권력이 누구에게 있는가를 끊임없이 확인시켜 주는 공간이라면, 사직단은 그 권력의 근원이 어디에 있는지를 확인하는 공간이다. 왕실 사당인 종묘는 이성계의 피를 이어받은 가문의 자손들만이 조선의 왕위에 오를 수 있다는 사실을 매년 천하에 공포한다. 토지의 신과 곡식의 신에게 제사를 지내는 사직단은 그러한 이씨 일가의 권력을 지탱해 주는 원천이 무엇인가를 묻고 또 묻는다.

유교 사상에 따르면 군주의 권력은 천명(天命)을 받아 확립된다. 그와 동시에 천심은 곧 민심이라는 사실을 강조하는 것도 잊지 않는다. 군주에게 권력을 맡긴 하늘의 뜻은 사실 백성의 뜻이라는 것이다. 조선 시대에 그 백성은 농사를 지어 나라를 먹여 살렸다. 이를 한마디로 표현하는 말이 '농자천하지대본(農者天下之大本)'이다. 땅을 일궈 먹을 것을 생산하는 농사일이야말로 천하의 근본이라는 뜻이다. 바로 그런 의미에서 사직단은 종묘 못지않은 조선의 최고 제단이라고 할 수 있다.

사직의 '사'는 토지의 신으로 태사(太社)라 하고 '직'은 곡식의 신으로 태직(太稷)이라 한다. 태사는 중국 신화에 나오는 땅의 신 후토(后土)와 함께 동쪽의 사단에 모시고, 태직은 역시 중국 신화에 나오는 곡식의 신 후직(后稷)과 함께 직단에 모셨다.

여기서 잠시 후토와 후직이 등장하는 중국 신화를 살펴보고 넘어가자. 황제(黃帝)와 염제(炎帝)는 그리스 신화의 제우스나 아폴론에 비견되는 신격을 갖춘 고대 중국 최고의 신들이었다. 맞수 관계였던 그들은 전쟁을 벌여 황제가 승리한다. 일인자가 된 황제는 중앙의 신이 되고, 염제는 권력에서 물러나 남쪽의 신이 된다.

태양신 염제는 비록 전쟁에서는 패했지만 황제에 뒤지지 않는 권능과 명예를 누렸다. 그는 황제보다 먼저 태어난 자애로운 신이었다. 배고픈 사람들에게 곡식 심는 법을 가르쳐 주고, 햇볕과 열기로 곡식이 잘 자라게 해서 인류가 먹고사는 일을 돌보아 주었다. 그래서 염제는 농사의 신인 '신농(神農)'으로도 일컬어진다. 염제는 농사뿐 아니라 약초를 가려내어 사람들의 병을 치료하는 의학의 신이기도 했다. 염제의 자손 중에는 물의 신, 불의 신도 있고 시간의 신도 있다. 또 신농의 권능을 물려받은 땅의 신 후토와 곡식의 신 후직도 염제의 후손이었다.

좌묘우사의 원칙에 따라 사직단은 경복궁 서쪽에 자리 잡고 있다. 인왕산이 남동쪽으로 뻗어 내려오는 곳이다. 제단의 형태는 사각형이다. 천신에게 제사를 지내는 환구단이 원형을 취하는 것과 대조적이다. 이러한 형태의 차이는 앞에서도 본 것처럼 하늘은 둥글고 땅은 네모졌다는(천원지방) 동양 고유의 우주관에서 비롯된다. 따라서 천신에 제사를 지내는 원구단은 둥근 모양, 땅과 곡식의 신에 제사를 지내는 사직단은 네모진 모양을 취한 것이다.

이 같은 원리에 따라 사직단은 남쪽에 앉아서 북쪽을 바라보고 있다. 이는 정조 때 편찬된 『사직의궤서』에서도 확인된다. "국사, 국직, 신좌가 남에서 북향"했다고 쓰여 있기 때문이다. 앞에서 살펴본 것처럼 경복궁은 북쪽에 앉아서 남쪽을 바라보고 있다. 그렇다면 사직단은 왜 경복궁과 반대로 북향을 하고 있을까? 그것은 위에 있는 하늘(양)이 북이고 아래에 있는 땅(음)이 남이라는 전통적 방위 관념으로 설명할 수 있다. 다시 말해 사직단은 땅의 신에게 제사를 지내는 공간이므로 땅의 방위인 남쪽에서 하늘을 향해 자리 잡고 있는 것이다.

그런데 방금 살펴본 『사직의궤서』에는 '국사'와 '국직'이라는 표현이 나온다. 이것은 토지의 신인 '태사'와 곡식의 신인 '태직'을 대신해 쓰인 말이다. 왜 그랬을까? 그것은 『사직의궤서』를 저술한 조선의 사대부들이 조선은 명의 제후국이라는 생각을 갖고 있었기 때문이라고 판단된다. 그들은 고금의 제도를 살펴 제후국인 조선의 사직단에 어울리는 표현으로 클 태(太) 자 대신 나라 국(國) 자를 사용했을 것이다. 천자만이 천신에 제사 지낼 수 있다는 관념에서 조선의 왕들이 환구단에서 제천(祭天)을 행하지 않은 것과 맥을 같이하는 일이다.

베이징의 태묘사직

서울의 종묘사직이 경복궁에서 조금 떨어진 곳에 배치된 것과 달리 베이징의 태묘(종묘)사직은 자금성 바로 앞에 배치되어 있다. 현재 베이징의 태묘 자리에는 노동인민문화궁전, 사직단 자리에는 중산공원이 들어서 있다. 인민을 주인으로 내세우는 중화인민공화국에 걸맞은 용도 변경인 셈이다. 물론 서울의 종묘사직도 시민들이 이용하는 공원이다. 그러나 대한민국 국민은 종묘사직의 원형이 보존되지 않는 다른 형태의 공원을 받아들이기 어려울 것이다. 현대 중국은 청 왕조를 무너뜨린 신해혁명의 계승을 표방하고 있으므로 왕조의 유산과 일정한 거리감이 있다. 반면 한국인은 일제가 능멸한 조선 왕조의 유산을 온전히 복원하고 보존해야 한다는 생각이 강하다. 바로 여기서 태묘사직을 바라보는 중국 인민과 종묘사직을 바라보는 대한민국 국민의 시각차가 연원하는 게 아닐까?

중산공원

노동인민문화공원

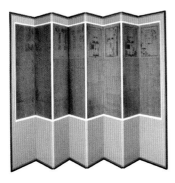

「**사직단국왕친향도 병풍**」 정조의 명령으로 편찬된 『사직서의궤』를 바탕으로 제작되었다. 정조가 종묘에는 관련 서적이 있는데 막중한 일을 담당하고 있는 사직서에 교본이 없는 것은 잘못이라고 지적하면서 편찬이 시작되었다. 제의 절차와 각종 시설을 한 권의 책으로 정리했다. 두 폭의 「대제친향의도」를 비롯한 여러 폭의 병풍에 당시의 제사 모습을 상세한 설명과 함께 잘 기록하고 있다.

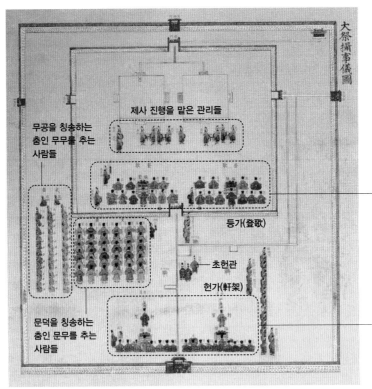

무공을 칭송하는 춤인 무무를 추는 사람들

제사 진행을 맡은 관리들

「**대제섭사의도**」 세자나 관리가 왕을 대신해 제사를 주관하는 장면을 담은 그림. 제사 담당자들의 기본 배치는 왕이 제사를 주관하는 모습을 그린 「대제친향의도」와 같지만 제사를 돕는 관원의 수는 더 적다.

등가(登歌)

건물 댓돌 위 높은 곳에 위치하는 악대

초헌관

헌가(軒架)

문덕을 칭송하는 춤인 문무를 추는 사람들

건물 댓돌 아래에 위치하는 악대

'농자천하지대본'을 확인하는 조선 최고의 축제, 사직 대제에 참가할 시간이다. 사직단은 조선의 단묘 제도 중에서 가장 높은 위계를 지니고 있었다. 국상으로 모든 제사를 금지할 때에도 사직 대제는 예외였다. 사직 대제는 왕조의 제사라는 의미를 넘어 왕조 자체를 의미하는 보편적 용어로 쓰이게 되었다.

사직 대제는 정기적인 제사와 부정기적인 제사로 구분된다. 정기적인 제사는 정월에 풍년을 기원하는 기곡 대제(祈穀大祭)에서 시작된다. 기곡 대제는 본래 천신에게 풍년을 기원하는 제사로 환구단에서 열렸다. 그러나 태종 때 명과 사대 관계를 맺은 이후 사대부들은 제후국인 조선이 환구단에서 제사를 지내는 것은 옳지 않다는 의견을 내기 시작했다. 결국, 세조 때에 이르러 기곡대제는 선농단에서 간헐적으로 거행하게 되었다. 이를 사직단에서 정기적으로 치르기로 한 것은 조선 후기 숙종 대의 일이었다.

정기적인 사직 대제는 기곡 대제를 포함해 음력 2월의 중춘, 음력 8월의 중추, 동지 뒤에 오는 세 번째 미일(未日)로 정한 납일(臘日) 등 일 년에 네 차례 열렸다. 이 가운데 가장 큰 것은 동지 뒤에 열리는 사직 대제였다. 그밖에도 가뭄이 계속될 때는 비가 내리기를 비는 기우제, 비가 쏟아져 홍수가 일어날 때는 비가 그치기를 비는 기청제가 수시로 사직단에서 열렸다. 나라에 역병이 돌 때는 병을 퇴치해 달라고 비는 기고제(祈告祭)를 열기도 했다. 또 세자를 책봉한다든가 외국으로 군대를 보낸다든가 하는 국가적 대사가 있을 때는 땅의 신에게 그 사유를 알리는 고유제(告由祭)를 거행했다.

사직 대제의 절차와 의식은 시대에 따라 조금씩 달랐다. 조선 전기의 사직 대제는『국조오례의』(1474)에 따라 거행되고, 후기에는 『사직서의궤』(1783)에 따라 거행되었다. 대한제국 때는 1897년 사례소(史禮所)에서 편찬한『대한예전(大韓禮典)』의 규정에 따라 황제의 의식으로 거행되었다.

향로(오른쪽) 제사를 지낼 때 향을 사르는 데 사용하는 분향 기구.

향합 제사 때 향을 담아 두는 제기.

왕이 초헌관으로 직접 제사를 주관하는 것을 '친제의(親祭儀)'라 한다. 불가피한 일로 왕이 참석하지 못할 때 세자가 대신 제사를 주관하는 것은 '섭사의(攝事儀)'라 한다.

친제의는 종묘 대제와 비슷하게 선행 절차, 거가출궁, 행례 절차, 거가환궁의 4단계로 이루어졌다. 선행 절차는 제사 8일 전 헌관이 경건한 마음을 맹서하는 서계(誓戒)로 시작된다. 7일 전부터 경건한 몸가짐을 갖는 재계(齋戒)를 행하고, 3일 전부터는 제수와 시설물을 준비한다. 제수에는 소 한 마리, 양 세 마리, 돼지 네 마리를 쓴다.

제삿날 왕의 어가가 궁궐을 떠나 사직단에 이르러 제사를 시작하는 것이 거가출궁이다. 왕은 최고의 예복인 구장 면복을 갖추어 입고 제사에 임해야 한다. 세자를 비롯한 문무백관도 금관 조복을 잘 차려 입고 왕의 뒤를 따른다.

제단의 행례 절차는 폐백을 바치는 전폐(奠幣), 세 차례 술잔을 올리는 진숙(進熟)의 순서로 진행한다. 전폐 때는 헌관이 폐백을 받아 신위 앞에 드린다. 이때 반드시 먼저 신을 부르고 다음에 폐백을 드려야 한다. 세 번 향을 올리고 국사, 후토, 국직, 후직의 순서로 폐백을 드린 뒤 절을 하면 전폐가 끝난다.

다음에는 신위에게 제사 음식인 예찬(禮饌)을 드리고 술잔을 세 차례 올리는 삼헌을 행하는데, 이것이 '진숙(進熟)'이다. 먼저 초헌관이 국사의

신위에 술잔을 올리고 엎드린 후 축문을 읽고 절을 한다. 초헌이 끝나면 그 뒤로 아헌과 종헌을 차례로 행한다. 종묘 대제처럼 이 모든 과정에서 제례악이 엄숙하면서도 평온한 분위기를 연출하는 것은 물론이다.

이상의 절차가 끝나면 음복을 하고 제기를 거둔 후 초헌관에게 의식의 종결을 아뢴다. 그런 다음 신위판과 예찬을 정리하고 제수를 구덩이에 파묻은 후 신주를 감실에 들인다. 이렇게 모든 제사 과정이 끝나고 왕의 행렬이 궁궐로 돌아가는 것이 곧 거가환궁이다.

사직 대제는 삼국 시대에 시작되어 고려와 조선 시대에 이르는 오랜 역사를 가지고 있다. 1908년 일제에 의해 강제로 폐지되었으나 해방 후 부활했다. 오늘날 전주 이씨 대동종약원은 매년 덕수궁과 사직단을 오가며 대한제국 때의 의례에 따라 사직 대제를 거행하고 있다.

사직 대제 1894년(고종 31) '신관제(新官制)'로 이름이 바뀌어 거행되었다. 종묘대제처럼 세계문화유산으로 지정되지는 않았지만, 1988년 고증을 거쳐 복원된 후 중요무형문화재로 지정되어 국가의 보호를 받고 있다.

경복궁의 정문인 광화문에서 남쪽으로 뻗은 육조 거리(관청가)는 지금의 세종로 사거리에 봉긋하게 솟아 있던 황토마루 앞에서 끝난다. 황토마루 동쪽으로는 육의전을 비롯한 시전(시장)이 운집한 운종가가 흥인지문을 향해 뻗어 있다. 종루가 서 있던 지금의 종로 사거리에서 남쪽으로는 또 다른 대로가 숭례문을 향해 달린다. 광화문에서 숭례문으로 이어지는 이 지그재그의 길이 조선 시대 서울의 중심 도로였다.

관청

❶ 장흥고(長興庫) 돗자리, 유둔(비를 피하기 위해 사용한 두꺼운 기름종이) 등에 관한 사무를 관장한 곳.

❷ 내수사(內需司) 궁중에서 쓰이는 쌀, 베, 잡화 및 노비 등에 관한 일을 관장하고 왕실 재산을 관리한 곳.

❸ 봉상시(奉常寺) 국가의 제사를 관장하고 시호를 논의해 정하는 일을 담당한 곳.

❹ 내섬시(內贍寺) 왜인과 야인에 대한 음식물 공급, 직조(織造) 등을 관장하기 위해 설치한 관서. 공주를 낳은 왕비의 권초(捲草 : 출산 때 까는 거적 짚)로 봉안하기도 했다.

❺ 훈련도감(訓鍊都監) 조선 후기에 설치된 중앙 군영.

❻ 사재감(司宰監) 궁중에서 사용하는 어류, 육류, 소금, 장작, 진상품 등에 관한 업무를 담당한 곳.

❼ 선공감(繕工監) 토목과 영선(건물 등을 새로 짓거나 수리)에 관한 업무를 담당한 곳.

❽ 사역원(司譯院) 통역, 번역과 외국어 교육을 담당한 곳.

❾ 예조(禮曹) 예악, 제례, 외교 등을 담당한 중앙 관청.

❿ 중추부(中樞府) 특정한 직책이나 임무를 맡지 않은 문무 당상관들을 소속시켜 대우한 기관.

⓫ 사헌부(司憲府) 관리의 비리와 불법을 따져 살피고 탄핵, 사간원·홍문관과 함께 3사로 불렸다.

⓬ 병조(兵曹) 군사 관련 업무를 총괄한 중앙 관청.

⓭ 형조(刑曹) 법률, 송사, 형벌 등에 관한 업무를 담당한 중앙 관청.

⓮ 공조(工曹) 건축, 산림, 야금 등에 관한 업무를 담당한 중앙 관청.

⓯ 황토마루(黃土峴) 지금의 세종로 사거리 쪽에 있던 나지막한 고개.

⓰ 의정부(議政府) 왕을 보좌해 정무를 총괄한 최고 의사 결정 기관.

⓱ 이조(吏曹) 문관 인사 등을 총괄한 중앙 관청.

⓲ 한성부(漢城府) 왕도의 행정 전반을 담당한 관청.

⓳ 호조(戶曹) 호구, 재정 등 경제 전반에 관한 업무 담당한 중앙 관청.

⓴ 기로소(耆老所) 연로한 고위 문신들을 예우하기 위해 설치한 기구.

㉑ 장생전(長生殿) 공신의 모습을 그린 도상(圖像)과 동원비기(東園秘器, 왕실에서 쓴 관)를 보관한 곳.

㉒ 종부시(宗簿寺) 왕실 계보인 『선원보첩(璿源譜牒)』을 편찬하고 종실의 잘못을 규탄하는 일을 담당한 곳.

㉓ 사간원(司諫院) 왕에 대한 간쟁과 논박을 관장한 언론 담당 기관.

㉔ 중학(中學) 도성 안 5부(중부·동부·서부·남부·북부)학당 중 하나인 중부학당.

㉕ 사포서(司圃署) 궁중에서 쓰이는 채소를 공급하는 밭과 과수원 등을 관리한 곳.

㉖ 사복시(司僕寺) 궁중의 가마, 말, 목장 관련 업무를 담당한 곳.

㉗ 제용감(濟用監) 각종 직물 등을 진상하고 하사하는 일이나 채색, 염색, 직조 등의 업무를 관장한 곳.

㉘ 전의감(典醫監) 궁중에서 쓰는 의약의 공급과 왕이 하사하는 의약에 관한 일을 관장한 관서.

㉙ 의금부(義禁府) 중대 범죄를 다룬 사법 기관. 금부.

㉚ 종루(鍾樓) 큰 종을 걸어 놓고 인정(人定, 통행 금지)과 파루(罷漏, 통행 재개), 도성 내 화재 등을 알리던 누각. 폭이 숭례문의 두 배에 이르러 도성의 랜드마크 역할을 했다.

㉛ 충훈부(忠勳府) 공신과 관련된 사무를 관장한 곳.

㉜ 사도시(司䆃寺) 궁중의 쌀을 비롯한 갖가지 곡식과 장 등의 물건을 관장한 곳.

㉝ 관상감(觀象監) 천문, 지리, 날씨 등과 관련된 사무를 관장한 곳.

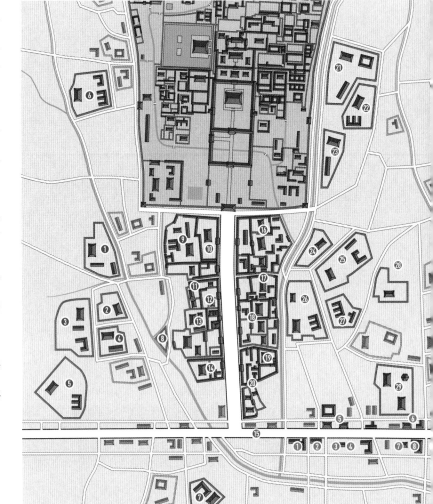

㉞ 평시서(平市署) 시전에서 쓰는 자, 말, 저울 등과 물건값을 검사하는 일을 맡은 관청.

㉟ 금위영(禁衛營) 조선 후기에 왕을 호위하고 왕도를 방어하기 위해 중앙에 설치한 군영.

㊱ 돈녕부(敦寧府) 종친부에 속하지 않은 종친과 외척을 위해 설치된 관서.

㊲ 좌포청(左捕廳) 도성 치안을 담당한 포도청의 좌청. 우포청은 서쪽 혜정교 남쪽에 있었다.

㊳ 어영청(御營廳) 조선 후기 중앙에 설치된 오군영 중 왕을 호위하던 군영.

※ 파란색이 육조거리의 핵심인 육조(중앙 관청).

시장

❶ 우산전 우산. 운종가 서쪽 초입에 자리 잡았다.

❷ 생선전 다양한 생선(조기, 고등어 등).

❸ 치계전 주로 말린 꿩고기.

❹ 사기전 사기그릇.

❺ 상미전 품질이 좋은 쌀.

❻ 저포전 여름 옷감인 베. 베전.

❼ 면주전 국산 비단인 명주.

❽ 면포전 무명과 은. 은목전, 백목전.

❾ 선전 중국산 수입 비단 독점. 육의전 중 으뜸가는 점포로 통했다.

❿ 지전 다양한 종류의 종이.

⓫ 은국전 술을 만드는 누룩. 누룩의 흰색이 은과 같아 은국이라 불렸다.

⓬ 어물전 건어물. 종로 주변에 내어물전, 서소문 밖에 외어물전이 있었다.

⓭ 시저전 유기로 만든 수저. 내시저전은 종루 인근, 외전은 소의문 밖에 있었다.

⓮ 의전 주로 남녀의 헌옷가지를 판매하거나 대여했다. 넝마전으로도 불렸다.

⓯ 철물전 쇠못, 솥 등 각종 쇠붙이.

⓰ 염상전 소금.

⓱ 하미전 품질이 좋지 않은 쌀.

※ 붉은색이 시전을 대표하는 육의전. 시대에 따라 구성이 달라지고 '팔의전'으로도 불렸으나 ❻~❿은 한 번도 빠지지 않았다.

종루 새벽과 저녁에 종을 쳐 시간을 알린 누각. 서울의 종루는 2층으로 지어 청운교 서쪽에 두었다가 1413년 지금의 종로 네거리로 옮겼다. 1440년(세종 22) 종루의 아랫부분을 십자 모양으로 뚫어 인마(人馬)가 통행하도록 했다. 임진왜란 때 불탄 뒤 단층의 종각으로 재건되었으므로 본래의 모습과 규모는 정확히 알 수 없다. 1488년(성종 19) 명 사신 동월은 서울의 종루를 보고 "매우 높고 커서 국도 안에 우뚝 솟았다."라는 기록을 남겼다(『조선부』). 사진은 중국 베이징의 종루.

2 관청가와 시장

동아시아 왕도 건축의 교과서라는 『주례』「고공기」에는 '전조후시(前朝後市)'라는 말이 있다. 궁궐 앞에 관청가를 두고 궁궐 뒤에 시장을 둔다는 뜻이다. 조선 왕조는 이를 참고해 경복궁 앞에 육조 거리라는 관청가를 두었지만, 시장은 경복궁 뒤의 좁은 공간 대신 서울 최고의 번화가인 운종가에 배치했다.

육조 거리의 '육조(六曹)'는 조선 시대의 중앙 행정을 분담해 집행하던 여섯 관서를 가리킨다. 육조의 수장은 정2품 품계인 판서이고, 종2품 참판과 정3품 참의가 그를 보좌했다. 육조 거리에는 육조가 집행할 정책을 결정하는 최고 의결 기관인 의정부, 반역과 같은 국가 중대 범죄를 다루는 의금부, 오늘날의 서울 시청에 해당하는 한성부 등 주요 관청이 자리 잡고 있었다.

육조 거리는 황토마루 앞에서 동쪽으로 뻗은 운종가(雲從街)로 이어진다. '운종가'는 사람이 구름처럼 모여든다는 뜻에서 생긴 이름으로, 거리 양쪽에는 궁궐과 관청에서 필요로 하는 물건을 공급하는 상점이 즐비했다.

국가의 관리를 받고 국가를 상대로 장사하던 운종가의 상점들을 '시전(市廛)'이라 했다. 고려의 왕도였던 개경(개성)의 시전을 본떠 운종가에 '공랑(公廊)'이라는 상설 점포들을 설치하고 그곳에 상인들을 입점시켰다. 그러한 시전 중에도 국역을 부담하면서 그 대가로 상품 독점 판매권을 받고 영업하던 상점들을 '육의전(六矣廛)'이라 했다. 조선 전기에는 시전이 아닌 민간 시장을 '난전(亂廛)'이라 했는데, 육의전에 이를 금지할 수 있는 금난전권을 주었다. 바로 그 금난전권을 폐지해 이현, 칠패 등 민간 시장이 시전과 경쟁할 길을 열어 준 것이 1791년(정조 15)의 신해통공(辛亥通共)이었다.

육조 거리 – 어명과 공론이 교차하는 곳

조선 왕조 초기의 육조 거리는 '전조'라는 말에 걸맞게 궁궐 바로 앞에 조성된 관청가였다. 광화문에서 보았을 때 왼쪽에는 의정부, 이조, 호조, 기로소 등이 있고 오른쪽에는 예조, 중추부, 사헌부, 병조, 형조, 공조가 있었다. 그러나 임진왜란으로 궁궐들이 불타 버린 뒤 광해군은 경복궁을 내버려 둔 채 창덕궁을 다시 지어 그곳에서 정사를 보았다. 육조 거리가 텅 빈 궁궐 앞에 자리 잡은 모양이 되었다.

경복궁을 예전보다 더 크게 짓고 다시금 육조 거리를 눈앞에서 거느리게 한 것은 19세기 후반 흥선 대원군 집권기였다. 그는 관제 개혁도 단행해 육조 거리의 일부 관아를 교체하거나 이전했다. 세종 때 폐지된 최고 군령 기관인 삼군부(三軍府)를 부활시켜 예조가 있던 자리에 배치했다. 예조는 건너편으로 옮겨 갔다. 동쪽에는 영의정·좌의정·우의정의 삼정승이 모여 국가 주요 정책을 의결하는 의정부가, 서쪽에는 중군·좌군·우군 등 삼군의 병력을 지휘 감독하는 삼군부가 육조 거리의 첫머리에 자리 잡고 서로 마주 보게 되었다.

관리들의 출근 시간은 보통 묘시(卯時, 오전 5~7시)로 정해져 있었다. 그러나 겨울에는 해가 짧아져 2시간 늦게 출근했다. 해당 관청에 출근하면 곧바로 출근부인 공좌부에 서명했다. 관리의 출근 일수는 근무 성적 평가와 승진에 반영되었다. 그리고 가끔은 축하 조회나 조참에 참석하기 위해 궁궐에 들어가기도 했다. '조참(朝參)'이란 한 달에 네 번 문무백관이 궁궐의 정전에 모여 왕에게 문안을 드리고 현안을 아뢰던 일을 말한다. 정기 조회인 조참 외에도 매일 약식 조회인 상참이 열렸다. 여기에는 정3품 이상의 당상 관원이 참여했으나, 일부 관아에서는 중급 관리가 참석하기도 했다. 그리고 일부 관리는 경연에 참석해 왕과 경전을 강독하고 국정을 논의했다. 각 관아는 당상관과 실무자인 낭관으로 이루어져 있고, 상하의 지위와 그에 따른 임무가 엄격하게 구분되어 있었다. 그래서 당상관과 낭관이 근무하는 건물이 달랐고, 여러 명의 낭관이 있는 관아는 각기 다른 업무를 맡았다.

관리들의 퇴근 시간은 통상 유시(酉時, 오후 5~7시)지만 겨울에는 신시(申時, 오후 3~5시)로 당겨졌다. 일부 관리는 숙직을 하면서 갑작스럽게 일어나는 일과 왕의 부름에 대비했다.

각 관아 건물은 크게 3개의 영역으로 구성되었다. 대문인 솟을삼문의 중문을 들어서면 본청인 당상대청이 나오고, 그 뒤에는 연못과 정자가 자리 잡고 있었다.

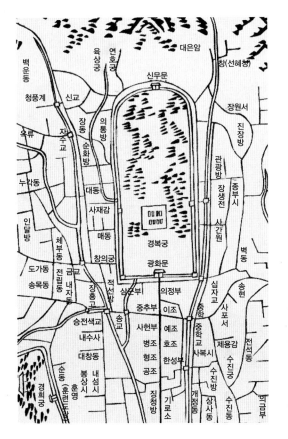

조선 시대 관리의 복장 철릭(위)은 조선 시대 무관들이 입던 군포이다. 아래는 좌포도청의 으뜸 벼슬인 좌변포도대장이 지니던 패이다.

「수선전도(首善全圖)」 중 경복궁 일대 19세기에 제작된 서울 지도. 제작자는 「대동여지도」로 널리 알려진 김정호로 추정된다. '수선'은 서울을 뜻한다. 육조 거리의 관서 배치는 경복궁 중건 이후에 맞춰 수정했다. 목판본. 국립중앙박물관 소장.

사헌부 터 광화문광장 재구조화 공사를 위한 발굴조사(2020년 10월~2021년 6월)에서 사헌부 출입문 터와 청사 담장, 행랑 유구, 배수로와 우물 등이 확인되었다. 위치는 정부서울청사와 세종문화회관 사이이다.

육조 거리는 관원들이 등청하고 퇴청하는 길이자 입궐하고 퇴궐하는 길이었다. 또한 궁궐에서 나온 어명이 관청과 백성에게 나가고 백성의 소원과 관리들의 상소가 들어오는 통로였다. 백성의 공론이 모이고 퍼지는 광장이기도 했다.

육조 거리의 관청들은 궁궐 안에 있는 궐내각사와 비겨 궐외각사라 했다. 임진왜란과 병자호란의 양란을 맞아 궐내각사는 물론 육조 거리의 궐외각사들도 거의 다 파괴되어 관리들이 집무할 곳이 없어졌다. 그때부터 오랫동안 각 관청은 중요한 장소만 그때그때 수리해서 궁색하게 사용해야 했다. 육조 거리가 번듯한 모습을 되찾은 것은 흥선 대원군이 경복궁을 크게 다시 짓고 관청들도 대대적으로 손본 뒤였다.

육조 거리의 관청들은 국가 전체의 행정이나 사법에 관련된 업무를 관장하는 중앙 부서였다. 그런 견지에서 보면 오늘날의 서울 시청에 해당하는 한성부는 조금 결이 다른 것처럼 보인다. 전국을 대상으로 하는 것이 아니라 서울 도성의 주민 생활을 책임지면서 도성 내 각종 시설을 설치하고 운영한 관청이었기 때문이다. 도성 주민의 호적을 관리하는 업무와 같은 행정 처리는 물론 도성 내 토지의 소유권 분쟁 따위를 다루는 사법 업무도 한성부가 해야 할 일이었다. 또 도성에서 긴급한 사태가 일어날 때는 왕과 궁궐을 수호하는 역할까지 맡았다. 이 같은 군사나 치안과 관련된 업무는 병조의 삼군문(三軍門)이나 포도청,

사복시 터 비석(왼쪽)과 삼봉서랑 궁중에 내사복시, 궁궐 밖에 외사복시가 있었다. 오늘날 종로 구청 1층에는 작은 도서관인 삼봉서랑이 자리 잡고 있다.

형조 등과 분담해서 처리했다.

한성부의 수장은 육조 판서와 같은 품계인 정2품의 한성판윤이었다. 왕이 거주하는 도성의 위상과 중요성이 다른 지방 관청과는 비교할 수 없을 만큼 높고 컸기 때문에 한성부도 최고 등급의 권위와 권한을 부여받았다. 방대한 한성판윤의 업무를 돕기 위해 이·호·예·병·형·공의 6방이 있어 분야별로 일을 맡아 수행했다. 한성부의 실무는 대부분 이들 6방이 처리하고 한성판윤은 그들을 지휘하면서 도성의 전반적인 행정을 책임졌다. 도성의 특성상 굵직한 정치적 사건이 자주 일어났고 한성판윤은 불가피하게 그런 사건에 연루되는 일이 잦아 재임 기간이 평균 3개월에 불과했다고 한다.

육조 거리를 설계한 정도전은 육조 거리 바로 뒤에 자신의 집을 지었다. 도성 건설의 총설계사답게 집터가 도성의 요충인 현재 종로 구청 일대에 있다. 정도전은 태종에게 죽임을 당한 뒤 역적으로 몰려 멸문지화를 당했지만, 그의 장남은 태조와 함께 있었던 덕에 살아남았다고 한다. 그 후 태종은 정도전의 집터 서당 자리에 조선 시대 중고교에 해당하는 중학당을 지었다. 안채 자리에는 왕실 의복을 담당하는 제용감을, 마구간 자리에는 관청의 수레와 말을 보관하는 사복시를 지었다. 오늘날 사복시 터에는 "말을 이롭게 한다."라는 뜻을 지닌 이마빌딩이, 중학당 터에는 종로 구청이 자리 잡고 있다.

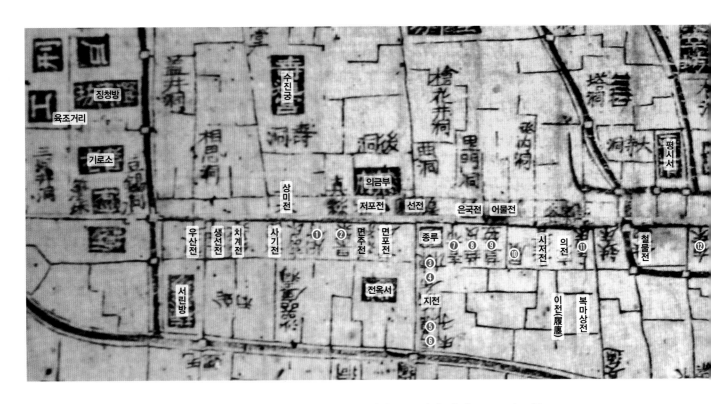

징청방 육조거리 기로소 서린방 수진궁 상미전 우산전 생선전 치계전 사기전 의금부 저포전 선전 면주전 면포전 은국전 어물전 종루 종로 전옥서 지전 시저전 의전 이전(履廛) 복마상전 평시서 철물전 ① ② ③ ④ ⑤ ⑥ ⑦ ⑧ ⑨ ⑩ ⑪ ⑫

시전 거리 – 육의전에서 피맛골까지

운종가에 시전을 조성하려고 한 기록은 제2대 정종이 즉위한 1399년에 처음 보인다. 그러나 이는 정종이 개성으로 왕도를 옮기면서 중단되었다. 서울 시전이 본격적으로 건설된 것은 태종 때였다. 1412년(태종 12) 개성의 시전을 모델로 삼아 운종가에 상점들이 들어설 행랑을 짓기 시작했다. 이 공사는 2년간에 걸쳐 2027칸 규모로 마무리되었다.

운종가의 행랑들이 모두 시전으로 사용된 것은 아니었다. 의정부가 창덕궁 문밖의 행랑을 각 사에 나누어 주어 '조방'으로 만들 것을 청한 기록이 남아 있다. 조방은 신하들이 조회를 기다리기 위해 각사별로 모이던 방을 말한다. 또한 관아에 따라서는 조방을 창고로 사용하기도 했다.

운종가에서 가장 중심을 이룬 일등급 시전이곧 육의전이었다. 육의전은 어물전·선전·지전·면포전·저포전·면주전 등으로 구성되었고, 그 수와 종류는 시대에 따라 조금씩 달라졌다. 육의전 가운데 으뜸은 수입 비단을 취급하는 '선전'이었다. 시전 거리에는 육의전 외에도 소금을 파는 염상전, 생선을 파는 생선전 등 다양한 상점이 자리 잡고 있었다.

서울에는 조세와 지방 곡물을 비롯한 각종 산물이 모여들었다. 초기의 시전에는 활발한 상업 활동보다는 궁궐에 필요한 물품을 조달하는 일에 종사하는 점포가 대부분이었다. 그들은 허가 받은 행랑에 입주해 장사하면서 서울의 유통 구조를 장악했다.

시전의 점포들은 대개 별도의 간판 없이 상품을 상점 안에 들여놓고 손님을 기다렸다. 이때 호객 행위를 하는 여리꾼이 있어 운종가를 활보하는 손님과 상인을 연결해 주고 이득을 취했다. 그들은 유독 눈에 띄는 복장을 해서 경박스럽게 여겨졌다. 가게 주인과 여리꾼이 거래를 할 때는 그들만의 은어인 변어(邊語)를 사용해 매매 가격을 결정했다. 변어는 한자를 응용해 만들어졌다. 예컨대 '천불대(天不大)'

저포전기(오른쪽) 시전 거리의 저포 앞에 걸어 놓던 깃발. '저포'는 모시를 가리킨다.

수세패 조선 시대에 세금을 걷는 관리가 지니고 다니던 패.

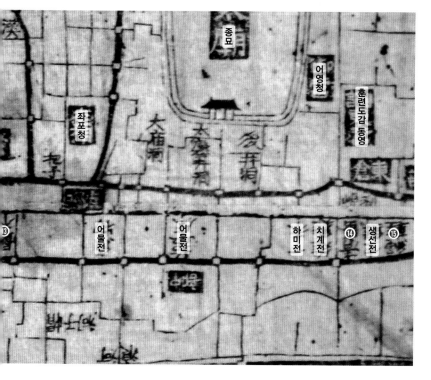

시전 거리와 주요 상점
19세기 중엽에 제작된 서울 지도인 「수선총도(首善總圖)」의 일부 . 목
판본. 서울역사박물관 소장.

❶ **연죽전(煙竹廛)** 담뱃대 판매.
❷ **과실전(果實廛)** 과일 판매.
❸ **동상전(東床廛)** 재래식 잡화
　 판매.
❹ **포전(布廛)** 삼베 판매.
❺ **면자전(綿子廛)** 솜이나 목화
　 를 판매했다.
❻ **마상전(馬床廛)** 마구(馬具),
　 관복, 갓 등을 판매했다.
❼ **청포전(靑布廛)** 청포(푸른색
　 도포) 등의 도포를 중심으로
　 하고 짐승 털로 짠 피륙인 전
　 과 담요 등을 곁들여 팔았다.
❽ **화피전(樺皮廛)** 염료와 중국
　 산 과실 등을 판매했다.

❾ **초립전(草笠廛)** 관례를 막 치
　 른 사람이나 관아의 심부름
　 꾼, 광대 등이 쓴 갓을 가리키
　 는 초립을 판매했다.
❿ **이전(履廛)** 목이 짧은 신발을
　 판매했다.
⓫ **복마상전(卜馬床廛)** 복마(짐 싣는 말)와
　 관련된 잡화를 판매했다.
⓬ **포상전(布商廛)** 베 판매.
⓭ **장목전(長木廛)** 온갖 재목(材
　 木)을 판매했다.
⓮ **청밀전(淸蜜廛)** 꿀 판매.
⓯ **승혜전(繩鞋廛)** 짚이나 삼으
　 로 삼은 미투리를 판매했다.

는 일(一)이었다. 천(天)에서 대(大)를 빼면 일
(一)이 되기 때문이다. 은어라기보다는 암호에
가까워 보인다. 한양거사의 「한양가」라는 가사를
보면 시전 풍경이 생생하다.

"큰광통교 넘어서니 육주비전이 여기로다.
　 일 아는 여리꾼과 물화를 맡은 전시정이 큰 창옷
　 갓을 쓰고
　 소창옷에 한삼 달고 사람 불러 흥정하니 경박하기
　 끝이 없다."

**시전 거리의 갓(왼쪽)과
비단** 고급스러운 검은 빛
을 내는 흑립(黑笠)과 육의
전의 주요 취급품 중 하나
였던 각종 비단.

국가가 주도하는 시전 상업 질서가 수립된 건
국 초기에도 도성에서는 이미 비(非)시전계의 소
규모 상인들이 활동하고 있었다. 시전 상인은 엄
격한 조건과 심사에 의해 자격이 주어졌다. 그러
다 보니 도성 곳곳에서 허가를 받지 않은 항시(사
설 시장)가 열리곤 했다. 그들은 조선 초기에는
시전 활동에 큰 영향을 주지 못했다. 그러나 조선
중기 이후 전반적으로 상업이 발전하자 비시전
계 상인들도 성장해 그들을 중심으로 한 민간 상
업이 활성화되었다.

운종가 변에는 평민이 관리의 행차를 피할 수
있는 '피맛길'이 있었다. 말을 피하는 길이라는
뜻이다. 도성을 설계할 때 평민을 배려하는 차원
에서 만든 길이다. 하나의 대로에서 양반의 길과
평민의 길을 따로 마련해 준 셈이다.

피맛길이 평민을 먹여 살리는 것은 아니었으
므로 길 한옆에 행랑을 길게 지어 운종가 큰길에
서는 보이지 않는 뒷골목을 마련했다. 그곳에 들
어선 마을과 골목은 '피마동', '피맛골'로 불렸다.
평민은 이 뒷골목에서 음식 장사를 했다. 피맛골
은 곧 서민 술집인 목로 술집, 고급 술집인 내외
술집, 색주가 등이 즐비한 명물 골목이 되었다.

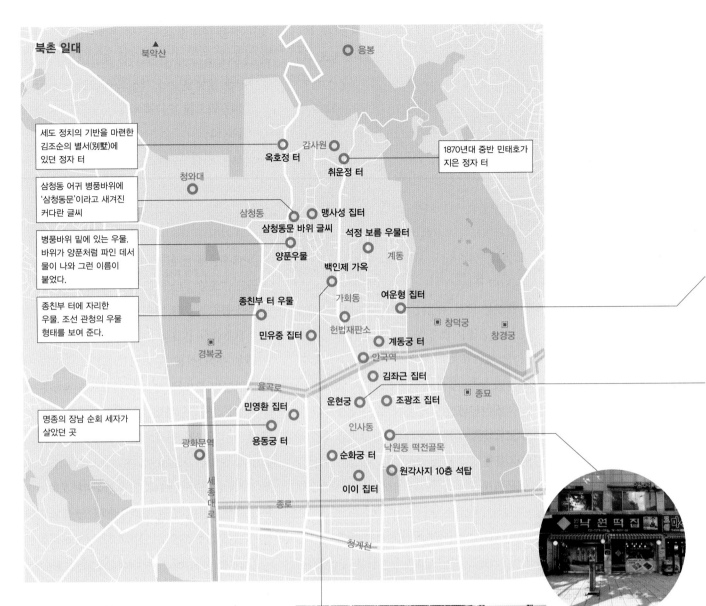

북촌 일대

북악산

응봉

세도 정치의 기반을 마련한 김조순의 별서(別墅)에 있던 정자 터

옥호정 터

감사원

취운정 터

1870년대 중반 민태호가 지은 정자 터

청와대

삼청동 어귀 병풍바위에 '삼청동문'이라고 새겨진 커다란 글씨

삼청동

맹사성 집터

삼청동문 바위 글씨

석정 보름 우물터

계동

병풍바위 밑에 있는 우물. 바위가 양푼처럼 파인 데서 물이 나와 그런 이름이 붙었다.

양푼우물

백인제 가옥

여운형 집터

종친부 터에 자리한 우물. 조선 관청의 우물 형태를 보여 준다.

종친부 터 우물

가회동

창덕궁

창경궁

헌법재판소

민유중 집터

계동궁 터

경복궁

안국역

종묘

김좌근 집터

명종의 장남 순회 세자가 살았던 곳

민영환 집터

운현궁

조광조 집터

광화문역

용동궁 터

인사동

낙원동 떡전골목

순화궁 터

원각사지 10층 석탑

이이 집터

세종대로

종로

청계천

3 성내 오촌

조선 시대 한성부의 경조 5부는 도성 안을 동·서·남·북·중 다섯 방위로 나누어 관리한 행정 조직이었다. 현재 서울의 한강 이북 14개 자치구 가운데 사대문 안에 해당하는 종로구·중구·서대문구 등 5개 구가 옛 경조 5부의 대부분이었다. 북부는 경복궁과 창덕궁 사이, 동부는 창덕궁과 흥인지문 사이, 서부는 돈의문과 숭례문 사이, 남부는 숭례문과 흥인지문 사이에 해당한다. 중부는 물론 도성의 가운데 지역이다.

언제부터인가 서울의 각 지역을 북촌, 남촌 등

과 같이 '촌(村)'으로 부르는 관행이 생겨났다. 행정 구역인 경조 5부와 중첩되는 그 촌들을 '성내 오촌'이라고도 불렀다. 동서남북 4촌은 주로 양반이나 관료의 거주지였고, 중촌은 대체로 중인

낙원동 떡전골목(위) '남주북병(南酒北餠)'이라는 말처럼 북촌은 예로부터 떡으로 유명한 지역이었다. 대한제국이 몰락하면서 궁궐에서 나온 상궁과 나인들이 이곳에서 떡 장사를 했다고 한다.

백인제 가옥(왼쪽) 1913년 한상룡이 짓고, 1944년 백병원 설립자인 백인제 소유가 되었다. 윤보선 가옥과 함께 북촌을 대표하는 한옥으로 꼽힌다. 서울특별시 민속문화재.

여운형 집터 창덕궁 돈화문까지 걸어서 5분가량 걸리는 북촌의 요지에 자리잡고 있었다. 서울 종로구 창덕궁1길.

운현궁 뒤에 보이는 높은 서양식 건물이 운현궁 양관, 그 앞에 마당이 보이는 중심 건물이 명성 황후가 신부 수업을 받던 노락당이다. 노락당 오른쪽은 사랑채인 노안당, 왼쪽 끝은 고종의 어머니 부대부인이 살던 안채 이로당이다. 사적. ⓒ 한국관광공사-이범수.

의 터전이었다. 1924년에 간행된 『개벽』 제48호에는 「녜로 보고 지금으로 본 서울 中心勢力(중심세력)의 流動(유동)」이라는 글이 실렸다. 이 글에서 그와 같은 오촌의 구분이 보인다. 다만 여기서 서촌은 정동 일대를 포함한 소의문(서소문) 내외를 가리키고 있어 지금의 서촌과는 차이가 있다. 오늘날 서촌으로 불리는 지역은 인왕산 동쪽과 경복궁 서쪽이기 때문이다. 서울역사박물관이 2010년에 펴낸 『서촌 보고서』에도 경복궁 서쪽을 서촌이라고 부른 용례는 옛 문헌에서 확인할 수 없다고 쓰여 있다. 이 점을 염두에 두고 성내 오촌을 차례대로 탐방해 보자.

북촌 – 한성 최고의 부촌

북촌은 지금의 종로구 삼청동에서 가회동, 화동, 소격동, 재동, 계동, 안국동에 걸친 지역을 가리킨다. 넓게는 관훈동과 인사동까지 포함된다. 그중에서도 삼청동과 가회동을 중심으로 한 율곡로 북쪽이 중심을 이룬다.

북촌은 권문세가의 대명사가 된 노론의 거주지였다. 노론은 인조반정의 주역인 서인으로부터 소론과 함께 갈라져 나온 붕당이었다. 조선 후기에 가장 큰 세력을 이룬 노론은 19세기 들어 특정 가문이 국정을 장악하는 세도 정치를 펼쳤다. 안동 김씨 가문의 세도 정치를 시작한 김조순의 별서, 민씨 왕비(명성 황후)를 등에 업고 세도를 펼친 민태호의 정자 등이 북악산 자락의 삼청동에 있었다. 안동 김씨 세도의 마지막을 장식한 김좌근의 서울 집은 종묘 서쪽의 경운동이었다. 당시 한성부에서는 상대적으로 좋은 입지의 국가 소유 토지를 세도 가문에 분양했다.

북촌은 북악과 응봉을 잇는 경사지가 청계천이 흐르는 남쪽을 향하고 있으므로 배수가 잘되었다. 남향의 집들은 겨울에 따뜻하고 여름에는 시원하며 남산을 조망할 수 있었다. 그래서 노론 가문의 저택뿐 아니라 크고 작은 관아와 별궁도 북촌 곳곳에 자리 잡고 있었다. 대표적인 관아로는 경복궁 영추문 밖에 있던 종친부를 꼽을 수 있다. 별궁으로는 현종의 후궁인 경빈 김씨가 살던 인사동의 순화궁, 흥선 대원군 저택인 운니동의 운현궁, 흥선 대원군의 조카 이재원이 살던 계동의 계동궁 등이 있었다. 경복궁, 창덕궁 등 궁궐과 관청가가 가깝다는 것은 노론 출신의 고위 관료들에게 매력적인 입지 조건이었다.

북촌은 노론이 세력을 이루기 이전이나 이후에도 역사에 이름을 남긴 이들을 적잖이 배출했다. 사림의 선구인 조광조가 운현궁 바로 아래에서 살았고, 서인의 정신적 스승으로 널리 알려진 대학자 이이의 서울 집은 인사동에 있었다. 을사늑약에 분노해 자결한 민영환의 집은 견지동에 있었고, 독립운동에 헌신하고 해방 후 좌우 합작을 추진한 여운형은 계동 자택에서 해방을 맞았다. 조선 전기에서 근대에 이르기까지 북촌은 엘리트 지식인의 산실이었다.

서촌 - 중인 문화의 산실

성내 오촌이 모두 가까운 과거에 생긴 이름이지만, 앞에서 강조한 것처럼 서촌은 특히 최근 들어 널리 불리게 되었다. 오늘날 서촌을 가리키는 경복궁 서쪽과 인왕산 동쪽 사이의 지역은 조선 시대에 '장동(壯洞)'이라고 했다. 겸재 정선의『장동팔경첩』에는 지금의 서촌 전체가 장의동이라는 지명으로 표기되어 있다. 윗동네라는 의미에서 '우대(上村)'라고 부르기도 했다.

서촌에도 북촌처럼 안동 김씨의 저택과 별장이 있었다. 경상북도 안동에서 올라와 이곳에서 살았던 김상용이 대표적인 서촌의 안동 김씨였다. 그는 병자호란 때 강화도에서 청군에 항거하다가 폭약에 불을 붙여 자결한 인물이다. 당시 척화파의 대표 주자였던 김상헌이 그의 동생이다. 정선의 그림으로 남아 있는 청풍계는 김상용의 집이 있던 곳으로, 산수와 어우러진 고급 저택의 모습을 잘 보여 준다. 이후 안동 김씨는 4명의 영의정과 수많은 문장가, 학자를 배출했다. 서촌을 장동이라고 했기 때문에 그들을 고향의 안동 김씨와 분리해 장동 김씨라고 부르기도 했다.

추사 김정희가 살던 월성위궁은 서촌의 남쪽인 적선동에 있었지만 '장동 월성위궁'으로 불렸다. 자하동(종로구 청운동)에는 의령 남씨, 옥류동(종로구 옥인동)에는 기계 유씨 등이 대대로 거주했다. '기계'는 경상북도 포항의 옛 지명이다. 조광조의 제자 청송 성수침이 자하동에 독서실로 지은 청송당은 솔바람 소리를 듣는 집이라는 뜻이다. 일자 형태의 기와집이 울창한 소나무 숲 속에 자리 잡고 있었고, 그 앞으로는 시냇물이 여울져 흐르다가 골짜기에 이르러 다른 물줄기와 합쳐졌다.

옥류동 일대는 중인이 모여 살던 곳으로도 유명하다. 중인은 조선 후기에 양반과 평민 사이의 하급 관료와 의관, 역관 등 전문 기술직을 가리키는 말이었다. 정조 때 중인 출신 천수경은 옥류동 송석원(松石園)에서 '송석원시사'라는 문학 모임을 결성했다. 이 모임을 서사(西社), 서원(西園) 등으로도 불렀다. 천수경은 호를 송석원이라고 할 만큼 송석원시사에 애정을 품고 있었다.

중인은 아무리 경제적으로 성공해도 신분적 차별로 인해 양반이 누리던 정치적, 사회적 특권에 다가갈 수 없었다. 그들은 대신 문학을 비롯한 문화 활동에 눈을 돌려 본래 양반의 문화였던 시사를 스스로 조직해 자신들의 문학을 창조하는 기반으로 삼았다. 그렇게 형성된 중인들의 문학을 위항문학이라 한다. 송석원시사가 결성된 서촌은 그러한 위항문학의 산실 중 하나였다고 할 수 있다.

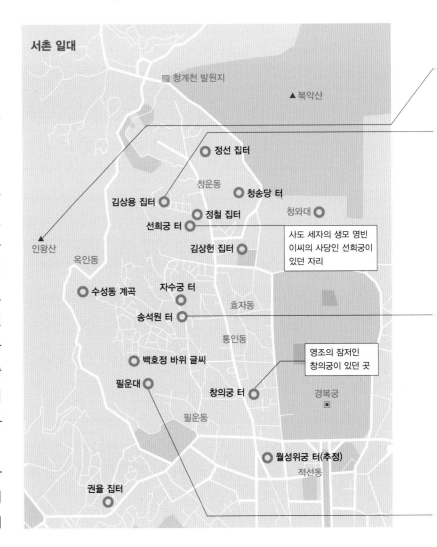

서촌 일대

청계천 발원지
▲ 북악산
정선 집터
청운동
청송당 터
김상용 집터
정철 집터
청와대
선희궁 터
김상헌 집터
사도 세자의 생모 영빈 이씨의 사당인 선희궁이 있던 자리
인왕산
옥인동
수성동 계곡
자수궁 터
효자동
송석원 터
통인동
영조의 잠저인 창의궁이 있던 곳
백호정 바위 글씨
경복궁
필운대
창의궁 터
필운동
월성위궁 터(추정)
적선동
권율 집터

「인왕제색도(仁王霽色圖)」
1751년(영조 27) 비가 내린 뒤 맑게 갠 인왕산의 풍경을 그린 정선의 대표작 중 하나. 청운동 쪽에서 바라본 비에 젖은 인왕산의 인상을 화폭에 담았다. 국보.

「청풍계지각」 청풍계와 청풍지각의 풍경을 그린 겸재 정선의 진경산수화. 청풍계는 지금의 종로구 청운동 일대를 말한다. 부산광역시 문화재자료.

「송석원시사야연도」 중인들이 송석원에서 연 시사의 모습을 1791년 김홍도가 화폭에 옮긴 작품. 송석원은 지금의 서울 종로구 옥인동 47번지 일대를 가리키는 지명이었다.

필운대 '필운대'라는 글씨를 새긴 사람은 이항복이 아니라 그 후손인 이유원으로 추정되고 있다. 서울특별시 문화재자료.

인왕산 남동쪽 기슭, 배화여자대학교 복지관과 북쪽 주택가의 경계에 자리 잡은 백호정 터에는 '白虎亭(백호정)'이라 새겨진 바위 글씨가 남아 있다. 백호정은 활쏘기 연습을 위해 서촌에 지은 다섯 정자 가운데 하나였다. 다섯 정자 모두가 오늘날 남아 있지 않기 때문에 백호정 글씨의 의미는 더욱 크다. 숙종 때의 명필인 엄한붕이 쓴 것으로 전하는데, 서체가 옹골차면서도 치밀한 조선 중기의 수작으로 평가된다.

필운대(弼雲臺)는 조선 중기의 명신 이항복이 살던 집터에 있는 바위 유적이다. 필운은 그의 호 가운데 하나였다. 근처에 살구나무가 많아서 예로부터 많은 문인과 묵객의 사랑을 받았고, 봄에는 꽃놀이를 즐기기 위해 많은 이가 찾았다. '행촌(杏村)'이라 불린 필운대 부근의 살구꽃 마을은 버들로 유명한 동대문 밖, 복사꽃으로 유명한 성북동과 더불어 서울의 명소로 손꼽혔다.

살구꽃과 복사꽃은 조선 시대에는 봄을 대표하는 꽃이었다. 박제가는 서울 풍경을 담은 「성시전도」라는 그림에 "북둔(성북구 성북동 일대) 풍속에 복숭아나무를 심지 못한 것을 부끄러워한다."라고 적었다.

중촌 - 천변 풍경

중촌은 지금의 종로와 청계천 일대를 가리킨다. 지리적으로 서울의 가운데에 있어서 생긴 이름이지만 신분상으로도 중간 계층이 많이 살았다. 운종가에 시전이 있었기 때문에 주변의 다동과 상사동에 상인들의 주거지가 형성되었다. '다방골'이라고도 하는 다동에는 웃다방골과 아랫다방골이 있었다. 지금의 종로 1가 아래 서린동과 다동에 해당하는 지역이었다. 상삿골로도 불린 상사동은 지금의 청진동과 종로 1가 사이에 자리 잡고 있었다.

상인은 본래 사농공상의 맨 아래에 놓인 계층이었다. 그러나 조선 후기 들어 상품 화폐 경제의 발달에 따라 큰 부를 축적하고 중인으로 분류될 만큼 지위가 상승한 상인도 나타났다. 수공업자나 중인의 대표 직업군으로 꼽히는 역관과 의관도 중촌에서 많이 살았다. 역관은 중국과 일본에 통역사로 다니면서 무역 활동을 병행했다. 의관 중에는 서울에 약재를 판매하는 독점권을 가지고 경제적으로 윤택한 생활을 누리는 이들도 있었다. 그밖에도 천문을 살피는 천문학관, 법률 실무를 맡은 율관, 호조에 소속되어 회계 사무를 담당한 계사, 승문원과 규장각에서 공문서를 관리하던 사자관 등이 중촌 일대에서 살았다.

청계천은 한강과 반대로 서쪽에서 동쪽으로 흐른다. 북악산과 인왕산 부근에서 발원해 시가지를 흐르다가 중랑천과 합류해 한강으로 빠져나가는 10여 킬로미터의 하천이다. 서울의 하수 역할도 하고 빨래터 역할도 했다. 1938년에 나온 박태원의 소설 『천변풍경』은 청계천 주변에서 살아가던 빈민의 삶을 그리고 있다. 그 당시에 그랬던 것처럼 조선 시대에도 천변은 가난한 사람들의 터전이었다.

문제는 비가 많이 오면 청계천이 넘쳐 주변에 홍수 피해를 주곤 했다는 것이다. 청계천이 본래 구불구불 흐르는 데다 바닥에 토사가 쌓여 이 같은 피해를 더 크게 했다. 이 문제를 해결하기 위해 청계천 물길을 반듯하게 하고 바닥에 쌓인 토사를 파내는 공사를 '준천(濬川)'이라고 한다. 조선 전기에는 태조와 세종 때 두 번에 걸쳐 준천을 실시했지만 큰 효과를 보지 못했다.

조선 후기 들어 농촌에도 상업화의 바람이 불

중촌 일대
조선 후기 문인 이가환은 중촌 주민이 "수단과 방법을 가리지 않고 이익을 챙기며 문학을 가볍게 여긴다."(『옥계청유권서』)라고 했다. 그들 다수가 실용적인 업무에 종사하는 전문 직업인이었던 데서 비롯된 평가로 보인다.

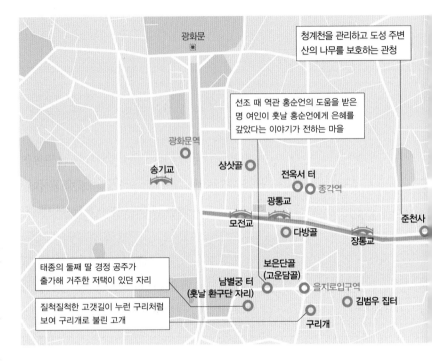

청계천을 관리하고 도성 주변 산의 나무를 보호하는 관청

선조 때 역관 홍순언의 도움을 받은 명 여인이 훗날 홍순언에게 은혜를 갚았다는 이야기가 전하는 마을

광화문

광화문역

송기교

상삿골

전옥서 터

종각역

광통교

모전교

다방골

장통교

준천사

보은단골 (고운담골)

남별궁 터 (훗날 환구단 자리)

을지로입구역

김범우 집터

태종의 둘째 딸 경정 공주가 출가해 거주한 저택이 있던 자리

질척질척한 고갯길이 누런 구리처럼 보여 구리개로 불린 고개

구리개

수표교와 경진지평 수표교는 1420년(세종 2) 청계천에 놓인 다리였다. 경진지평(庚辰地平)은 1760년 경진준천 때 수표교 교각에 새긴 글자이다. 향후 준천 작업의 표준 지점으로 삼기 위해 이 글자를 새겼다.

면서 땅과 일터를 잃은 농민이 서울로 몰려와 천변에 모여 살았다. 영조는 청계천의 홍수 사태도 방지하고 빈민에게 일감도 줄 겸 대대적인 준천에 나섰다. 1759년(영조 35)부터 준천의 방법과 문제점에 관한 공청회가 수십 차례 열렸다. 준천에 따르는 문제점은 청계천 주변의 민가를 헐어

방산시장 청계천 준천으로 생긴 방산에 들어선 시장. 일제 강점기에 소규모 시장으로 출발했고 1960년대에 도매시장으로 발전했다. 서울특별시 중구 을지로33길 18-1.

오간수문 1908년 동대문 성벽과 함께 오간수문의 성벽을 헐어 버렸다. 2000년대 들어 복원했으나, 청계천과 만나는 방향에 자리했던 원래의 오간수문과 달리 청계천과 나란한 방향으로 조성되었다.

청계천 준천 공사를 지켜보는 영조 준천을 기록한 화첩 『어전준천제명첩(御前濬川題名帖)』에 실린 「수문상친림관역도(水門上親臨觀役圖)」. 영조가 준천 현장을 찾아 오간수문 위에서 공사 상황을 살피는 모습을 담았다.

야 한다는 것, 석축을 쌓기 위해 엄청난 모래를 다른 곳에서 가져와야 한다는 것 등 한두 가지가 아니었다. 그러나 영조는 강력한 의지를 가지고 1760년과 1773년 두 차례에 걸쳐 대대적인 준천 사업을 관철시켰다.

홍인지문과 광희문을 잇는 성벽 아래에는 오간수문이 있었다. 이간수문과 더불어 태조와 세종 때 도성 안의 물길이 잘 빠져나가게 만든 시설이었다. 청계천의 토사는 바로 그 오간수문이 막힐 정도로 쌓여 있었다. 1760년의 경진준천은 그 토사를 파내는 데 집중했다. 무려 20여만 명이 참여한 대역사였다. 뒤이은 계사준천은 석축을 쌓아 구불구불하던 청계천을 직선으로 만드는 토목 공사로 진행되었다. 이로써 오늘날 보이는 청계천과 거의 비슷한 형태가 만들어졌다. 영조는 이 공사를 기록한 『준천계첩』에 직접 서문을 써서 그 의의를 강조했다.

개천 바닥에서 파낸 토사는 양이 엄청났을 뿐 아니라 각종 쓰레기가 섞여 있었다. 토사를 오간수문 안쪽으로 퍼 날라 청계천 양쪽 둑에 두 개의 인공 산을 만들었다. 그리고 물에 젖은 토사가 흘러내리지 않게 나무와 풀을 심었다. 처음에는 인공 산에서 악취가 진동했겠지만, 세월이 지나자 신기하게도 나무와 풀이 자라 꽃이 피었다. 이 산의 이름을 '방산(芳山)', 즉 향기 나는 산으로 정한 이유이기도 하다.

방산은 천변 빈민의 주거지가 되었다. 방산에 모여 토굴을 파고 생활한다고 해서 그들은 '땅꾼'이라고 불렸다. 땅꾼은 준천 공사 때는 노임을 받고 일하며 입에 풀칠할 수 있었지만, 준천이 끝난 뒤에는 일이 없어 굶주리게 되었다. 영조는 땅꾼의 우두머리와 대책을 논의하고, 그들에게 뱀을 잡아 파는 독점권을 주었다. 그걸로 생계를 이어 가라는 배려였다. 땅꾼이 뱀을 잡는 사람이라는 뜻으로 통용된 것은 그때부터였다.

동촌 – 우유와 쇠고기가 있는 마을

경복궁 서쪽에 서촌이 있다면 동궐 동쪽으로는 동촌이 있다. 북악산에서 낙산으로 이어져 흥인지문에 이르는 도성 구간이 동촌의 동쪽 경계에 해당한다. 낙산은 타락산의 준말이다. 이곳에 우유를 조달하는 관청인 타락색(駝酪色)이 있었던 데서 유래한 이름이다. 고려 시대에 이어 조선 초기만 해도 유우소(乳牛所)라고 했는데 세종 때 낙산으로 옮기면서 이름도 타락색으로 바꿨다. 타락(駝酪)은 말린 우유를 뜻하는 돌궐어 '토라크'에서 유래했다고 한다. 우유로 만든 타락죽은 매우 귀해서 왕도 마음대로 먹을 수 없었다. 조정 대신도 동지와 같은 특별한 날에야 왕의 하사품으로 받을 수 있었다.

낙산 북서쪽의 성균관 주변에는 반촌(泮村)이 형성되어 있었고, 성균관 소속 노비로 알려진 반민(泮民)이 살았다. 옛 중국에서 공자의 사당을 겸하는 학교를 '반궁(泮宮)'이라 했는데, 성균관도 그에 따라 반궁이라 불렀다. 반촌, 반민 등의 이름은 여기서 비롯되었다.

반민은 성균관의 문묘를 지키거나 관원들의 심부름을 하고 식사 수발을 드는 일을 했다. 그러면서 자연스럽게 성균관 주변에 모여 살았다. 성종 때 성균관 입구에 형성되어 있던 민가를 철거하면서 일반 백성은 성균관을 감싸고 흐르는 반수(泮水)의 서쪽을 경계로 삼아 반민 마을을 이루고 살게 되었다.

반민은 6개월마다 돌아가면서 군역이나 노역에 종사했다. 그러한 국역에서 제외된 사람들은 주로 쇠고기 장사와 가면극 연희에 종사했다. 또 일부 반민은 도살업을 하면서 성균관 제사에 쓰이는 제물을 공급했다. 그들이 운영하는 푸줏간을 '현방(懸房)'이라 했다. 농업 국가인 조선에서 소 도살은 제사와 같이 필요할 때가 아니면 금기시되었다. 그러나 조선 사회의 경제적 수준이 전반적으로 높아짐에 따라 쇠고기 수요가 점점 늘어났다. 그러자 정부는 현방에 쇠고기 공급을 독점시켜 도살업을 국가 독점 사업으로 통제했다. 18세기에는 스물세 곳의 현방이 서울의 쇠고기 판매를 도맡았는데, 서소문 밖 애오개까지 진출한 현방도 있었다. 반민의 도움을 받으며 공부한

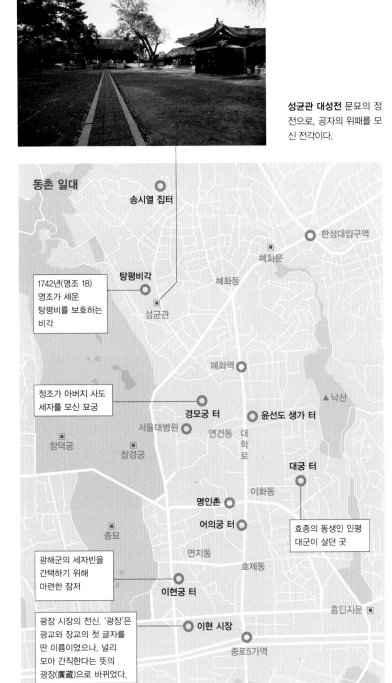

성균관 대성전 문묘의 정전으로, 공자의 위패를 모신 전각이다.

동촌 일대

송시열 집터

한성대입구역

혜화문

혜화동

1742년(영조 18) 영조가 세운 탕평비를 보호하는 비각

탕평비각

성균관

혜화역

정조가 아버지 사도세자를 모신 묘궁

경모궁 터

서울대병원

연건동

대학로

낙산

윤선도 생가 터

창덕궁

창경궁

대궁 터

이화동

효종의 동생인 인평대군이 살던 곳

종묘

명인촌

어의궁 터

연지동

호제동

광해군의 세자빈을 간택하기 위해 마련한 잠저

이현궁 터

흥인지문

광장 시장의 전신. '광장'은 광교와 장교의 첫 글자를 딴 이름이었으나, 널리 모아 간직한다는 뜻의 광장(廣藏)으로 바뀌었다.

이현 시장

종로5가역

성균관 유생이 관리로 출세하면 그 대가로 그들의 현방 영업을 지원하기도 했다.

일제 강점기에는 성균관 아래 혜화동 일대에 경성제국대학이 세워지고 주변에 상류층이 모여 사는 고급 주택 지역이 형성되었다. 경성제국대학의 법문학부는 동숭동 마로니에 공원 자리에, 의학부는 종로구 연건동에, 이공학부는 노원구 공릉동 자리에 있었다. 해방 후 성균관에 성균관대학교가 들어서고 경성제국대학이 서울대학교로 바뀌면서 동촌 일대는 젊음의 거리인 대학로로 불리게 되었다. 오늘날 서울대학교는 캠퍼스를 관악산 아래로 옮기고 대학로에는 병원만 남아 있다.

동궐과 인접한 동촌에는 별궁도 많았다. 지금 서울대병원이 있는 곳에는 사도 세자의 사당인 경모궁이 자리 잡고 있었다. 본래 서촌 쪽에 수은묘라는 이름으로 세워졌던 것을 1764년(영조 40) 이곳으로 옮기고, 정조가 왕위에 오르자 경모궁으로 고쳐 불렀다. 정조는 친히 경모궁의 편액을 쓰고 창경궁에 월근문을 내어 쉽게 드나들 수 있도록 했다. 1899년 고종이 사도 세자를 장종으로 추존하고 신위를 종묘로 옮기면서 경모궁은 사당의 역할을 마감하게 된다.

혜화동 남쪽, 종묘와 흥인지문 사이에는 인조

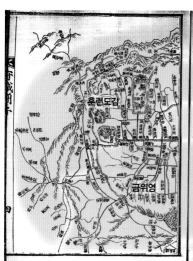

의 능양군 시절 사저인 어의궁이 있었다. 부근의 조양루에서는 인조의 둘째 아들인 봉림 대군(훗날의 효종)이 태어났다. 봉림 대군은 병자호란 때 청에 볼모로 끌려갔다가 명의 유민과 함께 귀국했다. 그 유민들을 어의궁 일대에 거처하게 하면서 그곳은 '명인촌(明人村)'이라 불리게 되었다. 17세기 조선에 표류한 네덜란드인 하멜이 제주도에서 올라와 한동안 명인촌에 머물기도 했다.

명인촌과 종로 사이에는 배고개가 나지막하게 자리 잡고 있다. 한자로는 '이현(梨峴)'이다. 이곳에 운종가의 시전, 숭례문 부근의 칠패 시장과 더불어 조선 시대 서울의 3대 시장으로 꼽힌 이현 시장이 있었다. 정조 때 시전의 독점이 풀린 뒤 민간 상인들이 이곳을 무대로 해산물 등을 도매하며 상권을 키웠다. 오늘날 광장 시장의 뿌리는 바로 이현에 있었다고 할 수 있다.

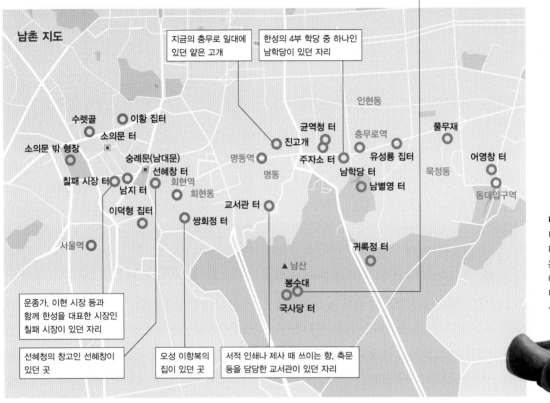

남소문동천(왼쪽) 남산에서 발원해 남촌을 흐른 다음 이간수문을 통해 청계천으로 들어가는 하천.

남산 봉수대 봉수대는 햇불과 연기를 이용해 급보를 전했다. 그중 남산 봉수대는 전국의 봉수가 도달하는 중앙 봉수대였다. ⓒ 한국관광공사-이범수.

남촌 지도

지금의 충무로 일대에 있던 얕은 고개

한성의 4부 학당 중 하나인 남학당이 있던 자리

인현동

수렛골
이황 집터
소의문 터
소의문 밖 형장
숭례문(남대문)
칠패 시장 터
선혜창 터
남지 터
이덕형 집터
쌍회정 터
서울역

균역청 터
진고개
주자소 터
명동역
명동
회현역
회현동
교서관 터

충무로역
유성룡 집터
남학당 터
남별영 터
묵정동

풀무재
어영창 터
동대입구역

귀록정 터

▲ 남산

봉수대
국사당 터

운종가, 이현 시장 등과 함께 한성을 대표한 시장인 칠패 시장이 있던 자리

선혜청의 창고인 선혜창이 있던 곳

오성 이항복의 집이 있던 곳

서적 인쇄나 제사 때 쓰이는 향, 축문 등을 담당한 교서관이 있던 자리

나막신 딸깍딸깍 소리 내며 지나가는 것이 무례하다고 해서 하층민이나 젊은이가 양반이나 어른 앞에서 신을 수 없는 신이었다고 한다(『오주연문장전산고』).

남촌 – 딸깍발이의 고장

서울의 북쪽에 솟은 북악산 기슭에 북촌이 있었던 것처럼 남쪽의 목멱산 기슭에는 남촌이 형성되어 있었다. 지금은 남산이라고 통용되는 목멱산은 동서로 길게 늘어져 마치 안장을 벗고 달리는 말처럼 보인다. 조선 시대에는 '목멱산' 외에도 '인경산', '열경산' 등으로 불렸다. 1395년 태조가 남산의 산신을 목멱대왕으로 봉한 이래 남산 정상에는 조선 중기까지 국가에서 제사를 받들던 목멱신사가 있었다. 지금도 남산은 꽃으로 유명하지만, 옛날에도 '남산 꽃구경'이라는 말이 있을 만큼 서울 사람들에게 남산은 화사한 꽃동네였다. 단오가 되면 젊은이들이 산기슭에서 씨름 등을 하면서 놀았다고 한다.

남산은 서울의 남쪽을 지키는 내사산이었다. 남산 능선에 설치된 5개의 봉수대는 전국적인 봉수대 네트워크의 종착지로 다섯 방면에서 전달되는 신호를 받았다. 그러한 군사적 중요성 때문에 남산 주변에는 왕을 호위하고 왕도를 방어하는 금위영의 별도 군영인 남별영과 남소영이 있었다. 금위영과 함께 왕의 호위를 맡은 어영청의 군기 창고(어영창)도 이곳에 있었다.

충무로와 퇴계로가 만나는 고개 부근에는 군사 기관에 무기를 만들어 공급하는 대장간이 밀집해 있었다. 대장간은 풀무질을 해서 쇠를 달구는 곳이기 때문에 그 고개를 '풀무재'라 했다. 한자로는 '야현(冶峴)'이었다.

남산 봉수대에서 케이블카를 타고 내려가면 서쪽이 회현동, 동쪽이 명동이다. 그 동네들이 바로 북촌의 권문세가와 대비되는 가난한 양반이 모여 살았다는 남촌이다. 남촌에 살던 양반을 '남산골샌님'이라고도 했는데, 샌님은 생원님의 줄임말이라고 한다. 생원은 낮은 단계의 과거 시험인 생원시에 합격한 선비를 가리켰지만, 공부만 하고 세상물정 모르는 선비를 얕잡아 부르는 말이기도 했다. 연암 박지원의 소설 『허생전』에 나오는 가난한 선비 허생이 떠오른다. 허생이야말로 남산 기슭 묵적골 오두막에서 부인에게 구박을 받으며 사는 남산골샌님의 전형적인 캐릭터였다.

남산골샌님들의 울적한 마음을 달래 주기 위해서였을까? 남촌은 술의 고장으로 이름나 있었다. 회현동 일대에서 주조하는 술은 품질이 뛰어나 한 잔만 먹어도 취하지만 곧 깨면 깔끔해 조선의 최고 명주로 알려졌다(『경수당전고』). 남산에

남산에서 내려다본 오늘날의 남촌 백범광장공원 부근에서 바라본 중구 회현동 일대.

서 내려오는 맑은 물 덕이라고 한다. 그것이 북촌의 떡과 맞물려 '남주북병(南酒北餅)'이라는 말이 생겼다. 술은 남촌이 최고, 떡은 북촌이 최고라는 뜻이었다. 지금도 남촌의 어느 술집에 들어가면 한쪽 구석에 앉아서 한 잔 들이키고 있는 허생을 만날 것만 같다.

남산골샌님하고 짝을 이루는 말이 '딸깍발이'이다. 남촌에 사는 선비들은 가난하다 보니 값싼 나막신을 신고 다니곤 했다. 비가 올 때 나막신을 신고 걸으면 딸깍딸깍 소리가 난다고 해서 딸깍발이라고 부르게 되었다는 것이다. 1950년대에 발표된 일석 이희승의 산문 『딸깍발이』에도 소개되어 더 유명해진 말이다.

그러나 남산의 선비가 가난하다는 것은 북촌에 사는 노론이 세도를 하던 조선 후기의 이야기이다. 그전에는 남촌에 살던 양반도 세상을 호령한 적이 있었다. 회현동에는 중종 때의 명재상인 정광필 등 열두 정승을 배출한 동래 정씨 일가가 살았다. 오성 이항복은 한음 이덕형과 더불어 '오성과 한음'으로 불리며 조선 시대 최고의 우정을 자랑한 인물이다. 그는 필운대에서도 살았지만 태어난 곳은 회현동이었다. 이항복의 생가는 그가 지었다는 쌍회정이라는 정자의 터로 남아 있다. 명동 동쪽의 건천동 일대(인현동)에서는 남인의 거두인 유성룡과 그의 친구 이순신, 『홍길동전』을 쓴 북인 허균이 살았다. 남인의 천재 실학자 정약용, 김홍도의 스승인 강세황도 남촌에서 거주한 적이 있었다. 북촌 못지않게 남촌도 알짜배기 조선의 인재를 숱하게 배출한 셈이다.

공부하는 선비가 많아서일까? 지금의 을지로와 충무로 일대인 훈도방 주자동에는 활자를 제조하는 주자소가 있었다. 북인으로서 광해군 때 영의정에 오른 박승종은 "서적을 인쇄하는 자, 독서에 빠져 사는 선비, 그저 조용히 산속에서 요양하고자 하는 사람들"만 훈도방에 산다고 했다.

4 성저십리

한성부는 성 밖 사방으로 약 10리에 걸친 지역을 '성저십리(城底十里)'라 해서 관리 지역으로 삼았다. 이는 왕도 사방 500리를 가리키는 경기와는 다른 개념이다. 조선 시대의 경기는 성저십리를 포함해 지금의 경기도와 인천, 개성과 황해북도 장풍군에 이르는 넓은 지역에 걸쳐 있었다.

조선 전기의 성저십리는 사대문 안과 달리 인구가 적었다. 그러나 조선 후기의 이농 현상과 함께 사람들이 몰려들었다. 상품 화폐 경제의 발달과 더불어 마포, 용산, 서강 등지에는 전국에서 조세로 올라온 곡물과 상품이 집결했다. 돈이 도는 곳에 사람도 모이는 법. 19세기 후반에는 서울 인구의 절반가량이 성저십리에서 살았다. 성저십리는 왕도 서울이 상업 도시로 변모하고 있음을 잘 보여 준 상징적인 공간이었다.

왕실과 관료의 생활을 지원하고 도성의 백성을 구휼하는 것이 성저십리의 주요 기능이었다. 얼음을 보관하고 배포하는 일, 사대문 안에서는 금지된 농사를 지어 곡물과 채소 등의 식량을 공급하는 일 등이 그곳의 관공서에 맡겨졌다.

공적인 제사 시설도 곳곳에 자리 잡고 있었다. 농사의 신인 신농과 후직에게 제사하는 선농단(동대문구 제기동), 양잠의 신인 서릉에게 제사하는 선잠단(성북구 성북동)을 우선 꼽을 수 있다.

숙정문 밖 평창동에는 전염병을 막기 위해 여제를 지내는 여단이 있었다. 옛날에는 홍수, 전염병 등으로 비명횡사한 사람이나 제사 지내 줄 후손이 없는 사람이 원한을 품고 여귀가 되어 재앙과 전염병을 일으킨다고 믿었다. 여제는 바로 그 여귀들의 원한을 풀어 주는 제사였다. 숭례문 밖 용산에는 기우제를 지내는 우사단, 곡식과 농사의 별에게 제사하는 영성단이 있었다. 살곶이 목장에서 가까운 성동구 왕십리에는 말의 조상에게

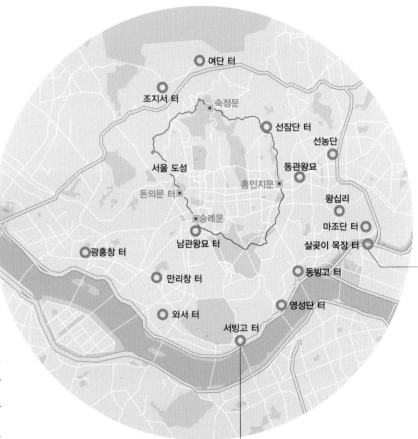

광흥당(왼쪽) 광흥창은 조선 관리들의 녹봉을 관장한 관서이자 그 관할 아래 있는 창고였다. 사진은 광흥창 터 옆에 있는 전통문화 공간 광흥당. 서울 마포구 독막로21길 15.

석빙고 경상남도 창녕 영산에 있는 조선 중기의 얼음 창고. 서빙고는 남아 있지 않지만 이런 형태였을 것이다. 보물.

제사 지내는 마조단도 있었다.

한강 주변에는 곡물을 저장하고 보관하는 광흥창, 군자감창, 만리창 등의 국립 창고가 설치되어 있었다. 각지에서 조세로 거둔 곡물이 여기서 관료들의 녹봉, 군량미, 대동미 등으로 보관되었다. 용산 쪽 둔지방에는 궁궐과 관공서 등에 필요한 기와를 공급하는 와서가 있고, 창의문 밖에는 종이를 만드는 조지서가 있었다. 가난한 환자와 걸인을 돌보는 활인서는 혜화문 밖에 있었다.

얼음을 저장하는 창고도 있었다. 성동구 옥수동에 동빙고가, 용산구 서빙고동에 서빙고가 설치되었다. 동빙고에는 국가 제사용 얼음을 보관하고, 서빙고에는 왕실뿐 아니라 관리와 전옥서의 죄수에게 나눠 줄 얼음까지 저장했다.

흥인지문 아래 오간수문 주변에는 무과 시험과 군사 훈련을 주관하는 훈련원이 있었다. 또 훈련도감 산하에서 화약을 만드는 염초청 따위 군사 시설도 자리 잡고 있었다. 그 지역과 연결된 흥인지문과 광희문 밖 일대는 '아래대(下村)'라고 불렸다. 그곳에는 훈련원과 훈련도감의 군인들이 많이 살고 있었다. 임진왜란 이후 오위 제도가 무너지고 오군영 체제가 생기자 아래대에 상주하는 군인은 더 늘어났다. 지방에서 올라온 오

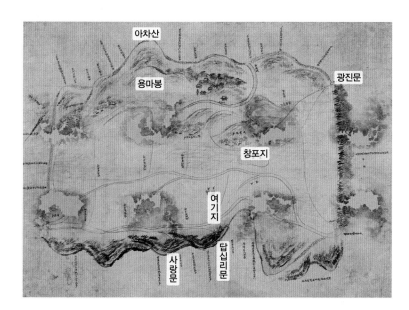

군영 군사들도 고향으로 돌아가지 않고 아래대에서 계속 눌러살았기 때문이다.

조선 후기에 재정 상황이 나빠지면서 아래대의 군인들에게 줄 급료가 부족해졌다. 그러자 정부는 군인들이 생계 해결을 위해 상업과 수공업에 종사하는 것을 허락했다. 작물을 판매할 목적으로 농사짓는 것도 물론 허용되었다. 그 후 아래대의 군인들은 "채마밭을 가꾸고 과수 재배로 먹고살고 있으니 시골 사람들과 같았다."(『옥계청유첩』) 그들은 주로 서울 시장을 겨냥해 농사를 지었는데, 특히 아래대 배추는 '훈련원 배추'로 불리며 인기를 끌었다.

염초청처럼 훈련도감에 소속된 시설에서 일하는 기술자를 '공장(工匠)'이라 했다. 그들 중 일부는 근무 이외의 시간에 틈을 내어 생계에 필요한 수공업품을 만들고 이를 판매했다. 이처럼 조선 후기의 서울은 군인들도 다른 백성처럼 상업적 영농이나 수공업으로 생계를 유지하는 상업의 도시가 되어 가고 있었다.

흥인지문 밖 왕십리와 살곶이벌 주변은 서울 주민이 소비하는 채소를 재배하는 근교 농업의 중심지였다. 특히 왕십리는 무와 미나리의 재배지로 유명했다. 무와 미나리를 재배하며 사는 하급 무관 등의 왕십리 주민을 가리켜 '왕십리 똥파리'라고 했다. 당시 밭농사를 지을 때는 인분을 비료로 사용했는데, 농부가 똥지게를 지고 인분을 밭에 뿌리면 파리가 많이 꼬였기 때문이다.

조선 후기 한강 일대

서울 도성의 성곽을 쌓으면서 사이사이에 도성을 출입하는 문루를 세웠다. 동서남북으로 흥인지문·숭례문 등의 사대문을 세우고, 사대문 사이에는 혜화문·남소문 등의 소문들을 배치했다. 이들 문루는 도성의 출입처로, 서울과 전국 각지를 연결해 주는 사통팔달의 상징이었다. 그 가운데 서쪽의 돈의문과 소의문은 일제 강점기에 유실되었다.

민간 장빙업과 서해에서 잡은 생선을 냉장 상태로 서울까지 운반하는 빙어선 영업이 성행했다.

수상 교통의 요충지. 뱃놀이와 웅어, 복어 등의 얼음 낚시로 유명했다.

경강에서 얼음을 채취해 보관한 관영 빙고 4곳 중 하나. 나머지 3곳은 궁궐 안의 내빙고 2곳과 동빙고였다. 서빙고의 규모는 동빙고의 12배였지만 품질은 동빙고에 훨씬 못 미쳤다.

세곡 운송의 중심. 전라·충청·황해도와 경기도 하류의 세곡을 실은 배들이 집결했다. 녹봉으로 지급될 세곡을 보관하는 광흥창, 공물 대신 바친 쌀의 상태를 검사하는 점검청, 서강에 온 배에서 세금을 징수하는 공세청 등이 있었다.

서쪽에서는 전국의 어물과 삼남의 곡식을 실은 배들이, 동쪽에서는 한강 상류 지역의 목재 등을 실은 배들이 몰려들었다. 소금과 젓갈 판매도 활발하게 이루어졌다.

조선업의 중심. 2000석을 적재할 수 있는 대형 경강선을 건조했다. 배를 만들고 남은 자투리 느티나무로 최상품 뒤주를 제작했다.

노량진, 한강진과 더불어 삼남으로 가는 대로로 통하는 길목

정조가 화성으로 행차할 때 배다리가 놓인 곳. 주변 백사장에서 왕이 참관하는 대규모 군사 훈련이 실시되었다.

古浪津

積城

明月臨 高石洞

坡州
파주

動彌蕤

惠隆浚

楊州
양주

北漢
북한산

高陽
碧蹄
고양

漢北

京城
경성

京城

仰頭

孔岩

양화진 楊

망원·합정

掛山

抱戌倉

東幕

孔德

土亭

倉興廣

서강
江

四候堂

黑

마포
蒲

監資軍

용산
山

萬里倉

鴿里倉

萬

敎場

汝島

밤섬(율도)

員峴峙

서빙

基南

동작진
崔津

노량진
鎮灰露

176

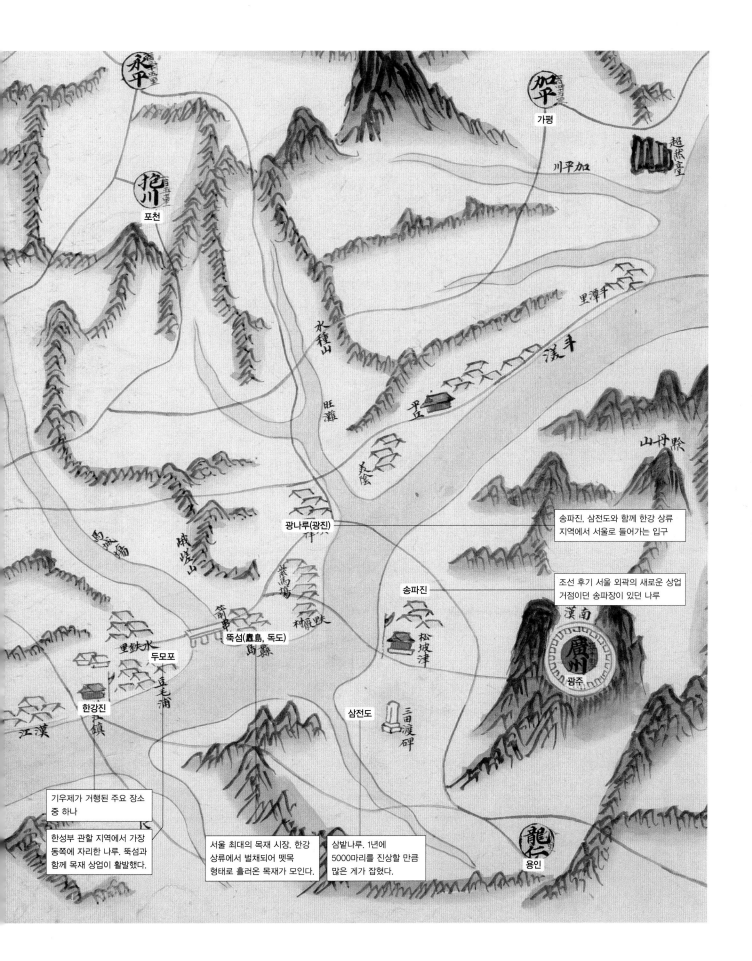

永平
抱川
포천

加平
가평

加平川

超然臺

永種山

里潭水

半溪

묘

山丹岾

광나루(광진)

송파진, 삼전도와 함께 한강 상류
지역에서 서울로 들어가는 입구

柴場

조선 후기 서울 외곽의 새로운 상업
거점이던 송파장이 있던 나루

城峴山

驛馬場

村獵跌

松坡津

漢南
廣州
광주

송파진

蒲串

뚝섬(纛島, 독도)
島纛

里鉄水

두모포
大豆毛浦

한강진
江漢

鎭

삼전도

三田渡碑

龍仁
용인

기우제가 거행된 주요 장소
중 하나

한성부 관할 지역에서 가장
동쪽에 자리한 나루. 뚝섬과
함께 목재 상업이 활발했다.

서울 최대의 목재 시장. 한강
상류에서 벌채되어 뗏목
형태로 흘러온 목재가 모인다.

삼밭나루. 1년에
5000마리를 진상할 만큼
많은 게가 잡혔다.

5 한강의 포구들

한강은 한반도의 허리를 타고 흐른다. 예로부터 한강을 차지하는 자가 천하의 주인이 된다고 할 만큼 한강의 전략적 가치는 매우 컸다. 서울이 조선의 왕도가 된 이래 한강은 서울의 외수로서 더욱 중요한 역할을 부여받았다. 서울과 지방, 서울과 세계는 한강을 통해 이어졌다. 그러한 한강의 기능은 조선 후기 들어 상품 화폐 경제가 발달하면서 상업의 중심지로 더욱더 확장되었다.

18세기 전반까지 한강의 상권은 한강진, 용산강, 서강의 3강을 중심으로 형성되었다. 한강진은 지금의 한남동 앞, 용산강은 용산 앞, 서강은 와우산과 노고산 사이에 샛강이 흘러 한강으로 합류하는 지역을 가리켰다.

18세기 후반 들어서는 3강에 마포, 양화진이 추가되어 5강이 되었다. 마포는 지금의 마포대교 북쪽이고, 양화진은 서해로부터 물자를 반입하는 중요한 길목으로 양화대교 일대를 가리킨다. 상업이 계속 발달함에 따라 5강은 두모포, 서빙고, 뚝섬을 끌어들여 8강으로 확장되었다. 18세기 이후 큰 규모의 시장이 형성된 상류의 송파진은 중류의 한강진, 하류의 양화진과 더불어 '한강 3진'으로 불렸다.

8강으로 대표되는 한강의 포구에는 민간 상인인 사상(私商)의 주거지가 집중적으로 분포되어 있었다. 이미 살펴본 것처럼 조선 전기에는 국가의 허가를 받은 시전 상인이 서울의 상권을 독점하다시피 하고 있었다. 그러나 상품 화폐 경제가 발달함에 따라 민간의 상업 활동을 마냥 억제할 수만은 없었다. 1791년 채제공의 건의에 따라 민간 시장을 허용하는 신해통공을 실시하면서 사상의 활동이 더욱 활기를 띠었다.

사상들 중에는 선업에 종사하거나 쌀, 소금, 생선, 건어물, 젓갈, 목재 등을 독점 거래해 부를 쌓은 사람이 많았다. '선업'이란 정부의 세곡이나 재경 지주의 소작료를 지방에서 서울까지 운반해 주고 대가를 받는 일을 말한다.

한강을 통해 지방과 서울을 오가며 선업을 운영하는 사상을 '경강상인(京江商人)', 줄여서 강상이라 했다. 그들은 자신의 배를 이용해 정부가 세금으로 거둔 곡식을 수송하다가, 각종 상품을 지방의 생산지에서 사들이는 도매상으로 발전했다. 이를 서울로 운반해 수요자에게 직접 판매하면서 시전 상인과 경쟁했다. 선업에 필요한 하역에 종사하는 노동자도 한강 포구에 뿌리를 내리기 시작했다. 또 한강 포구에 드나드는 지역 상인을 위한 주막과 여관 시설도 발달했다.

서울로 공급되는 물자의 절반 이상은 한강을 따라 올라가 양화진, 마포, 노량진 일대에서 하역되었다. 하역된 물자는 숭례문을 통해 염천교로 들어갔다. 그때 물자가 지나는 길에 형성된 시장이 서울의 3대 시장 중 하나인 칠패였다. 칠패에서는 쌀, 포목, 어물 등 온갖 물품이 거래되었다.

두물머리(왼쪽) 북한강과 남한강이 합류하는 곳. 경기도 양평군 양서면 양수리.

「압구정」 정선이 도성과 한강 변의 명승·명소를 그린 작품을 모아 놓은 「경교명승첩」의 한 부분.

마포나루 서울 중서부 한강 연안에는 호수처럼 발달한 서호, 마포, 용호의 세 포구가 있었다. 그중 마포를 마포강, 마포항 등으로 부른 데서 그 이름이 유래했다. 조선 시대에는 삼남에서 올라오는 곡식과 서해에서 잡히는 새우, 조기 등 해산물을 하역해 서울에 공급하는 역할을 담당했다. 사진은 1940년대 마포나루의 모습.

그중에서도 어물전의 규모가 크고 거래가 활발했다. 시전 상인은 지방 생산자들이 납품하는 어물을 판매할 뿐이지만, 사상은 직접 지방에 내려가 어물을 사들이거나 서울로 올라가는 길목에서 물품을 매점매석해 시전 상인에게 타격을 입혔다.

경강상인은 막대한 자본을 바탕으로 상품을 독점해 가격을 조작하기도 했다. 경강상인과 쌀 판매업자가 결탁해 서울의 쌀 시장을 교란하는 바람에 쌀값이 폭등하고 한바탕 소란이 일어나기도 했다. 1833년(순조 33)에 일어난 서울의 쌀 소동이 대표적이다. 당시 상황이 심각해지자 정부는 주동자들을 색출해 바로 처형했다.

경강상인은 서울에 얼음을 공급하는 사업도 벌였다. 서울이 상업 도시로 변화하면서 일반인의 얼음 수요가 늘어났기 때문이다. 조선 전기만 해도 얼음은 귀한 물품으로 국가의 제사를 지낼 때나 왕실과 궁궐에 필요할 때에 한해 국가 주도로 채취되었다. 그러나 18세기 후반에는 민간 수요가 급증해 한강 주변에 개인이 운영하는 사빙고(私氷庫)가 30여 곳이나 들어섰다. 한강변에서

이루어지는 여러 상행위 가운데 얼음을 저장했다가 파는 장빙업에 종사하는 자가 가장 큰 이익을 남겼다는 기록이 있을 정도이다. 특히 장빙업은 대개 권세 있는 양반이 장악해 폭리에 가까운 이익을 남긴 것으로 알려졌다.

한강에서 돈을 벌어들인 사상들은 지방으로 상권을 확장해 나갔다. 그들은 한강과 동래, 개성, 의주 등 각 지방의 장시를 연결해 물품을 교역했다. 그뿐 아니라 각지에 지점을 두고 전국의 상권을 장악해 나갔다. 한강 위를 다리와 철교가 가로지를 때까지 한강의 포구들은 이 같은 상업 발달의 주무대였다.

채빙(採氷) 한강에서 얼음을 채취하는 모습이 담긴 일제 강점기의 우편엽서 사진. 긴 톱으로 얼음을 자르는 모습과 말이 끄는 달구지가 보인다. 얼음 공급 사업을 하던 경강상인을 떠올리게 한다.

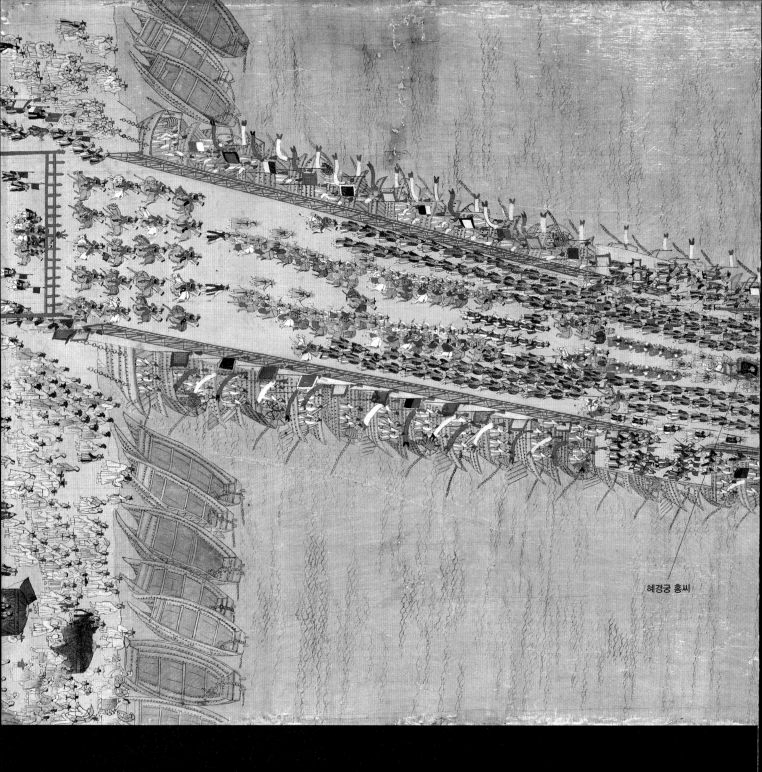

혜경궁 홍씨

한강의 배다리 1795년(정조 19) 정조가 어머니 혜경궁 홍씨를 모시고 배다리로 한강을 건너는 장면을 그린 「노량주교도섭도」, 사도 세자의 무덤이 있는 화성에 다녀오는 과정을 그린 「화성능행도」 8폭 병풍 중 하나이다. 본래 남쪽이 윗부분에 놓이는 세로 그림인데 여기서는 남쪽이 오른쪽에 오도록 눕혀서 배치했다. 그림 속 정조 일행은 화성에서 혜경궁 홍씨의 회갑연을 마치고 궁궐로 돌아가는 길에 한강 남쪽 노량진의 용양봉저정에서 배다리를 건너 북쪽의 용산으로 행진하고 있다. 용양봉저정은 정조 일행이 배다리를 이용해 한강을 건널 때 잠시 쉴 자리가 필요해 지은 정자로 알려져 있다. 배다리는 배를 일정한 간격으로 배치하고 그 위에 판재를 놓아 만든 임시 교량을 말한다. 그림 속 배다리의 설계자는 다산 정약용으로, 이를 만들기 위해 36척의 배를 징발했다. 조선 후기의 과학 기술이 집약된 배다리 위에서 서울의 18세기가 무르익고 19세기가 다가오고 있었다.

정조

용양봉저정

부록

지도 목록

참고문헌

원전

『개벽(開闢)』.

공진회 편, 『청구시초(靑丘詩抄)』.

김부식, 『삼국사기(三國史記)』.

김종서 외, 『고려사(高麗史節要)』.

『동국여지비고(東國輿地備考)』.

『사직서의궤(社稷署儀軌)』.

성현, 『용재총화(慵齋叢話)』.

신명연 편, 『경수당전고(警修堂全藁)』.

신숙주 외, 『국조오례의(國朝五禮儀)』.

유득공, 『발해고(渤海考)』.

이행 외, 『신증동국여지승람(新增東國輿地勝覽)』.

일연, 『삼국유사(三國遺事)』.

정교, 『대한계년사(大韓季年史)』.

『조선왕조실록(朝鮮王朝實錄)』.

『준천계첩(濬川禊帖)』.

한치윤, 『해동역사(海東繹史)』.

혜경궁 홍씨, 『한중록(閑中錄)』.

孔子, 『論語』.

管仲, 『管子』.

房玄齡 外, 『晉書』.

司馬遷, 『史記』.

徐兢, 『高麗圖經』.

『詩經』.

魚豢, 『魏略』.

令狐德棻 外, 『周書』.

王充, 『論衡』.

劉向, 『戰國策』.

『周禮』.

陳壽, 『三國志』.

蔡邕, 『琴操』.

許愼, 『說文解字』.

小田省吾, 『德壽宮史』.

『日本書紀』.

단행본

『경복궁영건일기로 본 경복궁 중건』, 문화재청 궁능유적본부, 2021.

국립가야문화재연구소, 『가야 무덤』, 국립가야문화재연구소, 2007.

국립김해박물관, 『삼한의 신앙과 의례』, 사회평론아카데미, 2020.

국립중앙박물관, 『황금의 제국 페르시아』, 국립중앙박물관, 2008.

김동욱, 『종묘와 사직』, 대원사, 1990.

김장현, 『고려 개경의 편제와 궁궐』, 경인문화사, 2011.

문사철 편, 『민음 한국사』, 민음사, 2014.

박청산·류재학·리호순·박창우, 『두만강 풍경 – 연변의 관광자원』, 연변교육출판사, 2011.

배우성, 『조선후기 국토관과 천하관의 변화』, 일지사, 1998.

＿＿＿, 『조선과 중화: 조선이 꿈꾸고 상상한 세계와 문명』, 돌베개, 2014.

서울역사박물관, 『경희궁은 살아 있다』, 서울역사박물관, 2015.

서울역사박물관, 『600년 서울을 담다』, 서울역사박물관, 2013.

서울역사편찬원, 『조선시대 다스림으로 본 성저십리』, 2019.

신희권, 『한양도성 서울을 흐르다』, 북촌, 2022.

안휘준, 『동궐도 읽기』, 한국문화재보호재단, 2005.

안휘준, 『옛 궁궐 그림』, 대원사, 1997.

에코답월드북 편집부, 『한국궁궐건축의 역사와 이해』, 에코탑월드북, 2023.

오주석, 『오주석의 한국의 미 특강』, 푸른역사, 2017.

유득공, 실시학사 고전문학연구회 엮음, 『역주 이십일도 회고시』, 푸른역사, 2009.

유준영·최순우·유홍준, 『檀園金弘道』, 국립중앙박물관, 1990.

유홍준, 『나의 문화유산답사기- 서울편』, 창비, 2017.

이강근, 『경복궁』, 대원사, 1998.

이강근, 『한국의 궁궐』, 대원사, 1991.

이건무·조현종, 『선사 유물과 유적(한국미의 재발견 1)』, 솔, 2003.

이근직, 『천년의 왕도, 천년의 기억』, 학연문화사, 2013.

이상해, 『궁궐, 유교 건축(한국미의 재발견 12)』, 솔, 2004.

이영훈·신광섭, 『고분 미술(한국미의 재발견 13, 14)』, 솔, 2005.

이해철 편저, 『청계천을 가꾸다』, 열화당, 2004.

이희진, 『고조선왕조실록』, 살림, 2016.

임석재, 『예로 지은 경복궁』, 인물과 사상사, 2015.

전호태,『고분벽화로 본 고구려 이야기』, 풀빛, 2010.

조선유적유물도감편찬위원회,『조선유적유물도감』(전 20권), 1988~1996.

　　　　　　　　　　　　　,『북한의 문화재와 문화유적』, 제1~4권, 서울대학교출판부, 2000.

　　　　　　　　　　　　　,『발해의 유적과 유물』, 서울대학교출판부, 2002.

조선총독부,『조선고적도보』(전 7권), 한국학자료원, 2021.

청계천박물관,『준천 영조와 백성을 잇다』, 서울책방, 2017.

최시한 · 강미,『조강의 노래- 한강하구의 역사문화이야기』, 문학과지성사, 2019.

최열,『옛 그림으로 본 서울』, 혜화1117, 2020.

한국교원대학교 역사교육과 교수진,『아틀라스 한국사』, 사계절, 2022.

한국생활사박물관 편찬위원회,『한국생활사박물관』(전 12권), 사계절, 2000.

홍순민,『홍순민의 한양읽기: 궁궐 세트』(전 2권), 눌와, 2017.

　　　,『홍순민의 한양읽기 도성: 왕도 한양의 경계 임금과 백성을 지킨 성곽』, 눌와, 2017.

阿克敦,『奉使圖』, 遼寧民族出版社, 1999.

馬自樹,『中國边疆民族地区文物集萃』, 上海辞书出版社, 1999.

논문

권오영,「馬韓의 종족성과 공간적 분포에 대한 검토」,『한국고대사연구』제60집, 2010.

김규순,「조선궁궐 입지 선정의 기준과 지형에 대한 연구-경복궁과 창덕궁을 중심으로-」,『문화재』, 제52권 제3호, 2019.

김민규,「경회루 연못 출토 청동용과 경복궁 서수상의 상징 연구」,『고궁문화』제7호, 2014.

김성혜,「한국근대 답도(踏道) 건축물에 배치된 동물의 상징성 연구」,『한국학연구』제64집, 2018.

김영모 · 임의제,「조선 시대 종묘와 사직 구성 관념에 관한 연구」,『한국정원학회지』제19권 제38호, 2001.

김영재 외,「해방이후, 서울과 평양의 도심공간구조와 그 특성에 관한 비교연구 - 공간의 정치경제학적 관점을 중심으로 -」,『대한건축학회 논문집 - 계획계』, 제17권 제10호, 2001.

노태돈.「고조선 중심지의 변천에 대한 연구」,『한국사론』제23집, 1988.

박대재,「夫餘의 왕권과 왕위계승」,『한국사학보』제33집, 2008.

　　　,「三韓의 '國邑'에 대한 재인식」,『한국고대사연구』제91집, 2018.

박정민 외,「태봉-후백제 역사벨트 조성과 현대적 계승」,『글로벌문화콘텐츠』제42호, 2020.

배우성,「18세기 청의 지리지 - 지도와 백두산의 수계」,『역사와 경계』제65집, 2007.

　　　,「조선후기 中華 인식의 지리적 맥락」,『한국사연구』, 제158집, 2012.

서종태,「이벽의 수표교 집터에 대한 연구」,『석당논총』제73집, 2013.

송호정,「기원전 시기의 사회 성격과 시대구분」,『한국고대사연구』제46집, 2007.

　　　,「衛滿朝鮮의 王儉城 위치에 대한 최근 논의와 비판적 검토」,『역사와 담론』제92집, 2019.

안창모,「경복궁 중건과 서울의 도시건축적 변화」, 2012. file:///C:/Users/BLUE/Desktop/경복궁%20중건과%20서울의%20도시건축적%20변화.pdf (2023년 3월 8일 검색).

유슬기 · 김경민,「조선시대 한양 도성 안 동부 지역의 상업 도시화 과정」,『서울학연구』제67집, 2017.

이정국,「조선 전기 경복궁의 침전寢殿과 후원의 건축 공간에 관한 연구」,『건축역사연구』제20권 제6호, 2011.

임선우,「한국과 중국 궁궐 외부장식의 상징성 비교연구 - 자금성의 태화전과 경복궁의 근정전을 중심으로」,『기초조형학연구』, 제12권, 2011.

장재혁 · 한동수,「儀禮를 통한 勤政殿 一廓의 意味와 空間使用特性에 관한 연구 -『國朝五禮儀』「嘉禮」迎勅書儀를 중심으로-」,『대한건축학회논문집 - 계획계』제20권, 2004.

장지연,「개경과 한양의 도성 구성 비교」,『서울학연구』제15집, 2000.

　　　.「태조대 景福宮 殿閣名에 담긴 의미와 사상적 지향」,『한국문화』제39집, 2007.

장창은,「현행『중학교 역사 ②』교과서「남북국시대의 전개」지도·그림자료 검토_2」,『탐라문화』제67호, 2021.

정룡·김정문, 「한,중 궁궐(宮闕)의 입지 및 삼조공간(三朝空間) 구성에 관한 비교연구 - 경복궁과 자금성(紫禁城)을 중심으로 -」, 『한국전통조경학회지』제24권 제4호, 2006.

정인성, 「고고학으로 본 위만조선 왕검성」, 『韓國考古學報』第106輯, 2018.

정재훈, 「18세기의 연행과 정조(正祖)」, 『동국사학』, 제53집, 2012.

조법종, 「후백제 역사성격과 후백제 문화권설정」, 『전북학연구』제4집, 2021.

조재모, 「朝賀 儀禮動線과 宮闕 正殿의 建築型式 (1)」, 『대한건축학회논문집 - 계획계』제26권 제2호, 2010.

차인국, 「후백제 고고학의 연구현황과 과제」, 『전북학연구』제4집, 2021.

최승식 외, 「서울 사직단(社稷壇)의 입지(立地)와 공간구성특성(空間構成特性)에 관한 기초연구(基礎研究)」, 『韓國傳統造景學會誌』제30권 제1호, 2012.

홍순민, 「서울 궁궐 답사①~④」, 『역사비평』, 1996~1997.

기타

국립중앙박물관. https://www.museum.go.kr/

국사편찬위원회, 한국사데이터베이스. https://db.history.go.kr/

문화재청 국가문화유산포털. https://www.heritage.go.kr/

중학교 역사 교과서, 고등학교 한국사 교과서 및 역사 부도.

위키백과 우리 모두의 백과사전. https://ko.wikipedia.org/wiki/

㈜두산, 두피디아. https://www.doopedia.co.kr/

청계천박물관. https://museum.seoul.go.kr/

한국고전번역원, 한국고전종합DB. https://db.itkc.or.kr/

한국학중앙연구원, 한국민족문화대백과사전. http://encykorea.aks.ac.kr/

한성백제박물관. http://baekjemuseum.seoul.go.kr/

사진과 도판

6 안악 3호분 벽화_『북한의 문화재와 문화유적』, 동궁과 월지·고령 지산동 고분군_문화재청, 무령왕릉 석수_국립공주박물관 7 시흥환어행렬도_국립중앙박물관, 영조_국립고궁박물관, 서울 성곽·경복궁_문화재청 8 「혼일강리역대국도지도」_서울대학교 규장각한국학연구원 10~11 동궁과 월지_박동진 12 점제현신사비_『조선고적도보』, 서울 석촌동 고분군 제3호 토광묘·창원 다호리 고분군_문화재청, 경산 양지리 제1호 널무덤_성림문화재연구원 14 비파형동검과 세형동검_국립중앙박물관 15 와공후_국립국악원 국악아카이브 16 낙랑토성_국립중앙박물관, 단군릉_위키미디어(Source: Mausoleum of Tangun, Author: Laika ac) 19 부여 청동 솥_지린시박물관 소장 20 훈춘_위키미디어 영문(Source: Army Map Serivce, Corps of Engineers 1954), 강릉_서울대학교 규장각한국학연구원 22 솟대_위키미디어(Author: Hjmin) 23 청동 말 모양 허리띠 고리_국립중앙박물관, 호랑이 모양 허리띠 고리_국립청주박물관 24 쇠뿔 손잡이 항아리·오리 모양 토기_국립경주박물관 25 창원 다호리 1호 목관묘 널무덤·옻칠한 붓과 고리자루 손칼·청동 세발솥_국립김해박물관 26 몽촌토성_문화재청, 서라벌 디오라마_국립경주박물관, 수로왕릉_문화재청, 고령 대가야 금동관_국립중앙박물관 30 사이호_랴오닝성 환런박물관 소장 34 안학궁 재현도_『조선유적유물도감』, 연가 7년명 금동여래입상_국립중앙박물관 35 부벽루_위키미디어(Source: 서울대학교 중앙도서관, Author: 朝鮮総督府), 을밀대_『하늘에서 본 고구려와 발해』, 보통문_위키미디어(Source North Korea - Pyongyang, Author: Tom), 백호_『조선고적도보』 36~37 평양성 위성지도_동북아역사넷 39 풍납토성_문화재청 40 무령왕릉_손승현, 돌짐승·관 꾸미개_국립공주박물관 41 공산성 광복루·쌍수정_문화재청 42 부소산성_게티이미지·한국관광공사-김지호 43 백제금동대향로_국립부여박물관, 익산 미륵사지 금제 사리 봉영기_국립익산박물관 44 궁남지_게티이미지 46~47 경주 항공지도_국토지리정보원 국토정보플랫폼 49 월성_박동진 50 오릉·나정·창림사지 삼층석탑·일성왕릉_문화재청, 포석정_손승현 52 금관·황금 검·새날개 장식_국립경주박물관, 계림_문화재청, 재매정_문화재청, 월정교_박동진 53 동궁과 월지_게티이미지·한국관광공사-라이브스튜디오, 월성 해자_문화재청 54 낭산_문화재청 55 분황사 모전석탑_국립문화재연구소, 황룡사 치미_국립경주박물관 소장, 사천왕사지_문화재청 56 김유신묘_게티이미지·한국관광공사-김지호, 선도산_문화재청 57 서악동 삼층석탑·서악동 고분군_문화재청 59 이견대·문무대왕릉_문화재청 60 원주 학성동 철조약사여래좌상_국립춘천박물관, 청주 운천동 사적비_국립청주박물관, 충주 탑평리 유적 전경_국립중원문화재연구소 61 석굴암 천개석에서 바라본 토함산_윤동진 62 박제상 유적·망해사지 승탑_문화재청 63 관문성_문화재청 65 서역인의 얼굴_국립경주박물관 66 알 이드리시 세계지도(타볼라 로게리아나)_위키미디어(Source: http://www.bigmapblog.com/2011/idrisis-tabula-rogeriana-world-map-reproduction, Author: Konrad Miller), 석굴암_윤동진, 판테온_위키미디어(Artist: Giovanni Paolo Panini, Collection: National Gallery of Art), 천마총 금모자_국립경주박물관 67 페르시아 유리병_『황금의 제국 페르시아』, 황남대총 유리병_국립경주박물관, 왕오천축국전_윤동진 68 고령 지산동 고분군·합천 옥전 고분군·김해 대성동 고분군·고성 송학동 고분군·창녕 교동과 송현동 고분군_문화재청, 남원 유곡리와 두락리 고분군_남원시청, 함안 말이산 고분군_함안군청 69 수정 목걸이·집 모양 토기_국립김해박물관, 사슴뿔 모양 잔_국립중앙박물관 70 유자이기_국립김해박물관 71 하늘에서 봄 금관가야_국토지리정보원 국토정보플랫폼 72 가야의 환두대도 머리 부분_대동문화재연구원, 고령 지산동 518호분 내부 구조_국립가야문화재연구소 73 청동 뿔 모양 잔·원통 모양 그릇받침_국립김해박물관, 가야의 갑주_국립전주박물관 74 상경성 표지석·동모산_손승현, 정효공주 묘비_속초시립박물관 복제품, 철원 궁예도성지 내 석등·개성 남계원지 칠층석탑_국립중앙박물관 76 동모산 항공사진_한국항공우주연구원, 정효 공주 무덤 벽화_『中国边疆民族地区文物集萃』 77 청산리 백운평 전적지_『두만강 풍경 - 연변의 관광자원』, 훈춘 발해 유적비(渤海時代の 特赫部城跡)_위키미디어 일본어(Author: Senkaku Islands) 78 상경 유적 발굴_손승현, 석등_헤이룽장성박물관 소장 79 투구·기와_헤이룽장성박물관 소장, 상경의 궁궐_『조선유적유물도감』 80 견훤산성_한국민족문화대백과사전 81 전주 남고산성·안동태사묘_문화재청 83 철원 궁예도성지 성벽 단면_국립중앙박물관 84 공민왕릉(Grabmäler König Kongmih)_위키미디어 독일어(Source: 1645-Nordkorea-2015-Käsong-Grabmäler König Kongmih, Author: Uwe Brodrecht) 85 왕건 동상_국립중앙박물관 87 첨성대_『조선고적도보』, 채봉_『奉使圖』 88 은제도금화형탁잔_국립중앙박물관 89 청자 막새기와_국립중앙박물관 90 황성 옛터_유수 촬영, 남북역사학자협의회 제공 92 태화전_게티이미지, 京 그래픽_김경진·이소영 93 『주례』「고공기」_『600년 서울을 담다』 94 교토_위키미디어(Artist: http://www.geographicus.com/mm5/cartographers/japanese.txt) 95 캐피털 힐 항공사진_위키

미디어(Author: Carol M. Highsmith), 내셔널 몰(The McMillan Plan of 1901)_위키미디어(Author: National Capital Planning Commission, Washington, DC) 96~97 광화문 광장_헬로 아카이브 98 「조선팔도고금총람도」_서울역사박물관 100 「도성도」_서울대학교 규장각한국학연구원 101 신도안 추측도, 석재_계룡시청 102 1788년 서울_서울대학교 규장각한국학연구원, 경복궁 후원(청와대)_문화재청 103 동관왕묘_위키미디어(Author: Eggmoon), 전곶교_문화재청 104 돈의문_위키미디어(Author: Internet Archive Book Images), 숙정문_한국민족문화대백과사전, 숭례문·흥인지문_문화재청 105 혜화문_한국민족문화대백과사전 106 광희문_한국민족문화대백과사전 107 「창의문도」_서울역사박물관, 창의문_문화재청 112 장고_문화재청 113 향원정_문화재청 115 앙부일구_국립고궁박물관, 일성정시의_국립민속박물관, 간의_세종유적관리소, 규표_세종유적관리소 117 고교의 해자_위키미디어(Author: Fg2) 119 경회루 출토 용_국립고궁박물관 120~121 「동궐도」_고려대학교박물관 122 하늘에서 본 동궐 일대_국토지리정보원 국토정보플랫폼 123 주합루_국립중앙박물관 124 봉모당 향나무_문화재청 125 대보단과 다래나무_문화재청, 이문원 측우대_국립고궁박물관 126 대조전·희정당_문화재청 127 낙선재_문화재청 128 부용정과 주합루·연경당_문화재청 129 애련지_문화재청 130 옥천교_문화재청, 자격루_국립고궁박물관(고 한석홍 기증) 131 「홍화문사미도」_서울대학교 규장각한국학연구원 132 뒤주_국립민속박물관 133 환경전과 경춘전_문화재청 134 통명전_문화재청 135 대온실·춘당지_문화재청 136~137 「서궐도안」_고려대학교박물관 138 홍화문_문화재청 139 숭정전_문화재청 140 덕수궁 운교·중화전 내부_문화재청, 즉조당과 준명당_문화재청 141 석조전_문화재청, 돈덕전 편액_국립고궁박물관 142 러시아공사관_문화재청 143 일제 강점기의 환구단_국립고궁박물관 146 「태평성시도」_국립중앙박물관 149 연지·공민왕 신당_문화재청 150~151 종묘 정전_문화재청 152 팔일무_게티이미지, 번간로_국립고궁박물관 153 착준_국립고궁박물관, 팡테옹_위키미디어 영문(Source: available from the United States Library of Congress's Prints and Photographs division under the digital ID ppmsc.05171) 154 「사직노송도」_고려대학교박물관 155 중산공원(北京中山公園 社稷坛)_위키미디어 영문(Author: Yongxinge assumed), 노동인민문화공원(北京太庙享殿)_위키미디어 영문(Author: Legolas1024) 156 「사직단국왕친향도병풍」·「대제섭사의도」_국립중앙박물관 157 향로·향합_국립고궁박물관, 사직 대제_문화재청 159 종루(The Bell Tower)_위키미디어 영문(Author: Bjoertvedt) 160 「수선전도」 중 경복궁 일대_국립중앙박물관, 철릭·좌변포도대장패_국립고궁박물관 162 「수선총도」_서울역사박물관, 저포전기_피바디에섹스박물관, 수세패_국립중앙박물관 163 흑립·비단_국립민속박물관 164 백인제 가옥_문화재청 165 운현궁_게티이미지·한국관광공사-이범수 166 「청풍계지각」_동아대학교박물관 167 「인왕제색도」_호암미술관, 「송석원시사야연도」_『단원 김홍도』(국립중앙박물관) 169 오간수문_문화재청, 청계천 준천 공사를 지켜보는 영조_부산광역시시립미술관 171 「설야연적도」_파리 기메 국립동양미술박물관, 「도성삼군문분계지도」_서울대학교 규장각한국학연구원 172 남산 봉수대_게티이미지·한국관광공사-이범수, 나막신_국립민속박물관 174 석빙고_문화재청 175 선농단_문화재청, 살곶이 목장_서울시립대학교박물관 176~177 「경강부임진도」_서울대학교 규장각한국학연구원 178 「압구정」_간송미술문화재단 179 마포나루_마포구청, 채빙_국립민속박물관 180~181 한강의 배다리_국립고궁박물관

* 출판기획 문사철은 이 책에 실린 모든 자료의 출처를 찾기 위해 최선을 다했습니다. 누락이나 착오가 있으면 다음 쇄를 찍을 때 꼭 수정하도록 하겠습니다.

한국여지승람 01
왕도의 시공간

지은이 문사철

2023년 11월 18일 초판 1쇄 발행

인쇄 민언프린텍
제본 책공장
제작 제이오

펴낸 곳 직지플러스
펴낸이 강응천
주소 경기도 고양시 일산동구 장백로 184 우신프라자 407호(장항동)
등록 제2021-000057호
전화 031-908-5674
팩스 0504-188-3254
이메일 jikjiplus@gmail.com

ISBN 979-11-982718-1-5
ISBN 979-11-982718-0-8 04910 (세트)